기독교 성인사역론

기독교교육적 접근

Christian Adult Ministry: A Christian Education Approach

이석철 지음

침례신학대학교출판부

기독교 성인사역론

지은이 이석철 | 발행인 도한호

발 행 일 2008. 4. 25

등록번호 출판 제6호(1979. 9. 22)
발행처 침례신학대학교출판부
주소 대전광역시 유성구 하기동 산14 (305-358)
전화 (042)828-3255, 257   FAX (042)825-1354
E-mail public@kbtus.ac.kr   홈페이지 http://www.kbtus.ac.kr

ISBN 978-89-87763-65-1 03230   값 12,000원

바치는 글(DEDICATION)

이 책을 나의 삶과 학문의 좋은 길잡이와 스승이 되어준 싸우스웨스턴 침례신학대학원 명예교수 콜만 박사(Dr. Lucien E. Coleman, Jr.)에게 바친다.

I dedicate this book to one of my mentors in life and learning, Dr. Lucien E. Coleman, Jr., Professor Emeritus of Southwestern Baptist Theological Seminary, Fort Worth, Texas.

머리말

현대 성인교육의 선구자 중의 한 사람인 말콤 노울즈(Malcolm S. Knowles)는 성인들을 가리켜서 "외면당한 종(種)"(neglected species)이라고 표현하였다. 이러한 표현에는 많은 의미가 있겠지만, 가장 핵심적인 것은 성인들이 교육의 대상으로서 간주되지 않고 방치되어 온 현실을 나타내려는 것이라고 할 수 있다. 실제로 성인들은 이미 완전히 성숙한 존재로 여겨져서, 교육을 포함한 어떤 도움이 필요한 존재로 인식되지 않았으며, 단지 미성년들과 가정과 사회를 이끌고 나가는 책임을 가진 사람들로만 간주되어 온 것이 사실이다.

그러나 현실은 어떠한가? 과연 성인들은 아무런 문제도 없고 그 어떤 도움도 필요하지 않은 사람들이라고 할 수 있을까? 그렇지 않다. 오히려 성인기는 미성년기보다 훨씬 더 삶이 복잡해지고 해결해야 할 문제와 짊어져야 할 책임들이 많기 때문에 도움의 필요성이 매우 크다고 보는 것이 옳을 것이다. 그럼에도 불구하고, 오늘날의 많은 성인들은 자신이 성인이라는 이유 때문에, 그리고 성인들을 바라보는 사회의 시각 때문에, 삶의 수많은 문제들로 인하여 어려움을 당하면서도 도움을 선뜻 구하지 못하고 있다.

교회와 가정에서도 성인들은 다른 사람들을 돌보는 역할만 수행하도록 기대되고 또한 강요되고 있으며, 그런 면에서 그들은 역시 가정과 교회에서도 '외면당한' 부류의 존재들인 것이다. 그러나 평균수명이 70세를 넘어선 오늘날의 성인기는 미성년기보다 거의 3배가 더 긴 시기로서, 이제는 더 이상 성인들과 그들의 삶을 외면할 수가 없게 되었다. 그리고 창조주가 의도한 인간 삶의 실존적 의미를 깊이 이해하고 본격적으로 살아가는 때가 성인기라는 사실을 전제로 해 볼 때, 미성년이란 성인의 때를 위한 준비기로서의 중요성이 있는 것이고 궁극적인 초점은 성인기에 맞추어져야 하는 것이다. 물론 이는 미성년기가 덜 중요하다는 뜻은 아니다. 실제로 성인기의 삶은 미성년기의 삶의 모습과 과정에 의해서 크게 좌우되며, 그런 면에서 본 필자는 성인기에 대한 관심을 가지면 가질수록 미성년기의 중요성을 절감하고 있다. 그러므로 이제는 아동기와 청소년기에만 주된 관심을 가지고 있던 과거의 시각에서 벗어나서 인간의 삶을 전 생애적인 관점(life-span perspective)에서 바라보아야 하며, 특히 과거에 많은 관심을 받지 못하던 성인기의 삶에 더 많은 관심과 자원을 기울여야 하는 것이다. 이러한 필요성은 가정과 학교, 그리고 교회와 사회에서 미성년들을 인도하며 그들의 미래의 삶의 모습을 결정하는 위치에 있는 사람들이 성인들이라는 사실을 생각해 볼 때도 분명히 입증되는 것이다.

본서는 이러한 현실적 필요에 대한 교회의 기독교사역적 응답으로서 시도되었다. 교회는 이 세상의 빛과 소금으로서 하나님의 나라를 세워 가는 사명을 부여받고 하나님으로부터 부름과 보냄을 받은 영적 공동체이다. 그 사명을 이루어 가는 일은 남녀노소 모든 하나님의 백성이 함께 참여해야 하는 것이지만, 역시 주된 책임과 역할은 성인들에게 있는 것이다. 교회의 기독교성인사역은 성인들로 하여금 건강하고 풍요로운 삶을 살아가도록 하고 복음사역의 주체로서 효과적으로 그 역할을 감당하도록 구비시키는 일이다. 그것이 기독교성인사역의 주된 내용이라고 할 때, 교회는 무엇보다도 이 일을 잘 해야 하는 책임이 있는 것이다. 이 사역을 위한 하나의 입문서로서 본서는 성인들의 삶의 과정이 어떻게 전개되는지를 이해하기 위한 지식과 기독교성인사역의 기본적인 원리들을 기독교교육학적인 관점에서 제시하고자 하였다.

본 필자는 이 분야에서 지난 수년간 강의하면서 우리말로 된 적절한 입문서의 필요성을 절감하였다. 이제 부족하나마 이 개론적인 책을 펴내게 된 것을 기쁘게 생각하며 하나님께 감사와 영광을 돌리고 싶다. 본서는 그동안 필자가 연구하여 발표했던 자료들을 일부분 수정하고 보완하여 구성한 것으로서, 본서의 출간에 사용된 필자의 연구자료들은 본서의 마지막에 밝혀두었다.

본서를 펴내면서 많은 사람들에게 감사한 마음이 있는데, 그 중에서도 항상 사랑과 격려가 되어준 나의 아내(이명옥)와 세 자녀들(찬양, 찬송, 찬하)에게 고마움을 전하고 싶다. 그리고 강의 시간에 좋은 피이드백과 통찰들을 제공해 준 침례신학대학교의 학부 및 대학원생들에게도 감사한다. 끝으로, 본서의 출간을 위해서 정성으로 수고해 준 이정훈 편집장에게도 감사한다.

필자 이 석 철

차 례

머리말

제 1 장 기독교 성인사역의 중요성
Ⅰ. 교회론적 관점에서 본 중요성 · 10 ㅣ Ⅱ. 성서적 관점에서 본 중요성 · 12
Ⅲ. 사회적 관점에서 본 중요성 · 14 ㅣ Ⅳ. 교육적 관점에서 본 중요성 · 17
Ⅴ. 역사적 관점에서 본 중요성 · 21 ㅣ 토의를 위한 문제들 · 25

제 2 장 기독교 성인사역의 교육적 특성
Ⅰ. 교육의 요소 · 29 ㅣ Ⅱ. 성인교육의 요소 · 34
Ⅲ. 기독교교육의 요소 · 44 ㅣ 토의를 위한 문제들 · 53

제 3 장 기독교 성인교육의 목적 유형들
Ⅰ. 교육철학 사조별 기독교 성인교육의 목적 · 58
Ⅱ. 신학적 입장에 따른 기독교 성인교육의 목적 · 68
Ⅲ. 기독교 성인교육의 목적설정 원리 · 76 ㅣ 토의를 위한 문제들 · 84

제 4 장 기독교 성인교육 목적으로서의 성숙
Ⅰ. 성숙과 관련된 개념들 · 90 ㅣ Ⅱ. 성숙의 측면들 · 99
Ⅲ. 영적 성숙을 위한 기독교 성인교육 · 109 ㅣ 토의를 위한 문제들 · 119

제 5 장 기독교 성인사역의 내용과 방법
Ⅰ. 성인사역의 교육적 모델로서의 안드라고지 · 124
Ⅱ. 성인교육 프로그램 개발 접근 방식들 · 127
Ⅲ. 성인사역 내용 선정의 주요 원리들 · 128
Ⅳ. 성인사역 방법 사용의 주요 원리들 · 136 ㅣ 토의를 위한 문제들 · 144

제 6 장 평생교육 전문가로서의 기독교 성인사역 지도자
Ⅰ. 리더로서의 평생교육자 · 150
Ⅱ. 평생교육자의 역할에 따른 리더십 · 155
Ⅲ. 평생교육자의 리더십 개발 · 166 ㅣ 토의를 위한 문제들 · 173

제 7 장 성인발달의 이론적 모델들
Ⅰ. 성인발달에 대한 연구 · 178 ㅣ Ⅱ. 규범적 위기 모델 이론들 · 182
Ⅲ. 사건 발생시기 모델 이론 · 193 ㅣ 토의를 위한 문제들 · 196

제 8 장 성인전기 사역
Ⅰ. 성인전기에 대한 기본 개념들 · 200 ㅣ Ⅱ. 성인전기의 단계별 교회사역 · 204
Ⅲ. 전기 성인들을 위한 사역방안 · 213 ㅣ 토의를 위한 문제들 · 218

제 9 장 성인중기 사역
Ⅰ. 성인중기의 의미 · 222 ㅣ Ⅱ. 성인중기의 주요 특성들 · 228
Ⅲ. 성인중기의 과제와 교회사역 · 244 ㅣ 토의를 위한 문제들 · 258

제 10 장 성인후기 사역
Ⅰ. 성인후기 사역에 필요한 기본 개념들 · 264
Ⅱ. 성인후기의 주요 특성 · 274 ㅣ Ⅲ. 성인후기의 인지적 능력의 문제 · 283
Ⅳ. 성인후기 사역의 방향 · 288   토의를 위한 문제들 · 300

참고자료 · 304

제1장
기독교 성인사역의 중요성
Christian Adult Ministry

21세기는 "성인의 세기"(the century of the adult)[1]라고 불리울 만큼 현대에 들어와서 전 세계적으로 성인층에 대한 관심이 높아지고 있다. 이러한 현상은 평균 수명의 연장으로 인한 성인 인구의 증가에 기인한 것으로서, 교육 분야를 포함한 대다수의 전문 분야에서 성인기에 대한 연구를 비롯한 많은 활동을 하며 자원을 투자하고 있다. 이러한 현상과 함께 성인기는 인생에 있어서 가장 긴 시기라는 사실은 기독교 사역에 있어서 성인들이 일차적 관심의 대상이 되어야 할 당연한 근거가 된다.

오늘날 교회의 사역은 사실상 성인들을 주 대상으로 하여 이루어지고 있다. 그러나 성인사역의 중요성을 교회의 양적인 성장과 교회를 위한 봉사 인력의 확충이라는 측면에만 초점을 맞추고 있는 경향은 시정되어야 한다. 물론 성인들이 가정과 교회, 그리고 사회 전반에 있어서 주도적인 계층으로서 그들의 역할이 매우 중요한 것은 사실이지만 우리는 좀더 넓은 관점에서 성인과 성인사역의 중요성을 찾을 필요가 있다. 교회가 성인사역을 중요시해야 할 당위성을 정립하기 위해서 이 장에서는 기독교 성인사역의 중요성을 몇 가지 관점으로 나누어 고찰해 보고자 한다.

I. 교회론적 관점에서 본 중요성

기독교 성인사역의 첫번째 중요성은, 우선 앞에서 언급하였듯이, 교회가 그 본연의 사명 감당과 성장 부흥을 도모하려면 성인들에게 반드시 의존하여야 한다는 사실에서 비롯된다. 교회는 그 본질상 반드시 수행해야 할 일들이 있다. 예배, 교제, 교육, 전도, 봉사 등이 그것이다. 그러한 일들을 통해서 교회의 궁극적인 사명을 잘 감당하고 또 이 세상에 대해 하나님의 일꾼으로서 영향을 미치며 변화를 초래하기 위해서는 성숙하고 성장해야 하며 부흥 발전해야 한다. 그렇다면 교회의 성인사역의 중요성은 자명한 것이다. 왜냐하면, 교회의 생활과 사역에 중심적인 지도력과 자원을 공급하는 구성원들은 바로 성인들이기 때문이다. 싸이즈모어(John T. Sisemore)는 말하기를, 교회들이 그 본연의 사명을 성취하고자 한다면, 그들은 지도력과 자원 및 영향력을 갖고 있어야 하는데, 이것은 성인들만이 제공할 수 있는 것이므로, 그 어떤 성공적인 기독교교육 정책이라도 성인들을 모든

기회와 강조점의 제일 선상에 두어야 한다고 하였다.[2]

교회를 정의할 때 예수 그리스도를 개인의 구주로 믿고 따르는 사람들의 집합체라고 한다면, 연령에 관계없이 어느 누구나 그러한 신앙의 소유자요, 실천자라는 조건만 충족시키면 우주적 혹은 지역적 교회의 일원이 될 수 있다고 하겠다. 그러나, 역사상에 실재한 교회는 주로 성인들이 주축이 된 영적 공동체였다. 따라서, 교회는 본질적으로는 성인기관(an adult institution)이라고 할 수 있다. 그러므로 교회의 사명 성취를 위해서 교회는 그 성인 구성원들에게 전적으로 의존할 수밖에 없는 것이며, 이러한 점에서 교회의 성인사역은 그 중요성을 갖는 것이다.

그런데 이처럼 교회 사명 성취의 과정에서 그 주도적인 자원이라고 할 수 있는 성인 신자들, 다른 말로 하면 '평신도' 들은, 오늘날 이러한 주체적 역할을 제대로 감당하고 있지 못한 것이 현실이다. 이는 오늘날 한국교회의 사역 구조와 행태가 전문 목회자에 지나치게 의존하고 있어서 일반 평신도들이 수동적이며 주변적인 위치에 머물러 있다는 데 문제점이 있다. 그러나 원래 성서에 나타나 있는 교회의 본질적 모습은 신자 모두가 그리스도를 머리로 하는 한 몸의 지체들로서 평등한 관계를 이루며 회중 전체의 모든 생활과 사역에 주인의식을 가지고 '제사장들' 로서 참여하는 것이다. 그렇지만 역사의 흐름 속에서 기독교가 정치적으로 제도화되면서 '성직자' 계급과 일반 '평신도' 계급의 분리가 굳어져서 그 악 영향이 오늘날에까지 이르고 있는 것이다. 그렇다면 성경적인 만인제사장적 교회 공동체를 다시 회복하기 위한 방법으로서 오늘날의 교회는 성인 구성원들을 예배, 교제, 교육, 전도, 봉사 등의 제반 교회사역에 적극적으로 참여시킴으로써 교회의 사명 성취에 있어서 주체적 역할을 하도록 하는 것이 필요한 것이다.

II. 성서적 관점에서 본 중요성

기독교 성인사역의 중요성은 성서에 나타난 사역의 모범에서 찾아볼 수 있다. 성서적 측면에서 교회의 성인사역의 중요성을 찾아볼 때 첫 번째로 생각할 수 있는 것은 교회교육의 중심을 이루고 있는 성서 그 자체가 성인들을 위한 책이라는 사실이다. 즉, 성서는 기본적으로 성인에 의해서 씌어진 성인들을 위한 책이다. 그럼에도 불구하고 교회는 이 책을 어린아이와 청소년들에게 가르치는 일에 막대한 교육적 노력과 투자를 하고 있는 반면에 성인들에 대한 성경교육은 일반적으로 등한히 하고 있는 실정이다. 교회의 성인들은 단순히 예배의식에 참여자로서의 역할만이 주로 요구되고 있고 또한 그러한 행습이 아무런 문제제기도 받지 않고 오랜 동안 허용되어져 온 것이 사실이며, 그리하여 오늘날의 교회는 가장 초보적인 기독교의 진리에 대한 지식과 신앙조차도 없는 성인들로 가득 차 있다.

성서에 나타난 교육 사역은 성인들을 중심으로 한 것이었다. 즉, 가르치는 자나 배우는 자들이 모두 성인들이었으며, 교육의 내용이나 수준도 성인들에게 초점을 맞춘 것이었다. 성서에 나타난 교육에 관한 언급이나 교육행위들은 모두 성인사역이었다고 해도 과언이 아닐 것이다. 어린이들이나 그들의 교육에 관해서 언급한 것도 모두 성인들을 위해서, 또한 성인들을 향해서 한 것이었다. 오늘날의 종교교육 개념이 아동과 청소년들만을 위한 것처럼 되어있는 현실과, 성인사역프로그램이 제공되어 있어도 일부의 사람들만이 참여하고 있는 현상 등은 성서의 교육상과는 너무도 동떨어져 있는 것이다.

또한 성서가 보여주는 전도와 선교 사역의 대부분의 사례들도 주로 성인들을 대상으로 하여 행하여진 것을 알 수 있다. 그러나, 오늘날 교회들에 의해서 매년 전도되어 늘어나는 사람들의 연령별 분포를 보면 아동과 청소년들이 압도적으로 많고, 따라서 아동과 청소년층을 제외하면 사실상 성인층은 매우 빈약한 경우가 많다는 것은 성서의 모습과는 거리가 있는 것이다. 이 문제는 제 2차 세계대전 이후 꾸준히 계속된 성인 인구의 상대적 및 절대적 증가 현상에 따라 교회가 인도해야 할 대상 중 성인층이 미성년층보다 훨씬 더 많다는 사실에 비추어 보면 그 심각성이 더해진다. 성서의 전형적인 모델은 어른이 먼저 개종함으로써 그의 가족과 종들이 결과적으로 믿음을 갖게 되는 것이었다. 성서에 나타나 있는 바 예수와 그의 교회들은 성인들에게 직접적으로 복음을 전했다. 가끔 그 과정에서 어린이들이 등장하기도 했지만 그것은 성인들에게 전도하고 가르치기 위한 예화적 용도였으며, 그 결과는 항상 성인 신자들의 탄생이었던 것이다.

III. 사회적 관점에서 본 중요성

사회적 상황이 던져주는 도전을 볼 때 기독교 성인사역의 중요성은 더 크게 다가온다. 우선, 성인들의 숫자가 주는 도전은 역사상 그 전례를 찾아볼 수 없을 만큼 독특하고 심각하다. 세계대전 이후의 "베이비 붐"(Baby Boom) 속에서 엄청난 숫자로 태어난 사람들이 이제는 40대로 접어들고 있으며, 급속도로 발전해 온 의학기술과 경제력은 사람들의 평균수명을 계속 연장해 놓음으로써 성인들의 절대적 숫자는 크게 증가하였다. 또한 산업화의 진전과 함께 출산율도 감소하여 전체 인구에서 성인들이 차지하는 상대적 비율도 매우 커졌다. 예를 들어, 미국은 현재 성인층이 전체 인구의 약 4분의 3을 차지하고 있으며, 우리나라는 2002년 현재 20세 이상의 성인층이 전체 인구의 70% 이상을 차지하고 있다(표 1-1 참조). 이와 같이 급증하는 성인의 숫자는 결과적으로 교회가 사역해야 할 성인들의 숫자를 많게 하며 교회는 이에 효과적으로 대처해야만 하는 것이다.

연령층	인구수	인구비율
0-19세	13,199,250명	27.7%
20세 이상	34,440,368명	72.3%
전체	47,639,618명	100%

[표 1-1] 통계청 자료에 의한 우리나라 2002년 성인인구 비율

또 하나는 성인들에게 직접적으로 다가오는 사회적 변화의 엄청난 양과 질에 효과적으로 대응하도록 도와주기 위해서 교회는 성인들에

대한 다양한 교육을 제공해야 할 필요가 있다. 실제로 급격한 사회적 변화에 적응하고 기술적 발달에 따라가기 위한 방편으로서 일반교육 분야에서도 평생교육 혹은 사회교육이 발달한 것이다. 오늘날 우리가 주목해야 할 중요한 사회적 변화들 중에서도 특히 성인들과 관련된 사회적 현상으로서는 독신층의 급증, 성인 인구의 유동성 증가, 여성들의 역할 변화 등이 있다. 이러한 요인들은 교회가 성인사역을 중요시해야 한다는 것을 넘어서, 이제는 과연 어떠한 성인사역을 하느냐의 문제를 연구하고 그 방안을 강구해야 할 필요성이 있음을 시사하는 것이다. 주방란은 이것을 다음과 같이 잘 간파하고 있다:

> 성인사역은 아시아 지역 교회에 있어서 오랜 동안의 숙제가 되어 왔으며 한국교회가 급성장함으로써 더욱 성인사역의 필요성은 긴박하게 되었다…. 참으로 아시아는 지금 급진적인 사회적, 경제적, 문화적인 면과 재교육은 중대한 필요성을 갖는 것이다. 이것은 사회에서 크게 필요한 바와 못지 않게 교회에서도 그러한 것이다. 실로 성인사역 연구는 이에 대한 보수적 전통주의에 기인하는 교회에, 그리고 과거에 교회에서 어떠한 조직적인 성인사역프로그램이 보편적으로 부족한 곳에 아마도 더욱 중요하다고 하여야 할 것이다.[3]

사회적 변화들 중에서도 부정적인 영향을 미치고 있는 사회적 문제들의 심각성은 교회로 하여금 성인사역을 더욱 중요시하도록 도전을 주고 있다. 실로, 정치, 경제, 사회, 문화 등의 제반 분야에서 현대 사회가 지니고 있는 문제들은 가히 인류 문명의 존립 자체마저 위협할 만한 위험 수위에 와 있다고 할 수 있다. 핵무기와 생태계의 오염, 식량문제, 실업과 인플레이션, 군사적 분쟁, 마약, 낙태, 범죄와 성병,

퇴폐문화 등이 그것이다. 이러한 문제를 해결하기 위하여 필요한 정치적인 힘과 경제적 자원, 그리고 경험과 지혜를 갖춘 것은 바로 성인들인데, 이것만으로는 문제 해결에 충분하지 않고, 우리 사회는 예언자적 통찰력과 정의 구현의 의지를 가지고 희생적 사랑으로 일하는 성인들이 필요하며 이러한 관점에서 볼 때 교회의 성인사역이 매우 중요한 것이다.

성인들은 가정과 직장, 그리고 교회와 사회 전반에 있어서 중요한 결정을 내리는 사람들(decision-makers)로서 그들이 어떠한 가치관을 가지고 어떤 삶을 사느냐 하는 문제는 매우 중요하다. 특별히 오늘날의 사회가 지니고 있는 여러 문제들의 위험성과 심각성을 놓고 볼 때 성인들의 중요성은 더욱 더 커진다. 그런데 사회의 모든 분야를 이끌어 가는 성인들이 바로 이 문제들을 해결할 수 있고 해결해야 하는 사람들이라는 사실은 교회로 하여금 그들에 대한 사역을 통하여 이 세상을 평화와 정의의 사회로 변화시키는 소금과 빛의 사명을 하도록 촉구하는 것이다. 이와 관련하여 넬슨(Nelson)은 "성인들은 그들이 처한 문화를 변화시킬 수 있는 영향력을 갖고 있다. 그러므로 교회의 교육은 성인들을 위한 교육에서 출발해야 한다"[4]고 하였다. 또한 실제로 오늘날 기독교 안에서의 성인사역의 중요성은 막중하여져서 이제 미래의 교회 갱신과 사회 및 문화의 개혁에 있어서 결정적인 역할을 하리라는 새로운 기대와 확신을 안겨주고 있다.[5]

IV. 교육적 관점에서 본 중요성

근대 이후의 교육은 하나의 학문과 실천 분야로서 어린이와 청소년에 초점을 맞추어 왔다. 그리하여, 교육은 성인 사회에 대한 준비과정으로서 거치는 학교교육 혹은 정규교육이 전부인 것처럼 인식되고 있는 것이다. 마찬가지로 근대 이후의 기독교교육도 거의 어린이들에게 신앙 유산을 전수하기 위한 수단으로서만 이해되고 실시되어 왔다고 할 수 있다. 그러나 최근에는 대부분의 인문사회과학 분야들이 성인기와 그 관련 문제들에 대한 새로운 관심을 증가시키고 있으며, 교육학에서도 이러한 경향을 분명히 찾아볼 수 있다. 오늘날 우리나라에서 '평생교육'이나 '계속교육' 혹은 '사회교육' 등의 개념이 보편화되고 있는 것은 정규학교 교육시기 이후에 일상 개인 및 사회생활에서 성인들이 행하고 있고 또 필요로 하고 있는 배움을 주요 문제로 하여 연구 실천하고자 하는 세계적 추세의 한 단면이라고 할 수 있다. 이와 같은 성인사역의 확산경향을 가리켜 일리아스(J. L. Elias)는 "새로운 교육시대의 시작"이라고도 하였다.[6]

이미 성서적 관점에서 살펴본 바와 같이, 항상 기독교는 가르치는 종교였으며 그것은 성인들을 중심으로 한 것이었다. 오늘날의 교회에서 성인사역이 그와 같은 중심적 위치를 회복해야 할 이유는 교육적인 현실을 감안해 볼 때 더욱 절실하다. 우선 교인들은 생활의 모든 분야에서 그리스도인들로서의 역할을 올바로 수행하여야 하며 그렇게 되기 위해서는 교회가 그들을 교육하여 그러한 역할 수행을 잘 하도록 갖추어 주어야 할 필요가 있다. 자신들이 무엇을, 왜, 믿고 있으며 또한 일상생활의 각 분야와 상황 속에서 어떻게 행동하며 살아야 하는지를 모르고 있기 때문에, 많은 기독교인들이 의미 있고 가치 있는 삶을 영위하지 못하며 타인과 사회에 대하여 좋은 영향력을 발휘하지 못하는 것이다. 그러나 오늘날 교회에는 기독교의 초보적인 진리에 대한 지식과 신앙조차도 없는 성인들이 많은 것이 숨길 수 없는 현실이다. 이러한 현실은 기존 기독교인들로 하여금 올바르고도 풍성한 삶을 살지 못하도록 만들기도 하지만, 대외적인 증인의 삶에도 저해 요소로 작용하는 것이다. 교회 밖의 성인들은 기독교에 대해 확신을 얻기를 원하고 있지만 그들은 그렇게 되기 위해서 진지한 질문들을 던지고 그에 대한 설득력 있고도 근거 있는 대답을 요구하고 있으며, 그들은 이제 더 이상 순진한 '양(羊)의 지능'을 갖고 있지 않다. 사실 오늘날의 성인들은 일반적으로 과거의 성인들보다 더 많은 교육과 더 좋은 교육을 받은 사람들이며 그들에게 어떤 감화력이나 영향력을 발휘하여 변화를 유출해내기 위해서는 교회들이 그 성인 구성원들에 대한 교육을 강화해야 할 필요가 있는 것이다. 미성년기에 신앙교육을 받았다고 하더라도 그것이 한 개인을 일생동안 지탱할 수 없다. 오늘날 급격한 사회 및 기술변화의 결과로써 성인들이 직면하고 있는 방대한 문제들은 남녀 성인들에 대한 기독교교육을 계속적인 것이면서도 평생에 걸친 것이 되도록 요구하고 있는 것이다.

 교회의 성인사역이 중요한 또 하나의 이유는 현재 가정에서의 자녀 신앙교육이 제 궤도에 서있지 않다는 현실에서 찾을 수 있다. 성서적으로 볼 때 자녀의 신앙 및 기본 생활교육은 부모의 엄숙한 의무였으며, 신구약시대를 통틀어서, 자녀들이 가정 이외의 장소에서 신앙교육을 받았다는 역사적 증거는 거의 없다. 아동기에 그리스도인에게 인도되어 신앙을 가졌던 사람이라도 그 부모가 궁극적으로 교회에 인도되어 신앙생활을 하게 되고 집에서 자녀들에 대해서 기독교적인 양육을 하도록 유도되지 않으며 그 개인은 청소년기나 청년기에 교회를 떠나는 사례가 많이 있다. 또한 교회는 교인들의 자녀를 위탁받아 대신 교육시켜주는 곳이 아니며, 오히려 부모들을 교육하고 훈련하여 그들로 하여금 가정에서 좋은 자녀교육을 할 수 있도록 해주는 것이 그 근본 사명임을 인식해야 한다. 따라서 아동 교육이 중요하면 중요할수록 그에 따라 성인교육이 중요하게 여겨져야 할 이유가 더 커지는 것이다. 오늘날 일반교육 분야에서도 성인교육에 초점을 맞추는 새로운 경향이 나타난 것은 가정이 가장 효과적인 교육기관이라는 전제를 토대로 하여 생긴 것이다.

앞에서 살펴 본 바와 같이 21세기는 평생학습의 사회를 지향하는 시기이며, 실제로 기독교 공동체 안에 몸담고 있는 성인들을 포함하여 대부분의 성인들이 의미 있는 삶의 구현을 위해서 많은 자원을 배움에 투자하게 될 것이다. 또한 평생교육은 죽음의 순간까지 성화의 과정을 통하여 전인적인 변화를 요구하는 성경적 개념(엡 4:13; 빌 3:12-14)과 일맥상통하는 것이다.[7] 그러므로 이제 우리는 교회의 교육사역을 평생교육적 관점에서 인식하고, 특히 성인교육의 중요성을 인식해야 한다. 이 점에 관하여 피터슨은 "성인교육이 교회의 교육 프로그램 안에서 필수적인 것으로"[8] 여겨져야 한다고 하였고, 윤응진은 새 천년을 위한 기독교교육의 방향과 과제를 제시하면서 한국교회에게 요구되는 '방향전환' 중의 하나로서 다음과 같이 지적하였다:

기독교교육은 어린이들 및 청소년들을 그리스도인들로 양육하기 위한 교육에만 머물 수 없으며, 이미 그리스도인으로서 살아가는 성인들이 일상생활 속에서 바르게 신앙을 고백하고 신앙인으로서의 삶을 실천할 수 있도록 돕기 위한 평생교육으로서 전개되어야 할 것이다.[9]

그러나 현실적으로 볼 때, 오늘날 한국교회에 만연되어 있는 잘못된 '이분법적 목회관'은 교육을 미성년자들을 위한 것으로만 인식하고 성인들은 교육이 아닌 '목회'의 대상으로 여기고 있다. 여기서 말하는 '목회'란 아주 좁고 전통적인 의미에서의 예배인도와 심방 중심의 사역을 가리키는 것인데 이것 역시 목회 자체에 대한 부적절한 이해인 것이다. 그리하여 이성희는 기존의 목회를 '심방목회'로 규정하고 그에 대한 미래의 대안으로서 '교육목회'를 주장하기도 하였다.[10] 아무튼 "교육은 소위 성장 세대인 아동기, 사춘기의 전유물이고,"[11] 성인들은 교육의 대상에서 제외되는 존재로 인식하는 것은 많은 목회자들과 성도들의 의식뿐만이 아니라 교회의 사역 실제와 구조에 깊이 뿌리를 내리고 있다. 기독교교육이라는 측면에서도 이는 마찬가지로서, "기독교교육이 아이들과 청소년들을 위한 것이라는 고정된 관념은 목회자들의 관심과 당회의 정책수립, 평신도들의 생각 등 어디에서나 쉽게 찾을 수 있다."[12] 그리고 이렇게 "목회와 교육을 구분하는 이분화 된 행정 체제"는 오늘날 한국교회의 교육 구조에서 "가장 심각한 문제"라고까지 할 수 있다.[13]

V. 역사적 관점에서 본 중요성

기독교 성인사역의 중요성은 역사가 주는 교훈이다. 역사를 통해서 볼 때 성인들에 대한 교육이 제대로 이루어졌을 때 그 시대와 사회는 부흥하고 발전하였다. 싸이즈모어에 의하면, 역사상 세 번의 분명한 성인교육 부흥기가 있었으며 그때마다 대규모의 종교적 각성과 갱신이 수반되어 일어났다고 하였다.[14] 첫 번째의 부흥기는 히브리인들의 역사에서 볼 수 있는 것으로서, 그때의 주요 교육자들이었던 제사장들이나 예언자들은 "성인들의 교육에 주력했다"는 것이다. 물론 아동들에 대한 교육도 중시되었지만 그 교육을 담당했던 것은 가정에서의 부모와 나아가서는 전체의 성인공동체였다는 점에서 항상 성인들이 관심의 주 대상이었던 것이다. 사실, 성인들에 대한 그와 같은 교육을 강조하였기 때문에 수많은 민족적 시련 속에서도 유일신 여호와에 대한 헌신적 신앙과 민족공동체에 대한 선민 의식을 잃지 않고 역사 속에서 생존자로 남으며 또한 찬란한 문화를 창출해 낼 수 있었고, 계속해서 그러한 전통이 가정과 지역사회에서 후세들에게도 가르쳐질 수 있었던 것이다.

두 번째의 성인교육 부흥기는 초대교회의 활동시기로서, 그때에는 유대교적 전통의 맥락 속에서 예수 그리스도의 삶과 가르침을 중심으로 형성된 거대한 성인교육의 흐름이 막강한 힘을 가지고 넘쳐 나왔던 것이다. 그리스도의 도를 따르기로 한 수많은 성인들은 사도들의 가르침을 받는 일에 전념하였으며(행 2:42), 또 각처에서 다른 사람들을 가르쳤던 것이다. 그 결과 사람들이 죄를 회개하고 자원하여 소유를 팔아 나누고 교제하며 서로를 섬기고 사랑하는 혁신적인 영적 부흥과 각성이 있었다. 그러한 변화된 삶을 통한 가르침에 의해서 혹독한 핍박 속에서도 3세기만에 그 당시의 '전 세계'였던 로마제국이 정복될 수 있었다고 하였다. 초대교회의 이러한 교육이 더욱 형식화된 것이 초신자 학교(catechumenal School)와 문답학교(catechetical School)로서 그 주된 대상은 성인들이었다.

세 번째의 성인교육 부흥은 종교개혁(Reformation)으로 인하여 도래하게 된다. 그 앞의 중세기에도 성인들에 대한 교육은 존재했었지만 일부의 계층을 위한 엘리트 교육이었고 일반적인 성인교육은 쇠퇴하였다. 그러한 경향을 전환시킨 사건으로서의 종교개혁은 만인제사장 사상을 토대로 하여 성직자 이외의 일반 성인들에 대한 교육도 강조함으로써 성인교육을 중세기의 오랜 암흑기에서부터 건져내어 그 이전처럼 다시 한번 중요한 제 위치에 올려놓게 되었던 것이다.

그 이후의 근대 기독교사에서는 아동에 대한 연구와 교육에 큰 관심이 고조되면서 성인교육은 다시 뒷전으로 밀려나게 되었으며, 오늘날 이른바 '제4의 기독교 성인교육의 부흥'이 절실히 필요한 상황이 초래되었다. 아무튼 이상의 간략한 역사적 배경에 대한 고찰에서 주목해야 할 점은 성인교육이란 기독교의 오랜 전통 속에서 중요한 위치를 차지하고 있고, 그것이 제 위치에서 그 역할을 제대로 발휘했을 때에 사회 전반에 걸친 갱신과 개혁을 자극하고 주도할 수 있었다는 사실이다. 예수 그리스도를 포함해서 역사상 지대한 영향을 미친 거의 모든 인물들이 성인들을 가르치고 깨우치는 일에 역점을 두었으며, 역사상 인류의 문화에 큰 각성과 부흥이 있었던 때는 성인교육이 활기를 띄었을 때였다. 그러한 점에서 볼 때, 오늘날과 같이 개화된 시대에 교회들이 성인교육에 최상의 관심을 쏟는 일을 등한히 하거나 외면하는 것을 용납될 수 없는 일이 될 것이다. 한국교회는 이러한 역사적 실재에 대한 이해와 인식을 깊이하고 그 모든 교육적 행위를 진단하여 필요한 변화를 시도해야 할 것이다.

교회들은 어린이를 지나치게 미화하고 기대를 걸고 있지만, 사실 교회의 모든 실제적인 면에서는 성인들을 의존하고 있다. 어린이들을 가리켜 '내일의 교회 지도자들' 또는 '미래의 희망'이라고 하는 것은 감상적인 생각이지 결코 사실적인 것은 아니다. 교회나 일반사회를 주도해 나가는 것은 성인들로서, 교회나 사회에 있어서 과연 '내일'이라는 것이 있을 것인지를 결정하는 것도 그들이라는 것이다. 이러한 관점에서 성인들이야말로 현재와 미래의 희망이라고 말할 수 있는 것이다. 이는 결코 현재의 아동 및 청소년 교육이 중요하지 않다는 의미가 아니고 다만, 성인사역과의 관계에 있어서 올바른 우선순위 내지는 적절한 균형을 회복해야 함을 뜻하는 것이다.

날로 복잡 다양해지며 그 존립위기마저도 심각해지는 오늘날의 사회, 특히 전체 인구에서 성인층이 가장 빠른 속도로 커지고 있는 현상에 대하여 교회가 복음을 가지고 괄목할만한 영향을 끼칠 수 있으려면 성인들을 대상으로 한 사역을 중요시하고 강화하지 않으면 안되는 것이다. 이는 곧 깊고 폭넓은 지식을 지니고 날카로운 통찰력을 가진 성인 그리스도인들을 교육해 내는 일의 필요성을 시사해 주는 것이며 특히 오늘날과 같이 사회 전체가 점점 고학력화되는 상황에서는 더욱 그러하다. 이와 아울러, 하나님의 백성과 그의 사자로서 교회가 수행해야 할 본질적인 기능을 효과적으로 이루기 위해서도 교회 사역 및 운영의 주축을 이루고 있는 성인들에 대한 교육이 중요한 것이다. 즉, 예배, 교제, 교육, 전도 및 봉사의 교회 기본 사역을 통하여 하나님을 올바로 섬기며 이 세상에서의 맡겨진 사명을 온전히 감당하려면 영적, 경제적, 정치적 힘이 필요한데 이는 아동들이 아닌 성인들이 소유하고 제공할 수 있는 것이며 또한 그러한 자원을 올바로 사용해야 한다는 점에서 교회의 성인사역은 매우 중요한 것이다.

실로 한국의 교회를 포함한 모든 교회들에게 있어서 필요한 것은 우선 이 성인사역이 주는 도전을 받아들이는 '절대적 진지함'(absolute seriousness)이며, 또한 그 도전 극복의 확고한 비전이다. 그 다음에는 실제적으로 교육사역에 있어서 우선순위의 재조정이 있어야 하고, 또한 최상의 원리를 발견하고 적용하는 연구 및 실천과정을 통하여 효과적이고 효율적인 성인사역을 실시하는 것이다. 그렇게 할 때 우리는 전 교인들이 성경의 평생 학습자가 되고, 가르치는 일을 자녀양육의 필수적인 요소로 간주하며, 끊임없이 변하는 환경 속에서 자신들의 신앙의 의미를 항상 재해석하는 교회의 이상적인 모습에 대한 비전을 현실화시킬 수 있을 것이다.

토의를 위한 문제들

1. 오늘날 우리나라의 교회에서 성인들에 대한 교육적 관심의 정도는 어떠하다고 평가할 수 있는지 토의해 보라.

2. 만일 한국교회의 성인사역 관심도가 낮다고 한다면 그것의 주된 원인은 무엇이라고 생각하는지 토의해 보라.

3. 우리나라 교회들의 성인사역을 활성화시키기 위해서는 어떤 것이 시급하게 필요한지 토의해 보라.

참고자료

강용원. "교회의 장년교육, 왜 필요한가?"「교회와 교육」, 1998년 6월, 14-7.
강희천.「기독교교육 사상」. 서울: 연세대출판부, 1991.
고태형. "2000년을 바라보는 이민교회 성인교육의 방향."「교육교회」, 1994년 9월, 90-7.
이종윤 편.「급변하는 사회와 교회갱신」. 서울: 요단출판사, 1996.
김재은. "성인 연령층 이해."「신학과 세계」, 10호 (1984): 302-24.
윤응진.「비판적 기독교교육론」. 서울: 다산글방, 2000.
이성희.「미래목회 대 예언」. 서울: 규장문화사, 1998.
周芳蘭.「성인교육입문」. 안증호 역. 서울: 대한예수교장로회총회교육부, 1983.
Elias, John L. *The Foundations and Practice of Adult Religious Education*. Malbar, Florida: Robert E. Krieger Publishing Company, 1982.
Erikson, Erik, ed. *Adulthood*. New York: Norton, 1978.
O'Hare, P. ed. *Tradition and Transformation in Religious Education*. Birmingham: Religious Education Press, 1979.
Peterson, Gilbert A.「성인 기독교교육」. 이정효 역. 서울: 마라나다, 1988.
Zuck, Roy B. & Gene A. Getz, eds. *Adult Education in the Church*. Chicago: Moody Press, 1970.
Smith, R. M., et. al., eds. *Handbook of Adult Education*. New York: Macmillan, 1970.

주(註)

1) Stephen Graubard, "Preface to the Issue Adulthood," Erik Erikson, ed. *Adulthood* (New York: Norton, 1978), vii.
2) John T. Sisemore, "The Challenge of Adult Christian Education," in *Adult Education in the Church*, eds. Roy B. Zuck & Gene A. Getz (Chicago: Moody Press, 1970), 15.
3) 周芳蘭,「성인사역입문」, 안증호 역 (서울: 대한예수교장로회총회교육부, 1983), 7, 12.
4) C. E. Nelson, "Our Oldest Problem," in *Tradition and Transformation in Religious Education*, ed. P. O'Hare (Birmingham: Religious Education Press, 1979), 69.
5) Kenneth Stokes, "Religious Institutions," in *Handbook of Adult Education*, ed. R. M. Smith, et. al. (New York: Macmillan, 1970), 357.
6) John L. Elias, *The Foundations and Practice of Adult Religious Education* (Malbar, Florida: Robert E. Krieger Publishing Company, 1982), 4.
7) 강용원, "교회의 장년교육, 왜 필요한가?"「교회와 교육」, 1998년 6월, 16.
8) Gilbert A. Peterson,「성인 기독교교육」, 이정효 역 (서울: 마라나다, 1988), 100.
9) 윤응진,「비판적 기독교육론」(서울: 다산글방, 2000), 28.
10) 이성희,「미래목회 대 예언」(서울: 규장문화사, 1998), 114-7.
11) 김재은, "성인 연령층 이해,"「신학과 세계」, 10호 (1984): 302.
12) 고태형, "2000년을 바라보는 이민교회 성인사역의 방향,"「교육교회」, 1994년 9월, 92.
13) 고용수, "교육목회와 교회갱신,"「급변하는 사회와 교회갱신」, 이종윤 편, 95-123 (서울: 요단출판사, 1996), 101.
14) Sisemore, 9.

제2장
기독교 성인사역의
교육적 특성

Christian Adult Ministry

기독교 성인사역에서 교육적 접근은 중심적 위치를 차지해야 한다. 왜냐하면 기독교 사역으로서의 모든 행위들은 결국에는 하나님의 말씀을 가르쳐서 그것에 순종하여 변화받고 풍성한 삶을 살도록 도와주는 것이어야 하기 때문이다. 따라서 우리는 기독교 성인교육으로서의 기독교 성인사역의 특성들을 잘 이해하고 실천해야 할 필요가 있다. 최근에 우리나라에서 나타나고 있는 일반 사회교육이나 평생교육의 발전과 발맞추어 일선 교회의 차원이나 연구 및 교육기관 등에서 기독교 성인교육에 대한 관심과 활동의 폭을 점차 늘려가고 있다. 그런데 기독교 성인교육이 장기적이고 견실한 발전을 하기 위해서는 효율적인 실천을 뒷받침해 주는 이론적 연구가 활발히 이루어져야 한다. 그런데 어느 학문분야이든지 그 이론적인 부분 중에서도 가장 기본적으로 중요한 것은 그 분야가 실천되는 장(場, context)과 그에 관련된 구조적 및 기능적 주요 개념들(concepts)이나 관점들(perspectives)을 체계화하여 정립하는 일이다. 다시 말해서, 그 분야 자체의 본질적 속성(essential nature)과 정체성(identity)이 먼저 분명하게 정립되어야만 그것을 기초로 하여 학문적인 의사소통을 원활하게 하며 계속적인 이론과 실천의 발전이 있을 수 있는 것이다. 특별히 기독교 성인교육은, 오랜 전통 속에서 잘 정리되어 있는 다른 연령층의 교육분야들과는 달리, 그 의미와 성격이 확고히 정립되어 있지 않으므로 '기독교 성인교육이 무엇인가?' 라는 질문이야말로 가장 근본적이고도 그 대답이 우선적으로 요구되는 문제라고 할 수 있다.

여기에서는 기독교 성인교육을 구성하고 있는 세 가지의 주요 요소들을 중심으로 기독교 성인교육의 본질을 알아보고자 한다. 이러한 접근의 근거는 '기독교 성인교육' 이 하나의 포괄적인 개념으로서의 '성인교육' 에 속해 있고, 그 '성인교육' 은 거슬러 올라가면 더 폭넓은 개념으로서의 '교육' 이라는 것에 속한 것이라는 관계에 기초한 것이다. 다시 말하자면, 기독교 성인교육은 '교육' 이라는 최대 공약수를 접촉점으로 하여 '성인교육' 과 '기독교교육' 이라는 서로 다른 두 개의 전문분야가 만난 것으로 볼 수 있다는 것이며 이것을 그림으로 나타내면 다음과 같다.

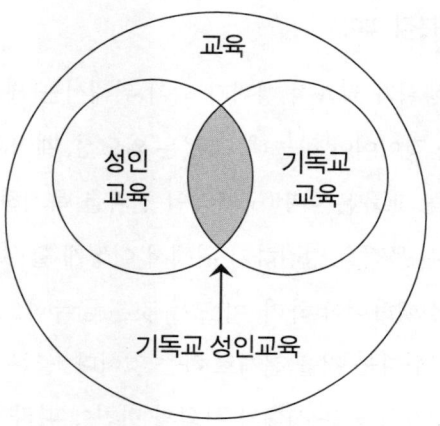

[그림 2-1] 기독교 성인교육의 주요 구성 요소들

I. 교육의 요소

기독교 성인교육은 분명히 하나의 교육 행위이다. 그렇다면, 기독교 성인교육은 모든 교육 행위가 지니는 기본적이고도 공통적인 요소를 가지고 있는 것이다. 쉬로우더(Wayne L. Schroeder)의 표현에 의하면 "물리적 현상과 사회적 현상은 그것을 이해하고, 정의하며, 설명하고자 하는 인간의 노력과는 무관하게 독립적으로 존재한다"[1]고 하였다. 교육은 실로 인간의 역사가 있어 왔던 이래로 하나의 사회적 실재로서 존재해 왔는데, 언제부터인가 인간들은 그것을 이해하고 구성하려고 해왔고 그 시도는 아직도 계속되고 있다. 여기에서는 교육의 본질적 의미에서 본 기독교 성인교육의 특성을 찾아보고자 한다.

1. 교육의 기본적 의미

우선 어떤 행위가 교육적 행위가 되기 위해서는 세 가지 기본전제를 만족시키는 것이어야 하는데, 그것은 의도성, 계획성, 그리고 가치지향성이다. 즉, 교육은 어떤 구체적인 결과를 목적하고 출발하여야 하고, 그 의도된 목적을 성취하기 위해서 어떻게 할 것인가를 계획하고 그에 따라 실행하여야 하며, 이 모든 것은 궁극적으로 어떠한 가치 있는 것을 추구한다는 것을 전제로 하는 것이다. 물론, 교육이 지향하는 의도, 계획, 가치 등은 시대와 사회의 변천에 따라 여러 가지 사상적 배경을 갖고 다양한 양상으로 나타났다. 그러므로 다양한 신념체제가 공존하는 사회에서는 바람직한 교육의 기본 방향을 결정하는 일 자체가 중요하면서도 어려운 문제이고 이러한 점에서 교육은 본질상 정치적인 성격을 지니고 있는 것이라고 할 수 있다. 브런디지(Donald H. Brundage)와 맥커러처(Dorothy Makeracher)는 모든 교육이 정치적 행위의 일부라고 규정짓고, 성인교육 분야에서 발견되어지는 세 가지의 정치적 성향을 보수적, 진보적, 사회주의적 철학에 바탕을 둔 것으로 구분하였다.[2] 전통적으로 개신교의 기독교 성인교육은 이중에서도 보수적인 정치적 성향을 강하게 나타내어 왔는데, 그 기본 입장은 어느 사회와 문화권이라도 하나의 객관적인 실재와 궁극적인 진리가 존재한다는 것이고 그것을 사회 구성원들이 이해하고 습득하여야 한다는 것이다.

둘째로, 교육 행위에는 세 가지 기본 요소가 있어야 하는 데, 그것은 교육의 주체로서의 교육자, 교육의 객체로서의 피교육자 또는 학습자, 그리고 교육의 매개체로서의 교육내용이다. 이 세 가지 기본 요소는 교육의 형태나 상황에 따라 각기 다른 비중과 취급을 받게 되고 때로는 어떤 요소는 명백하게 드러나지 않기도 한다. 예를 들면, 과거에는 가르치는 교육자에게 중점을 두다가 오늘날에는 학습자에게 더 큰 비중을 두는 것을 볼 수 있다. 이것은 거의 의무적으로 교육을 받아야 하는 정규 학교교육의 경우에서 볼 수 있는 중요한 변화이지만, 자발적 참여를 전제로 하고 있는 성인교육에 있어서는 더욱 중요한 의미를 지니고 있다.

사실, 정규 학교교육과 성인 교육에 있어서 교육자와 피교육자의 역할은 현저히 다르다. 항상 그러한 것은 아니지만, 성인교육에서의 교육자의 역할은 피교육자인 성인 학습자의 자율적이고도 능동적인 학습을 계획하고 실행하는 학습 촉진자(facilitator) 또는 성인 학습자와 공동으로 학습을 계획하고 실행하는 협력자(collaborator)로서의 기능이 강조된다. 물론, 성인 교육이라 할지라도 피교육자인 성인 학습자를, 가르치는 사람이 주도적으로 이끌어 주고 제시해 주는 지시자(director)로서의 역할을 수행해야 할 때도 많다. 브런디지와 맥커러쳐도 이것은 "교수 양식"(teaching style)의 문제이며 성인교육을 위한 어느 한 가지의 최상의 교수 양식이 있는 것이 아니라, 교육내용과 학습자의 상태, 그리고 학습상황에 따라 적절히 선택하고 배합하여 사용해야 할 문제라고 지적하였다.[3]

이상에서 살펴본 교육의 기본 전제와 기본 구성요소를 토대로 한 교육의 정의 중에서 실제적으로 가장 많이 사용되고 있는 형태는 '조작적'(操作的)측면에서 본 정의라고 일컫는 정의이다. 즉, 교육이란 바람직한 인간 행동의 변화를 유도하기 위하여 어느 일정한 교육의 주체가 행하는 모든 계획적인 활동을 지칭한다는 것이다. 그렇다면 기독교 성인교육은 기독 신앙 공동체가 기독교의 이상적인 인간상을 실현하기 위해 성인들을 대상으로 하여 실시하는 모든 계획적인 활동이라고 정의를 내릴 수 있을 것이다. 기독교가 추구하는 이상적인 인간상은 무엇인가 하는 문제, 혹은 그에 앞서 과연 기독교교육의 목적을 인간 개개인에 초점을 맞출 것인가, 아니면 사회에 초점을 맞출 것인가 하는 문제는 여러 가지로 입장을 달리 할 수 있는 가치 판단적인 것이다.

2. 평생교육 개념의 대두

인간은 생존과 만족한 삶을 위하여 필요한 것을 배우려고 하는 학습본능이 있는데, 이것은 인생의 여러 단계에 따라 정도의 차이는 있을지언정 평생에 걸쳐서 존재하는 것이다. 이러한 학습본능에 따라서 인간은 생애 전 기간에 걸쳐서 수많은 배움을 행하게 되고 또한 그러한 배움을 돕기 위한 교육적 활동들도 꾸준히 발전해 왔다. 그래서 한준상은 이 둘의 관계에 대하여 말하기를, "평생교육은 배우는 동물인 학습인간의 학습본능을 실현하는 교육이념"[4]이라고 설명하였다. 그런데 전통적으로, 교육이라 하면 반드시 학교를 생각할 정도로 교육에 대한 개념은 제도적인 공교육(公敎育)에만 국한되어 있었으며, 산업혁명은 우리의 의식 속에 교육은 곧 학교라는 등식을 고착시키는 강력한 요인이었다.[5] 그러나 학교교육(schooling)이라는 것은 학교라는 일정한 제도적 기관에서 행하여지는 형식적 교육 또는 정규교육(formal education)을 가리키는 말로 이는 오직 교육의 한 가지 형태일 뿐이다. 그리하여 근래에는 학교 이외의 상황에서 행하여지는 비정규 교육(non-formal education)의 중요성이 새롭게 인식되고 강조되기 시작했다. 우리나라에서는 이러한 비정규 교육을 가리켜 "학교에서의 정규교육을 제외한 모든 조직적인 교육활동"[6]을 의미하는 '사회교육'이라는 용어로 오랫동안 지칭해 오고 있다.

이상과 같은 이해에 기초한다면, 평생교육이라는 용어는 교육 전체를 가리키는 포괄적 개념(umbrella concept)이라고 할 수 있고 그것은 학교교육 또는 정규교육과, 그리고 사회교육 또는 비정규 교육을 통칭하는 것으로 볼 수 있다. 이현청은 평생교육 개념에 대한 다양한 해석의 가능성을 전제로 하면서 다음과 같은 세 가지 점을 평생교육에 대한 공통된 이해로서 제시하였다: 1) 평생교육의 개념은 개개인의 일생을 통한 생의 과정을 곧 교육의 과정으로 인식하며, 2) 그 과정의 상호 연속성을 중요시하고, 3) 개인의 생활이 이루어지는 가정과 학교와 사회의 통합적인 교육의 구조를 기본 전제로 한다.[7] 이러한 맥락에서 볼 때 교육의 장(場)으로서의 가정이나 교회, 그리고 사회의 위치와 기능이 중요하게 인식되어지고 있다. 특히 정규과정의 대상에서 제외되게 마련인 일반 성인들에 대한 교육이 크게 발달하고 있으며 기독교 성인교육도 이러한 관점에서 그 본질의 일면이 이해되어 질 수 있다.

II. 성인교육의 요소

성인교육은 비교적 역사가 짧은 분야로서 세계 제1차 대전 이후에 하나의 독자적인 사회과학 및 실천 분야로서의 모습을 정립하기 시작하였는데, 지금까지도 그 분명한 정체성 확립을 위한 노력들이 계속되고 있는 실정이다. 특히, '성인교육' 보다는 '사회교육' 의 개념이 더욱 보편화되어 있는 우리나라의 실정을 감안해 볼 때, 이 성인교육의 정체성을 명확히 하기에는 어려운 점이 많다. 그러나 성인교육은 일반 정규교육과 비교해 볼 때 여러 가지 면에서 확실하게 구분되는 다른 특성들을 지니고 있는 것이 사실이며, 그러한 특징들 중에서 기본적이고도 중요한 것들을 이해하는 일은 기독교 성인교육의 본질을 이해하기 위한 필수적인 조건이라고 할 수 있다.

1. 성인교육의 의미

우리나라에서는 성인교육을 사회교육과 같은 의미로 종종 사용하지만 엄밀하게 보면, 사회교육은 학교교육을 제외한 모든 체계적인 교육활동이라고 정의했기 때문에 여기에는 성인뿐만 아니라 모든 연령층의 사람을 대상으로 하는 교육적 활동이 다 포함된다. 그러나 미성년자들의 경우에는 주로 학교교육의 대상자들이기 때문에 그들을 위한 사회교육은 성인들을 위한 것보다 훨씬 더 적다고 볼 수 있다. 즉, 사회교육의 주된 대상자들은 성인들이며 이러한 점에서 사회교육과 성인교육은 상호교환적으로 사용되는 경우가 많다.

성인교육은 여러 가지 의미로 이해되고 있는데 첫째로는, 성인들을 대상으로 하여 어떤 특정한 교육의 주체가 제공하는 교육적 활동의 의미로 통용되고 있다. 성인교육을 가리켜 "어떤 조직에서 성인이 그의 직업적 기회, 개인적 행복, 사회환경의 개선을 위해 보다 나은 어떤 일을 할 수 있도록 제공되는 비공식 혹은 공식적 계획에 의한 조직화된 학습"[8]이라고 정의한 경우가 이에 속하는 예이다. 둘째로는, 성인들 자신이 자율적으로 행하는 자기교육(self-education)을 포함한 성인들의 학습(adult learning) 활동을 가리키는 말로 사용하는 경우이며, 이는 첫 번째의 정의보다 훨씬 더 폭넓은 의미를 지니고 있는 개념이다. 마지막으로, 성인교육은 하나의 전문적인 학문분야(a field of study)[9] 혹은 사회적 운동이나 실천 분야(a movement or field of social practice)를 의미하기도 한다.[10] 이 중에서도 가장 일반적이고 보편적인 개념으로서의 성인교육은 첫번째의 경우 즉, 여러 조직체(institutions)에서 제공하는 성인교육을 가리키는 것이지만, 우리는 성인교육이라는 말 속에는 적어도 이상의 세 가지 의미가 포함되어 있음을 인식하여야 한다.

　기독교 집단은 학교교육 이외의 체계적 교육활동을 폭넓게 행하는 중요한 사회교육 주체이다. 그 중에서도 성인들과 관련하여 이루어지는 교육에 대해서 우리는 위의 세 가지 관점에서 기독교 성인교육의 의미를 새겨 볼 수 있을 것이다. 즉, 기독교 성인교육이란 우선 기독신앙 공동체가 그 구성원이나 기타의 관련 성인들에게 제공하는 종교교육이라고 볼 수 있고, 둘째로는 기독신앙 집단의 성인 구성원들이 주로 그들의 종교적 발달과 성숙을 위해서 행하는 모든 학습의 과정이라고 할 수 있으며, 마지막으로는 기독교적인 관점에서 행하여지는 사회적 운동이요, 연구되고 실천되는 사회과학의 한 분야인 것이다.

이상의 세 가지 개념들의 관계는 다음과 같은 그림으로 나타낼 수 있을 것이다.

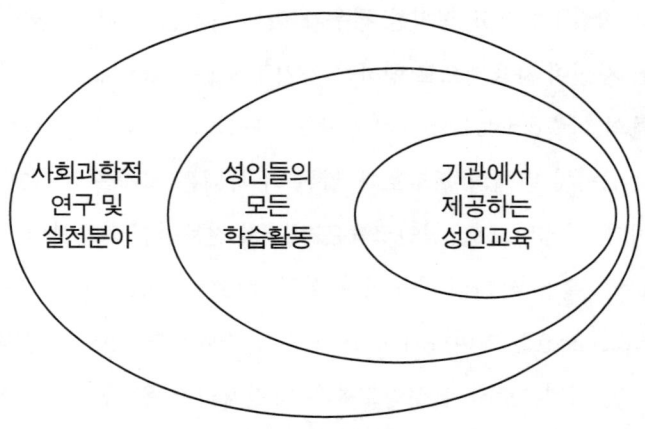

[그림 2-2] 성인교육의 세 가지 의미

우리나라에서는, 이미 지적한대로, 성인교육이라는 말보다는 사회교육이라는 말이 더 보편화되어 있는데, 이는 피교육자의 연령에 관계없이 "학교에서의 정규교육을 제외한 모든 조직적인 교육활동"을 의미하는 용어이다. 이러한 관점에서 볼 때, 기독교 성인교육은 분명히 하나의 사회 교육적인 행위인데, 그 중에서도 기독교라는 특정 종교와 성인이라는 특정 대상층과 관련이 있는 분야라고 할 수 있다.

2. 교육객체로서의 성인

성인교육이 일반 교육과 구별되는 가장 근본적인 차이점은 그것이 성인들을 대상으로 하여 실시하는 교육행위라는 것이다. 여기에는 '성인'을 과연 어떻게 규정할 것인가 하는 문제와, 또 하나는 성인을 대상으로 한 교육은 미성년을 대상으로 한 일반 교육에 비해서 어떠한 특징을 지니고 있는가 하는 문제가 포함되어 있다. 성인(成人)이 무엇인가에 관한 문제는 오랫동안 논쟁의 대상이 되어 왔다. 그에 따라서 성인에 대한 정의가 여러 가지 관점에서 수없이 많이 행하여져 온 것도 사실이다. 그러나, 그 어떤 하나의 정의나 설명도 이 문제를 만족할만하게 밝혀주지는 못하였다. 그래서 콜만(Luncien E. Coleman, Jr.)은 이 문제를 '움직이는 표적물'(a moving target)이라고 하면서, 우리가 할 수 있는 일은 다만 성인에 관련된 중요한 특징들을 묘사하는 것이라고 하였다.[11]

그렇지만 객관적인 연구 조사와 의사소통을 하기 위해서는 어떤 기준이 반드시 필요하게 마련인데, 성인교육의 대상이 되는 '성인'이라는 것이 어떤 부류의 사람을 가리키는 것인지에 대한 기본적인 기준 설정이 이루어져야 한다는 것이다. 문헌 조사를 해보면, 여러 기준들 중에서도 연령과 심리적인 성숙도, 그리고 사회적 역할이 성인을 정의하는 데 가장 중요한 요소들로 취급되어 온 것을 알 수 있다. 그러나 이 중에서도 연령이 기준이 될 때에는 마땅히 포함되어야 할 사람이 제외되는 경향이 있고, 또 심리적 성숙도라는 것은 실제로 객관성을 가지고 처리하기에 어렵기 때문에, 결과적으로는 사회적 역할이 가장 보편적인 기준으로 사용되어 왔다.

성인에게 흔히 관련지어지는 사회적 역할이란 결혼 생활, 가족과 자신에 대한 경제적 부양 행위, 부모로서의 역할을 하는 것 등을 꼽을 수 있는데, 이것 역시 보편성은 없는 것이기 때문에 반드시 어느 특정한 사회 문화적 배경을 전제로 하여 사용해야 하는 것이다. 그렇다면, 1976년의 유네스코(UNESCO)총회에서 채택된 다음의 성인교육의 정의에서 볼 수 있는 바와 같이, 어느 개인이 속하고 있는 사회에 의해 성인이라고 간주되는 사람을 성인이라고 한 것은 위와 같은 맥락에서 이해될 수 있는 것이다.

> 성인교육이라는 용어는 내용이나 수준, 방법이 어떠한 것이냐, 형식적이냐 아니냐, 학교나 대학에서 받았던 최초의 교육을 연장하는 것이냐 아니면 대처하는 것이냐에 관계없이, 속하고 있는 사회에 의해 성인이라고 간주되는 사람들이 그들의 능력을 발전시키고 지식을 풍부히 하며 기술적, 전문적 자질을 향상시키거나 새로운 방향으로 전환하여 균형적이고 독립적인 사회적, 경제적, 문화적 발전에의 참여와 전인개발에 대한 이중적 견해 속에서 태도나 행동의 변화를 도모하는 조직화된 교육과정의 전체를 의미한다.[12]

그런데 성인교육에서 직접적인 관심의 대상이 되는 성인이란 단순히 지금까지 말한 조건을 충족시키는 모든 사람들이 아니라, 궁극적으로 성인교육 현장에 참여하는 사람들이다. 그러한 점에서 본다면, 사회적 역할의 면에서 가장 실제적인 요소는 정규 교육을 중단했거나 완료한 사람으로서 다시 교육에 참여하는 사람들이라는 점이다. 이상의 기준들을 고려해 볼 때, 교회를 중심으로 한 기독교 성인교육에서는 정규 학교교육을 받고 있는 대학생들까지의 연령층은 그 대상에서 제외된다고 할 수 있고, 그 이상의 연령층이나 혹은 그 이하의 연령층에 속한 사람이라도 정규 교육을 받는 것이 일상생활의 주된 일과가 아닌 사람들이 포함된다고 할 수 있다.

3. 성인교육 제공자의 유형

넓은 의미에서 볼 때, 성인교육이 이루어지는 상황은 지극히 비형식적인(informal) 경우에서부터 고도의 형식성을 띤(formal) 경우에 이르기까지 매우 다양하다. 전자의 경우는 주로 '일상적인 사회적 상황'(natural societal settings)에서 이루어지는 학습을 가리키는 것으로서, 터프(Allen Tough)의 업적을 비롯한 최근의 연구와 조사가 있기까지는 그 실상과 중요성이 제대로 인식되지 못한 것이 사실이다.[13] 1960년대 초반까지만 해도 이러한 성인들의 학습활동은 온전한 의미에서의 성인교육이 아닌 것으로 취급받았다. 이는 어떤 형식을 갖춘 행위만이 진정한 교육이라고 여기는 전통적인 교육개념 때문이기도 하고, 이러한 행위와 활동이 겉으로 잘 드러나지 않아서 연구하기가 어려웠던 이유에서 기인된 것이기도 하다. 그러나 오늘날에는 이러한 종류의 성인교육이 매우 중요할 뿐만 아니라 실제로 엄청난 정도로 행하여지고 있다는 것이 인식되고 밝혀짐에 따라 이 분야에 대한 연구가 점점 더 활발히 이루어지고 있다.

그러나 이미 지적한대로, 성인교육에 대한 일반적인 개념은 어떤 조직체나 기관에서 제공하는 이른바 형식성을 띤 교육을 가리키며,

전문 실천 분야로서의 성인교육은 이것을 주로 지칭하는 것이다. 그렇다면 교육의 기회를 제공하는 기관(institution)에 따라 여러 가지 유형의 성인교육이 있게 되는데, 이를 의미 있게 이해하려면 어떤 분류 기준이 필요하게 된다. 그러나 실제로는 성인교육이 제공되고 행하여지는 기관이라는 것이 너무도 복잡하고 다양하여 간단명료하게 분류하기 어렵다. 이러한 결과가 초래된 것은 어떤 새로운 일이 성인교육을 통하여 이루어질 수 있다고 여겨질 때 그 일을 하기 위한 새로운 성인교육 기관이 생기는 현상들이 수없이 많이 있어 왔고, 또 성인교육이 주된 목적이 아닌 기관들에서도 성인교육을 제공하고 실시하는 경우가 매우 많기 때문이다.

성인교육 제공자들을 유형별로 분류하려는 시도는 많이 있어 왔는데, 그 중에서 현재 널리 사용되고 있는 것은 노울즈의 분류 방법이다. 그는 각 기관들의 고유한 존재 목적과 성인교육의 관계에 따라 다음과 같은 네 가지 유형의 성인교육제공 기관들을 구분하였다:

(1) 전문 성인교육 기관: 이것은 원래부터 성인교육을 위해서 세워진 기관을 의미하며, 그 대표적인 예로서는 성인들을 위한 직업 및 기술교육기관을 들 수 있다. 이 부류에 속하는 기관들은 성인교육을 그 중심적인(primary)기능으로 삼고 있다.

(2) 정규교육 기관: 이것은 미성년층의 정규 교육을 위해 세워진 모든 공공 학교들을 가리키는 데, 학부모 교육이나 지역사회의 주민교육 등의 성인교육을 제공하게 될 때 하나의 성인교육 제공 기관이 되는 경우이다. 여기에는 유치원에서부터 대학교에 이르기까지 모든

정규 교육기관들이 포함되는데 이러한 기관에서는 성인교육이 부수적인(secondary)기능이 된다.

(3) 준 교육 기관: 이것은 온전한 의미에서의 전문교육기관은 아니지만 그 기관 고유의 목적을 설정하는 데 교육이 중요하게 활용되어지는 기관들을 가리킨다. 여기에는 도서관이나 박물관 같은 문화적 기관과 교회나 사회봉사 단체 같은 지역사회 기관 그리고 전문직업인들의 협회 같은 직업적 기관이 포함된다. 이러한 기관에서 자체 구성원들이나 외부의 성인들에게 교육을 실시하는 경우가 많이 있으므로 이는 매우 중요한 성인교육 제공자라고 할 수 있으며, 여기에는 성인교육이 각 기관 고유의 목적을 달성하는 데 보조적인(supplemental) 기능을 수행하게 된다.

(4) 비(非) 교육기관: 이것은 전혀 교육을 목적으로 하지 않는 기관이지만 필요한 경우에는 성인교육을 하나의 수단으로 하여 자체의 주된 목적을 이루는 데 사용하는 기관들이다. 여기에는 정부기관이나 감옥, 노동조합, 병원, 그리고 각종 산업체나 기업체가 포함되는데, 이들 기관에서의 성인교육은 예속적인(subordinate)위치와 기능을 가지게 된다.[14]

이상의 분류 방법에서 볼 때, 교회와 각종 종교 기관들은 준 교육 기관으로서 성인교육을 제공하는 경우에 속하게 되는데, 교육의 기능이 교회에서 매우 중요하고도 필수적인 위치에 있는 것은 사실이지만 교회는 본질상 교육 기관은 아니기 때문에 여기에 포함시키게 되는 것이다. 그리고 준 교육 기관과 비 교육 기관의 구분이 애매한 경우도 있을 수 있는데, 실제로 쉬로우더는 교회를 네 번째 부류인 비교육 기관에 포함시켰다. 아무튼 기독교 성인교육은 교회뿐만 아니라 다른 제공자들에 의해서도 주어질 수 있다는 사실이 중요하다. 즉, 우리는 위의 네 가지 유형의 경우에 해당하는 기독교 성인교육 제공자들을 우리 사회에서 다양하게 찾아볼 수 있는 것이다.

4. 미성년교육과의 차이점

성인들의 여러 특성은 일반 미성년교육에 비해서 성인교육이 다른 면모를 지니도록 만들어준다. 즉, 교육의 목적, 내용, 방법 등에 있어서 성인교육은 정규(미성년)교육과는 다른 양상을 나타내게 되는 것이다. 그 모든 차이점들 중에서 가장 근본적인 것이 있다고 한다면, 그것은 정규 교육이 성년기에 대한 준비로서의 과정이라고 하면, 성인교육은 성년기의 생활에 효과적으로 적응하고 더욱 풍요롭게 영위하도록 하기 위해 시도하는 점이라고 할 수 있다. 다시 말해서, 고등교육을 포함한 모든 정규 교육의 기능은 학습자들을 경제적, 사회적, 심리적으로 독립된 존재가 되도록 준비(prepare)시켜 주는 것인데 비해, 성인교육은 이미 사회에서 성인으로서의 역할을 하고 있는 사람들을 도와서(assist) 각자의 잠재 가능성을 인식하고 그것을 실현하며, 성인의 역할에 따른 의무와 책임을 보다 잘 수행하도록 하는 일이 주된 기능인 것이다.

이것은 학습의 관점에서 볼 때는, 일반 교육에서의 학습 경험이 '형성'(forming)의 과정이라고 한다면 성인교육에서의 그것은 '변형'(transforming)의 과정이라고 대조시킬 수 있다. 즉, 전자의 경우에는 사회와 기성세대에 의해서 가치 있고 필요하다고 이미 결정되어 주어진 것(givens)을 수용하고 습득하며 축적하는 일이 중요한 비중을 차지하는 반면에, 후자의 경우에는 이미 형성한 내용을 수정하고 보충하며 대치하는 일이 중요한 것이다. 이러한 '변형'의 과정은 비평적 사고(critical thinking)를 통해서 가능하다.

맥켄지(Leon McKenzie)의 관찰에 의하면 기독교 성인교육은 (사실은 기독교교육 전체도 마찬가지이지만) 종교적인 권위 및 전통과 함께 제시되는 내용들을 거의 무비판적으로 수용하고 전수하게만 하는 '형성'의 교육이 불균형적으로 많은 비중을 차지하고 있다고 하였다.[15] 물론 '형성'의 교육은 그 자체로서는 나쁜 것이 아니며 오히려 '변형'의 교육을 위해서 기본적으로 필요한 것이고, 이 둘은 서로 보완적인 관계에 있다. 다만 후자를 배제한 전자만의 강조는 잘못된 교육이며, 특히 기독교 성인교육에서는 이미 형성된 신앙에 대한 끊임없는 성찰과 비판을 통해서 이 땅에서의 생동력 있고도 순수한 헌신의 신앙생활을 하도록 해야 하는 것이다.

일반 교육과 비교해 본 성인교육의 또 다른 두드러진 차이점은 성인교육이 학습자들의 자발적인(voluntary) 참여에 의존하고 있다는 점이다. 이에 반해 일반교육은 의무적인(compulsory) 구속성을 가지고 있다. 이러한 특성 때문에 성인교육에서는 학습자들의 교육참여(participation)현상을 중요한 문제로 다루고 있는데, 기독교 성인교육 분야에서는 교회에서의 그것의 낙후성과 주변적 위치에 대한 우려와 아울러, 그나마 제공되는 성인교육프로그램에 대한 저조한 참여율이 심각한 문제점으로 지적되고 있다.

마지막으로, 성인들의 특성에 따른 성인교육의 전형적인 특징 하나를 더 찾아본다면, 그것은 성인교육이 성인들의 일상생활에서 오직 일부분의 시간에만 제한되어져서 실시된다는 점이다. 일반 정규교육은 학습자들의 일과 활동의 대부분의 시간(full-time)을 차지하는 데 비해서, 성인교육은 일상생활에서 주된 활동을 따로 하면서 그 나머지 시간 중의 일부 (part-time)를 활용하는 성인들에게 실시되는 것이다. 따라서 성인교육에서는 프로그램을 계획하고 실시할 때 시간이라는 요소가 매우 중요한 변수로 작용하게 된다. 특히 현대인들의 늘어나는 여가를 채우려고 하는 수많은 경쟁적 요소들을 감안해 볼 때, 기독교 성인교육의 제공자들은 이 문제에 각별한 관심을 기울여야 할 것이다.

III. 기독교교육의 요소

기독교 성인교육은 분명히 하나의 기독교교육 행위로서 기독교교육이 지니는 모든 특성을 포함하고 있기 때문에 기독교 성인교육의 본질을 결정하는 주요 요소로서의 기독교교육의 기본 특성을 잘 이해할 필요가 있다. 그런데 교육에 대한 개념이 너무도 다양하여 때로는 분명한 의미 파악이 어렵듯이, 기독교교육이 무엇인가에 대한 혼란도 매우 심하다고 할 수 있다. 버쥐스(Harold W. Burgess)는 이러한 현상을 다음과 같이 지적하면서, 그 원인은 기독교교육 분야에 대한 연구의 체계화와 방법론의 공통원리들이 무시되어 왔기 때문이라고 하였다.[16] 그런데 어떤 방법론적인 공통원리가 있고 또 그것에 준해서 기독교교육을 논한다고 하더라도, 논자 각자의 신앙적 배경과 전통, 신념 등에 따라서 기독교교육의 의미는 여전히 다양하게 나타나기 마련이다. 따라서 여기에서는 기독교교육이 일반교육과 비교해서 어떠한 본질적 특징들이 있는지를 살펴보고 그 중에서 기독교 성인교육에 중요한 연관이 있는 사항들을 중점적으로 논의하고자 한다.

1. 종교교육으로서의 기독교교육

기독교교육은 하나의 '교육' 행위라는 점에서 볼 때 일반교육과 공통된 특성을 지니고 있는 동시에, 거기서 '기독교'라는 요소가 추가되어 있다는 점에서는 일반교육과 다른 독특한 점을 지니고 있다. 그렇다면, 일차적으로 기독교교육은 일반교육과 비교해 볼 때 그것이 종교적인 교육이라는 점에서 근본적인 차이점을 가지고 있다고 하겠다. 물론, 모든 교육의 궁극적인 목적이 초월적인 것(transcendence)에 도달하려는 것이라고 한다면, 다 '종교적인' 교육이라고 할 수는 있지만, 우리가 '종교교육'이라고 할 때에는 일반교육에 비해서 그 나름의 고유하고 독특한 기능을 지닌 영역으로 이해하는 것이다. 즉, 일반교육은 삶의 자연적인(natural) 차원을 다루는 것인데 비해, 종교교육은 삶의 초자연적(supernatural), 영적(spiritual), 또는 초월적인(transcendent) 차원을 주로 다루는 것이다.

그러나 이 초월적인 차원은 항상 인간성과 자연적 삶을 통해서 감지되고 인식되는 부분만이 어떤 의미를 지닌 채 다루어질 수 있기 때문에, 기독교교육을 포함한 모든 종교교육에서 이 문제는 인간 삶의 모든 자연적인 차원과의 밀접한 관계 속에서 취급되게 된다. 사실 '종교'라는 것은 완전히 추상적인 개념으로서만 다루어지기는 어렵고 항상 시간과 공간을 배경으로 하여 어떤 구체적인 양상으로 이해되고 표현된 부분을 다룰 수 있는 것이다. 따라서 기독교교육이라고 할 때는 기독교라는 특정 종교가 역사 속에서 여러 가지 전통으로 존재해 온 문화를 배경으로 하여 다양하게 펼쳐지는 것으로 이해하여야 한다.

앞서 언급한 것처럼, 모든 교육은 궁극적으로 종교적이라고 말할 수 있을 정도로 종교적인 차원은 인간 삶에 있어서 중요한 것이다. 특히, 인간이 성인기에 접어들어 자신의 유한성과 부조리를 인식하게 됨에 따라 삶의 의미에 대한 실존적인 질문을 던지고, 초월적인 문제에 대한 관심이 증가하게 된다는 점에서 볼 때, 성인들에 대한 종교교육은 매우 중요하다고 할 수 있다. 모랜(Gabriel Moran)도 '성인성을 향한 교육'이 올바로 이루어지려면 종교의 문제가 반드시 다루어져야 한다고 주장하였고, 그러한 점에서 '성인 종교교육'(adult religious education)이라는 용어는 이 문제가 오직 교회만의 관할 영역이라는 인상을 주기 때문에 적절치 않다고 하였다.[17] 그러므로 기독교 성인교육은 교회에 속한 성인들뿐만 아니라 교회 밖의 일반 성인들도 주요 대상으로 인식하고 그들의 종교적 필요에 부응하는 일을 시행하는 것도 그 사역 범위에 포함되어 있는 것이다.

2. 기독교교육의 내용

기독교교육의 또 하나의 본질적 특성은, 기독교교육이라는 말이 '기독교를 가르치는 교육' 이라는 뜻으로 풀이될 수 있다는 점에서 찾을 수 있다. 즉, 수학교육이 수학을 가르치는 것이고 음악교육은 음악을 가르치는 것이듯, 기독교교육은 글자 그대로 기독교를 가르치는 분야라고 할 수 있다는 것이다. 여기에서 그러면, 기독교라는 것은 교육의 내용 혹은 과목(subject matter)으로서의 의미를 갖게 되는데, 이는 '기독교' 라고 일컬어질 수 있는 총체적인 종교적 실재에 포함되는 모든 것을 가리킨다. 물론 이렇게 말하는 기독교교육의 내용은 너무도 추상적이어서 실제로 현장에서 교육이 이루어지기 위해서는 이것을 운용 가능한(operational) 상태로 재구성하여야 한다. 어쨌든, 기독교교육의 본질적 의미 중의 하나는 그것이 기독교(Christianity)를 가르치는 분야라는 점이다. 이것은 다른 말로 하면 곧 기독교교육의 커리큘럼(curriculum)의 문제이다.

미국의 16개 개신 교단이 참여한 커리큘럼 공동연구(Cooperative Curriculum Project, 약칭 CCP)에서는 기독교교육에서 다루어야 할 내용은 '복음의 관점에서 본 관계의 전(全)영역' 을 망라한 것이어야 하고 그것은 하나님, 인간, 자연계, 역사의 네 가지 차원에서의 관계로 구분할 수 있다고 하여, 결국은 삶 전체와의 관련을 맺는 하나님의 복음이 기독교교육의 관심 대상이어야 함을 주장하였다.[18] 미국의 남침례회에서도 역시 커리큘럼의 내용 범위를 폭넓게 설정하고 그것을 다음과 같은 아홉 가지의 구체적이고도 운용 가능한 수준의 분야로

구분하였다: 성경적 계시, 기독교 신학과 교리, 기독교 윤리, 기독교 역사, 교회정체와 조직, 제자도, 교회음악, 선교, 개인 사역[19]

그런데 이 모든 기독교교육 내용의 분야 중에서도 가장 기본적인 것은 성서적 계시 또는 그것을 통해서 나타난 하나님에 대한 내용이라고 할 수 있는데, 와이코프(D. Campbell Wyckoff)는 그 이유를 이것이 기독교교육의 규범적(normative)차원이기 때문이라고 하였다.[20] 이러한 입장은 CCP를 비롯한 대부분의 기독교교육 커리큘럼 디자인에서 공통적으로 찾아볼 수 있다. 콜만도 말하기를, 일반교육에 비해서 기독교교육이 지닌 독특성 중의 하나는 그것이 성경이라는 독특한 말씀에 근거한 교육이라는 점을 지적하면서 성서적 계시의 중요성을 강조하였다.[21] 사실, 성경은 기독교의 모든 신앙과 행습에 대해 절대적이며 최고의 권위를 갖는 규범으로서 기독교 성인교육을 포함한 모든 종류의 기독교교육에서는 그 교육 내용에 이 성서적 계시를 가장 우선적이고도 중심적인 위치에 두어야 하는 것이다.

그런데 기독교 성인교육의 내용과 관련하여, 멕켄지는 종교적인 것과 세속적인 것에 대한 잘못된 이원론적 관념을 비판하면서, 성인들의 일상생활에서 괴리된 채 오직 순수 신학적인 내용과 종교적인 성격이 확실히 드러나는 주제만을 다루는 것은 시정되어야 한다고 하였다.[22] 그룸(Thomas H. Groome)은 기독교교육이 지니는 개인적 및 사회적 차원의 관점에서 이 문제를 논하면서, 기독교를 '사유화' 또는 '개인화'(privatization)하여 사회에 대한 책임 있는 참여를 무시한 채 개인의 영성과 종교성의 함양에만 치중하는 교육은 지양되어야 한다고 하였다.[23] 사실, 이와 같은 주장들은 기독교 성인교육에서 진지하게 검토되어서 포괄적이고도 균형 있는 내용의 취급이 있어야 한다. 왜냐하면, 신앙은 결코 초월적인 '저 세상'에만 집착해서는 안 되는 것이며 현세에서의 책임 있는 삶도 중요하게 다루어야 하기 때문이다. 특히 사회의 각 분야에서 활동하며 사회를 이끌어 가는 책임을 지고 있다고 할 수 있는 성인층의 중요한 관심과 필요는 일상생활의 모든 분야에서 접하는 문제들을 잘 해결하고 기독교적인 세계관 속에서 풍요롭고 의미 있는 삶을 살아가는 것이기 때문이다.

3. 기독교교육의 방법

기독교교육이라는 말은 '기독교적인 교육'이라는 의미를 지닌 것으로도 새길 수 있는데, 글자 그대로 기독교적 특성을 원래부터 가지고 있는 교육이란 것이다. 그렇다면 '기독교적'(Christian)이라는 말의 구체적인 의미를 규명해 봄으로써 기독교교육의 또 다른 본질적 특징들을 이해할 수 있는 것이다. 첫째로 기독교적인 교육은 그리스도라는 독특한 인물을 중심으로 하는 교육이다. 즉, 기독교교육은 예수 그리스도의 삶과 가르침을 중심으로 하며 그의 권위와 성령을 통한 능력에 의존한다는 점에서 기독교적인 특성을 찾을 수 있다는 것이다. 사실 기독교교육이라는 말을 영어로 할 때 'Christian education'에서 'Christian'은 형용사로서 '기독교적'이라고 새길 수 있는데, 여기에는 이미 '그리스도와 같은'(Christlike)이라는 의미가 내포되어 있는 것이다. 기독교 성인교육의 관점에서는, 성인으로서 주로 성인들을 대상으로 사역하셨던 예수 그리스도가 기독교교육의 중심이 된다는 이 사실은 매우 특별한 의미를 준다고 하겠다.

둘째로, 기독교교육의 기독교적인 특성은 그 독특한 목적에서도 찾아볼 수 있다. 콜만은 이 점에 대하여 말하기를, 기독교교육의 목적의 독특성은 그것이 단순히 인지적인 차원에서의 지식과 이해만을 이루려고 하는 것이 아니라 궁극적으로 개인적인 헌신(personal commitment)에 입각하여 하나님의 뜻에 대한 순종과 실천을 지향한다는 데 있다고 하였다.[24] 일반교육에서는 종종 지식 그 자체가 궁극적인 목적이 되는 경우가 많다. 그러나 기독교교육에서는 복음에 대한 지식(information about) 그 자체가 결코 목적이 될 수 없고, 그것을 바탕으로 한 복음의 경험(experience of)이 주된 목적이 된다. 멕켄지는 기독교 성인교육(사실은 모든 기독교교육)의 목적을 기독교적 의미(meaning)체계의 획득, 의미의 탐구와 확대, 그리고 의미의 표출이라는 3단계적 구조로 설명하였다. 그에 의하면, 성인 초신자들은 일단 기독교적 의미 체계의 기본을 수립한 후에는 그것을 계속적으로 확대 발전시키기 위해서 비판적인 학습 자세로 의미 탐구를 해야 하며, 이 모든 것은 궁극적으로 그들이 이 세상에 의미를 가져다주는 사명이 있음을 인식하고 그것을 위한 기독 성인으로서의 행동과 실천을 하도록 교육되어야 한다고 하였다.[25]

마지막으로, 기독교교육의 기독교적 특성은 그것이 독특한 환경(context)에서 이루어진다는 사실에서 찾아볼 수 있다. 다시 말해서, 기독교교육은 단순히 교실에서 일시적으로 모였다가 흩어지는 것으로 끝나는 것이 아니라, 영적인 혈연관계를 맺고 하나의 유기적인 신앙 공동체 속에서 삶을 같이 영위하며 이루어지는 것이다. 즉, 기독교교육은 매우 독특한 배움의 장에서 말로만이 아니라 삶의 모본을 통하여 서로를 권면하고 가르친다는 점에서 다른 교육의 현장에서는 찾아보기 힘든 독특성을 지니고 있는 것이다. 이 점과 관련하여, 맥켄지는 또한 학습의 형태를 개념적인(notional)것과 관계적인(relational)것으로 구분하면서 후자의 중요성을 강조하였다. 그에 의하면 성인들이 의미를 가장 잘 획득하고, 탐구하며, 표출하는 것은 다른 사람들과 함께 존재하면서, 그리고 일상생활 속에서 사회적인 접촉을 하는 가운데 이루어진다는 것이다.[26] 그리고 무엇보다도, 기독교회의 중요한 기능인 케리그마(kerygma), 디아코니아(diakonia), 그리고 코이노니아(koinonia)는 주로 공동체적 수준에서 수행되어야 한다는 점에서 이 일에 교회의 모든 평신도들 즉, 성인들이 책임 있는 참여를 하도록 해야 하며, 그러한 점에서 볼 때 기독교교육의 이 마지막 특성은 기독교 성인교육에 매우 중요한 관련 의미를 지니고 있는 것이다.

현대에 들어와서 전 세계적으로 성인층에 대한 관심이 증대되어 오는 과정에서, 다른 많은 분야들과 마찬가지로 교육 분야도 이 추세에 적극 가담하여 1920년대부터는 평생교육의 붐(boom)을 서서히 일으키며 성인교육(adult education)을 하나의 독자적인 전문분야로 발전시켜 왔다. 그 속에서 또 하나의 부속분야(sub-field)로서 성인 종교교육도 함께 형성되어 왔는데, 오늘날 기독교 안에서의 성인교육의 중요성은 막중하여져서 이제 미래의 교회 갱신과 사회 및 문화의 개혁에 있어서 결정적인 역할을 하리라는 새로운 기대와 확신을 안겨주고 있다. 기독교 성인교육이 그러한 역할을 감당하려면 우선적으로 이 분야에 대한 기본적인 정체(identity)가 명확히 규정되어 종사자들의 분야별 자기이해(self-understanding)와 의사소통을 원활히 하여 견고한 발전의 토대를 마련하는 일이 필요하다. 기독교 성인교육은 교육, 성인교육, 기독교교육의 요소들을 주요 구성 인자로 지니고 있는데, 이제 이 장의 논의에 의해서 밝혀진 각 요소들 간의 공통성과 독특성은 실제로 이 분야에 대한 실천에 반영되어야 할 것이다. 그리하여 기독교 성인교육이 효과적으로 수행되어서 하나님의 나라를 이 땅에 실현하는 일에 큰 기여를 하도록 해야 할 것이다.

토의를 위한 문제들

1. 우리나라에서 평생교육의 열풍이 일고 있어서 많은 성인들이 배우는 일에 참여하고 있다는 점을 보여주는 구체적인 사례들을 알고 있는 대로 소개해 보라.

2. 기독교 성인교육을 제공해 주는 사례들을 본 장에서 설명한 네 가지 유형별로 찾아서 이야기해 보라.

3. 교회의 성인교육을 기독교교육의 관점에서 보았을 때 그 내용과 방법의 측면에서 찾아 볼 수 있는 문제점들을 지적하고 그 해결책을 이야기해 보라.

참고자료

한준상. 「모든 이를 위한 안드라고지」. 서울: 학지사, 2000.
이상오. 「평생학습사회론: 교육복지의 차원」. 서울: 교육과학사, 2000.
정지웅, 김지자. 「사회교육학개론」. 서울: 서울대학교 출판부, 1986.
이현청. 「학습하는 사회」. 서울: 배영사, 1993.
Bergevin, Paul. *A Philosophy for Adult Education*. New York: The Seabury Press, 1967.
Brundage, Donald H. and Dorothy Mackeracher. *Adult Learning Principles and Their Application to Program Planning*. Toronto: Ministry of Education, 1980.
Burgess, H. W. 「기독교교육론」. 오태용 역. 서울: 정경사, 1984.
Coleman, Lucien E., Jr. 「교육하는 교회」. 박영철 역. 서울: 요단출판사, 1986.
Coleman, Lucien E., Jr. *Understanding Today's Adults*. Nashville: Convention Press, 1982.
Colson, Howard P. and Raymond M. Rigdon. *Understanding Your Church's Curriculum*, rev. ed. Nashville: Broadman Press, 1981.
Darekenwald, Gordon G. and Sharan B. Merriam. 「성인교육의 이론과 실제」. 백종억 역. 서울: 덕성여자대학교 출판부, 1986.

Division of Christian Education of the National Council of Churches of Christ in the USA. *A Design for Teaching-Learning*. St. Louis, Missouri: The Bethany Press, 1967.

Foltz, Nancy T., ed. *Handbook of Adult Religious Education*. Birmingham, Alabama: Religious Education Press, 1986.

Groome, Thomas H. *Christian Religious Education: Sharing Our Story and Vision*. San Francisco: Harper & Row Publishers, 1980.

Jensen, Gale, A. A. Liveright and Wilbur Hallenbeck, eds. *Outlines of Adult Education: an Emerging Field of University Study*. Washington, D. C.: Adult Education Association of the USA, 1964.

Knowles, Malcolm S. *The Modern Practice of Adult Education*, rev. ed. Chicago: Follet Publishing Company, 1980.

McKenzie, Leon. *The Religious Education of Adults*. Birmingham: Religious Education Press, 1982.

Moran, Gabriel. *Education Toward Adulthood: Religion and Lifelong Learning*. New York: Paulist Press, 1979.

Smith, Robert M., et al., eds. *Handbook of Adult Education*. New York: Macmillan Publishing Co., Inc., 1970.

Tough, Allen. *The Adult's Learning Projects*. Toronto: Ontario Institute for Studies in Education, 1971.

Wyckoff, D. Campbell. *Theory and Design of Christian Education Curriculum*. Philadelphia: The Westminster Press, 1961.

주(註)

1) Wayne L. Schroeder, "Adult Education Defined and Described," *Handbook of Adult Education*, ed. by Robert M. Smith, et al. (New York: Macmillan Publishing Co., Inc., 1970), 25-7.
2) Donald H. Brundage and Dorothy Mackeracher, *Adult Learning Principles and Their Application to Program Planning* (Toronto: Ministry of Education, 1980), 6-10.
3) Brundage and Mackeracher, 57-61.
4) 한준상, 「모든 이를 위한 안드라고지」 (서울: 학지사, 2000), 23.
5) 이상오, 「평생학습사회론: 교육복지의 차원」 (서울: 교육과학사, 2000), 14.

6) 정지웅, 김지자,「사회교육학개론」(서울: 서울대학교 출판부, 1986), 3.
7) 이현청,「학습하는 사회」(서울: 배영사, 1993), 324.
8) Ibid., 10.
9) Paul Bergevin, *A Philosophy for Adult Education* (New York: The Seabury Press, 1967), 51-63.
10) Malcolm S. Knowles, *The Modern Practice of Adult Education,* rev. ed. (Chicago: Follet Publishing Company, 1980), 25-6.
11) Lucien E. Coleman, Jr., *Understanding Today's Adults* (Nashville: Convention Press, 1982), 49.
12) Gordon G. Darekenwald and Sharan B. Merriam,「성인교육의 이론과 실제」, 백종억 역 (서울: 덕성여자대학교 출판부, 1986), 16.
13) Allen Tough, *The Adult's Learning Projects* (Toronto: Ontario Institute for Studies in Education, 1971).
14) Malcolm S. Knowles, "The Field of Operations in Adult Education," in *Outlines of Adult Education: an Emerging Field of University Study,* eds. Gale Jensen, A. A. Liveright and Wilbur Hallenbeck (Washington, D. C.: Adult Education Association of the USA, 1964), 41-67.
15) Leon McKenzie, *The Religious Education of Adults* (Birmingham: Religious Education Press, 1982), 64.
16) Harold W. Burgess,「기독교교육론」, 오태용 역 (서울: 정경사, 1984), 15.
17) Gabriel Moran, *Education Toward Adulthood: Religion and Lifelong Learning* (New York: Paulist Press, 1979), Chapter 2.
18) Division of Christian Education of the National Council of Churches of Christ in the USA, *A Design for Teaching-Learning* (St. Louis, Missouri: The Bethany Press, 1967), 12.
19) Howard P. Colson and Raymond M. Rigdon, *Understanding Your Church's Curriculum,* rev. ed. (Nashville: Broadman Press, 1981), 46-9.
20) D. Campbell Wyckoff, *Theory and Design of Christian Education Curriculum* (Philadelphia: The Westminster Press, 1961), 126.
21) Lucien E. Coleman, Jr.,「교육하는 교회」, 박영철 역 (서울: 요단출판사, 1986), 60-3.
22) McKenzie, 67-9.
23) Thomas H. Groome, *Christian Religious Education: Sharing Our Story and Vision* (San Francisco: Harper & Row Publishers, 1980), 25-6.
24) Coleman, 57-8.

25) Leon McKenzie, "The Purpose and Scope of Adult Religious Education," in *Handbook of Adult Religious Education*, ed. Nancy T. Foltz (Birmingham, Alabama: Religious Education Press, 1986).
26) Ibid., 13-8.

제3장
기독교 성인교육의 목적 유형들

Christian Adult Ministry

계획적인 행위로서의 교육은 반드시 어떤 구체적인 것을 추구하려는 의도적인 행위이다. 이러한 점에서 교육은 본질적으로 목적 지향적 행위인 것이다. 이것은 기독교교육을 포함한 모든 교육에 적용되는 것이며 기독교 성인교육도 예외는 아닌 것이다. 오늘날과 같이 기독교교육이 활동을 위한 활동의 쳇바퀴 속에 빠져 무엇을 위해 그리고 왜 그러한 활동을 하는지도 모른 채 행하여지고 있는 경우가 많은 때에, 이 교육목적의 문제는 그 중요성을 아무리 강조하여도 지나침이 없을 것이다. 또한 이제 기독교 성인교육은 그 중요성이 점점 더 크게 인식되고 있는 상황에서, 교육적 시행착오와 낭비를 최소화하고 그 효율성을 극대화하며, 무엇보다도 이 시대에 그 사명을 온전히 감당하기 위해서는 다른 모든 문제에 선행하여 이 교육목적의 문제를 올바로 규명하고 정립하는 일이 요구되고 있는 것이다.

I. 교육철학 사조별 기독교 성인교육의 목적

　기독교 성인교육의 목적을 생각해 본다는 것은 교육철학 사조별로 살펴본다는 것과 거의 같은 말인데, 실제로 이돈희는 교육철학의 기능의 하나가 교육목적을 규명하는 것이라고 하였고,[1] 다아큰월드(G. G. Darkenwald)와 미리엄(S. B. Merriam)은 성인교육에 대해서 교육철학자들이 가장 많은 관심을 보이는 분야가 성인교육의 목적과 목표라고 하였다.[2] 교육은 어떤 목적을 추구하는 행위인데 그 목적은 바람직한 것이어야 한다는 점에서 교육은 가치중립적이 아니고 어느 특정한 가치를 지향하는 속성을 지니고 있다. 그래서 교육목적은 가치의 문제를 규명하는 것과 불가분의 관계가 있으며 이는 곧 교육철학이 중요한 과제인 것이다. 파즈미노(Robert W. Pazmino)도 말하기를, 가치 문제에 대한 철학적 탐구는 곧 교육의 목적과 목표에 관한 제반 결정을 내리는 데 필수적인 역할을 한다고 하였다.[3]

　이비(C. B. Eavey)는 교육목적과 교육 철학의 이러한 밀접한 관계를 다음과 같이 표현하였다:

> 의미와 가치는 기본적인 목적이다. 이것은 철학이 목적을 결정한다는 말과 동일하다. 왜냐하면 철학은 사실을 취급함으로써 의미를 발전시키고 선택을 하며 가치를 결정하는 인간의 비판적인 마음의 작업이기 때문이다. 그러므로 어떤 사람이 기독교교육을 위하여 가지고 있는 목적이나 목표가 무엇이든지 간에 그것은 그 사람이 가지고 있는 기독교 교육철학의 결과이다.[4]

　이돈희는 교육의 여러 가지 형태의 목적과 목표들을 일괄하여 '교육적 가치'라고 하였는데, 그러한 교육적 가치를 결정하는 요인으로서 세계관과 인간관 그리고 사회관을 지적하였다.[5] 일라이아스(John L. Elias)는 이러한 여러 요인에 의해 특징적으로 조직된 주요 교육 이론들을 여섯 가지 유형 또는 사조로 분류해내고 그것을 성인 종교교육 이론의 유형 구분에 사용하였다.[6] 그는 이것을 성인 종교교육의 이론적 접근 혹은 성인 종교교육의 철학적 유형이라고 하였는데, 이는 기독교 성인교육의 목적의 다양한 유형을 파악하는 데 좋은 기준이 된다.

1. 인문주의적 기독교 성인교육

인문주의적 교육(liberal education)은 고대 그리이스 철학에서 비롯되어 중세를 거쳐 현대에 이르기까지 '기독교 학파의 전통'으로 이어져 온 것으로, 특히 유럽에서 중요한 교육적 영향을 미쳐왔으며 오늘날에도 교육사상에 큰 영향력을 끼치고 있다.[7] 이 인문주의적 교육의 전통에서는 문학과 역사, 또는 과학, 철학 및 종교의 고전적인 언어와 그 문화적 유산에 대한 지식과 이해를 추구하는 '인문 학습'을 강조한다. 그리하여 궁극적으로는 그러한 인문 학습을 통하여 지성을 연마하고, 지식의 체계를 갖춘 '교양인'을 양성하고자 하는 것이 목적이다. 좀더 구체적으로 말하자면, 인문주의 교육에서는 고전에 대한 학습을 통하여 이상과 지성, 심미적 감각, 그리고 종교성과 도덕성을 증진시킨다는 것이 주된 목적이다.

성인교육에 있어서 이러한 철학은 미국 초기에 쥰토(Junto) 토론

회나 라이씨움(Lyceum) 강좌, 그리고 샤타쿠아(Chautauqua)운동 등으로 크게 번성하였다. 기독교 성인교육에서는 이러한 철학이 오랫동안 넓은 범위에서 실천되어 왔는데, 이는 기독교가 오랜 전통 속에서 발견하고 지켜 온 진리와 가치들을 크게 강조하는 속성을 가지고 있기 때문이었다. 특히 기독교 성인교육에서는 성경을 비롯하여 고대와 현대의 기독교 고전들의 내용에 대한 지식과 이해를 강조해 왔고 그러한 것들을 추구해 온 점에서 볼 때, 이 인문주의적 교육 철학은 기독교 성인교육에서 가장 전통적이고 보수적인 입장으로 자리잡고 있는 것이다.

이러한 철학을 실제 기독교 성인교육에 구체적으로 적용한 대표적인 사람은 쉐이퍼(J. Schaefer)인데, 그는 기독교 성인교육의 프로그램 수립에 있어서 기독교 전통에서 나온 고전적 신학 저술에 대한 학습을 강조하였다. 그에 의하면, 기독교 성인교육의 목적은 성인 신자들이 "그리스도의 신비에 대한 교회의 경험의 의미를 배우는 것"[8]이라고 하였다. 이러한 기독교 성인교육의 목적을 이루기 위한 중요 수단으로는 주로 설교와 강습, 기독교 고전에 대한 학습, 종교 의식에의 참여, 그리고 신학적인 토대 위에서 행하는 도덕 교육이 포함된다.[9]

2. 진보주의적 기독교 성인교육

진보주의 교육철학(progressivism)은 그 사상적 배경으로서 자연주의, 낭만주의, 실증주의 등의 계몽주의적 운동에서 연유하였으며, 보수적이고 전통적인 철학과 종교의 권위 및 그 사고의 방법에 도전하여 인간의 자연적인 감정, 이성적 사고, 과학적 관찰 등을 강조하면서 발달하였다. 진보주의 교육철학의 핵심적 강조점은 전통적인 교과중심 교육에 상반되는 학습자 중심의 교육과 학습자의 개인적인 발달 그리고 그러한 교육과정에서 경험의 역할이 지니는 중요성 또한 개인 발전을 통한 사회적 발전의 추구 등이다. 이러한 사상의 대표적인 인물은 듀이(J. Dewey)였다.

미국에서는 진보주의 교육 사상이 발전하고 있을 무렵 때를 같이 하여 성인교육 운동이 본격적으로 시작되었으며, 그 이후로 지금까지도 성인교육 운동은 진보주의 교육철학에 의해서 큰 영향을 받아오고 있다. 진보주의 교육철학에 영향을 받은 성인교육학자로는 린데만(E. Lindeman)을 들 수 있는데, 그는 「성인교육의 의미」라는 저술을 통하여 자신의 성인교육 철학을 주장하여 큰 영향을 끼쳤다. 그는 성인교육의 주된 목적이 각 개인이 설정하여 추구하는 목표들과 그들이 원하고 바라는 것들 속에서 발견되는 의미의 추구라고 하였다.[10] 이러한 맥락에서의 성인교육 운동은 삶의 전 영역에 걸친 적응과 효율을 위한 다양한 실용적 교육과 문제 해결 중심의 경험적, 과학적 및 참여적 학습 방법이 주를 이루었다.

이 계열에 속하는 기독교 성인교육의 대표적인 사람은 모랜(G. Moran)으로, 그는 진보주의적 사상을 배경으로 하여 초교파적인 성인 종교교육론을 펼쳤다. 진보주의 기독교 성인교육에서는 기존의 전통적인 기독교 교리나 가르침에 대한 수동적 수용과 전수보다는 그에 대한 비평적 성찰을 통한 의미의 재구성과 현실에의 적용을 강조하고, 개인의 삶에 대한 적응 능력의 증진과 사회 개혁 참여 등이 주된 교육 목적이 된다. 이러한 문제들이 아동보다는 성인들에게 더욱 절실한 당면 과제들이기 때문에, 이 진보주의 기독교교육 철학은 아동보다 성인의 경우에 더 적합하게 적용될 수 있다.

이 진보주의적 교육사상은 1955년에 진보주의 교육협회가 해체됨으로 일단 그 막을 내렸지만, 그 이후에도 여러 가지 형태로 다시 나타났다. 사실, 이 사상의 세 가지 주요 강조점은 그 후에 각각 집중적으로 재조명되면서 새로운 교육 사조들을 형성하였다. 즉, 경험주의적 측면이 강조된 행동주의(behaviorism), 학습자 중심성이 강조된 인간주의(humanism), 그리고 사회 개혁론이 강조된 급진주의 또는 재건주의(reconstructionism)가 그것이다. 그래서 일라이아스는 모든 교육이론을 이해하는 열쇠는 바로 진보주의를 이해하는 것이라고 하였다.[11]

3. 행동주의적 기독교 성인교육

진보주의 교육관에서는 인간의 성장과 학습 과정에서 경험이 지니는 중요성을 강조하였는데 이와 같은 면을 집중적으로 발전시켜 체계화한 것이 소위 행동주의(behaviorism) 이론이다. 사실, 듀이는 인간의 도덕적 가치 형성에 있어서 사회적 및 환경적 요소의 영향을 강조하였고 이러한 경향은 스키너(B. F. Skinner)의 급진적인 행동주의에까지 발전하게 되는 것이다. 행동주의 교육관은 20세기에 발달한 행동주의 심리학의 교육적 적용의 결과라고도 말할 수 있는데, 자극(stimulus)과 반응(response)의 결합(S-R bond)에 의한 과학적 학습

원리를 중심으로 하여 인간의 행동 변화를 추구하고자 하였다. 중요 교육원리는 측정 가능한 구체적인 교육목표를 세우고, 개인적인 능력을 고려하면서, 조건화(conditioning)와 강화(reinforcement)의 방법을 사용하여 효율적인 목표 성취를 추구한다는 것이다.

이러한 행동주의 이론은 교육과정 이론 또는 프로그램 계획과 교수이론에 지대한 영향을 미쳤는데, 일반 교육 분야에서는 타일러(R. Tyler)의 교육과정론이 그 대표적인 경우라고 할 수 있다. 성인교육 분야에서도 타일러의 모형을 따른 프로그램 계획 이론을 홀이나 노울즈, 그리고 녹스(A. Knox) 등에서 찾아볼 수 있다. 또한 프로그램 학습(programmed learning)이나 능력에 따른 교육(competency-based education) 방법이 성인들의 직업교육이나 기타의 사회교육, 그리고 기초교육(adult basic education) 등에 널리 사용되고 있는 것은 이 행동주의 이론의 영향을 잘 볼 수 있는 경우이다.

그런데 순수한 행동주의 그 자체는 본래 사실주의와 실증주의 그리고 유물론이나 진화론과 매우 밀접한 관계가 있는 것으로 어떤 종교적인 가치관을 그 배경에 가지고 있지는 않다. 따라서 이 이론에 기초한 교육목적은 인간으로서의 최대의 능력과 효율성을 발휘하게 하는 것이라고 할 수 있으며, 그러므로 기독교 성인교육의 관점에서는 그 목적보다는 교육 방법론적인 측면에서의 접목이 더욱 적합하다고 하겠다.

일라이아스는 행동주의 교육론의 범주에 들어가는 기독교교육학자로 리(J. M. Lee)를 언급하고 있는데, 사실 리는 엄밀한 과학적 방법을 동원하는 '사회과학 이론적' 기독교교육론으로 널리 알려져 있다. 그는 "종교 교수의 목표는 종교적 입장들(religious lines)에 따라 학습자의 행동이 바람직하게 변화되도록 촉진하는 것"[12]이라고 하였다. 그런데 리의 이론은 어느 특정한 철학적 또는 신학적 가치관을 교육목적으로 전제한 것이 아니고 다만 교수-학습과정 그 자체에 관한 교육 방법론적인 성격을 띠고 있고 이는 앞의 인용문에서 잘 읽어볼 수 있다.

4. 인간주의적 기독교 성인교육

인간주의(humanism)는 진보주의 사상 중에서도 학습자 중심적인 사상과 인간의 총체적 경험의 중요성이 강조되는 철학이다. 인본주의라고도 불리지만, 그 정확한 내용에 기초해 볼 때 이는 반드시 신본주의에 상반되는 개념이라고 볼 수는 없기 때문에 인간주의라는 말이 요즘에 더 많이 사용되고 있다.[13] 이 이론의 중요한 개념들은 인간의 내적 잠재력과 가능성을 인정하고, 환경 결정론을 배격하며, 자율적인 선택과 책임을 강조하고, 개인적인 자기가치와 자아실현을 중요시하는 점 등이다. 이러한 맥락에서 성인교육을 접근한 대표적인 사람은 노울즈이다. 그의 안드라고지(andragogy)의 전제들은 인간주의적 심리학으로부터 연유한 것이라고 할 수 있는데, 이는 성인 학습자의 특성과 필요를 중심으로 한 접근이라고 할 수 있다.

기독교 성인교육 분야에서 이러한 접근을 하고 있는 대표적인 사람은 맥켄지(L. McKenzie)이다. 그에 의하면, 성인 종교교육의 목적은 "성인들로 하여금 그들의 잠재 가능성을 실현하게 하며 더욱 자유로운 존재들이 되며 그들이 속한 집단의 삶을 향상시키는 데 더욱 더 잘 기여할 수 있게 하는 것"[14]이라고 하였다. 또 다른 한 사람으로 거자티스(L. Girzatis)를 들 수 있는데, 그는 기독교 성인교육의 주된 목적을 "성인들의 자아를 좁게 닫혀진 삶의 시각으로부터 벗어나게 하여 매일의 경험들이 성장의 기회임을 보게 하는 것"[15]이라고 하였다. 그가 말하는 종교적 성장이란 자신을 하나님의 형상으로 더욱 잘 관리할 수 있는 능력의 확대와, 자신과 타인의 강점과 약점을 알고 받아들이는 능력이 증진되는 것을 뜻하였다. 이상에서 본 바와 같이 인간주의적 기독교 성인교육은 하나님 안에서의 개인적인 성장과 전인적인 자아실현을 이루는 것을 주된 목적으로 삼고 있다. 목적 성취 방법으로서는 주로 자율적인 학습과 상호 협동적인 참여 학습 그리고 내용보다 과정을 중시하는 학습 등이 사용된다. 실제로 이러한 목적과 방법을 중심으로 하여 개발된 기독교 성인교육 프로그램의 실 예도 많이 있다.

5. 급진주의적 기독교 성인교육

진보주의 교육이론의 주장 중에서 사회변화를 위한 교육의 역할이 강조되어 나타난 사상이 재건주의(reconstructionism)이다. 이 사상은 1960년대와 1970년대에 급진적인 성격을 띠게 되었는데, 이 부류에 속하는 학자들은 카운츠(G. Counts), 코졸(J. Kozol) 그리고 일리히(I. Illich) 등이다. 이 사상은 그 주된 내용이 교육의 사회적 역할에 관한 것이기 때문에 사회 및 정치적(socio-political)이론이라고 불리기도 하는데, 교육의 역할에 대한 입장이 과거의 다른 사상에 비해서 파격적으로 진보적이고, 특히 계급투쟁이나 혁명 등의 사회주의적 개념들을 활용하였기 때문에 급진주의(radicalism) 교육이론이라고 일컬어진다.

이 범주에 속하는 대표적인 성인교육가는 프레이리(P. Freire)로, 그는 남미의 사회적 및 정치적 문제들 속에서 억압받고 소외당한 성인들의 교육에 대한 실천과 이론 수립을 통하여 성인교육의 새로운 전기를 마련하였다. 기독교 성인교육 분야에서 이러한 접근 방법을 채택하고 있는 사람들 중의 하나는 렌(B. Wren)으로 그는 프레이리의 영향을 많이 받았다. 그는 영국의 사회 정치적 상황 속에서 활동하였는데, 권력의 남용, 정의의 개념과 관련 문제들, 갈등의 처리, 억압의 형태들, 교육적 및 정치적 수단들 그리고 이데올로기에 관한 문제들을 다루었다.[16]

6. 분석철학적 기독교 성인교육

분석철학(analytical philosophy)은 철학의 여러 기능 중에서도 분석적인 기능을 중심으로 하여 발전된 철학으로서 오늘날 영어 문화권의 교육철학 분야에서는 가장 널리 실천되고 있는 유형이다. 이 철학의 주된 관심사는 제반 용어와 개념들의 엄밀하고도 명확한 정의와 논리적 관계를 규명하는 것이다. 분석철학적 방법은 성인교육 철학 분야에 가장 최근에 시도된 접근으로서, 이는 어떤 특정한 "교육 실천이나 프로그램에서 발견되기보다는 성인교육의 건전한 철학적 기초를 확립하려는 시도 그 자체 속에 내재되어 있다"[17]고 볼 수 있다.

이 방법을 성인 종교교육에 가장 가깝게 적용한 사람으로서는 모랜(G. Moran)과 모네(M. L. Monette)를 꼽을 수 있다. 모네는 교육적 필요 또는 욕구(needs)의 개념에 대한 상세한 분석을 하였고, 성인들의 필요에 대한 파악과 충족을 성인 종교교육의 기본 목적으로 보았다. 그런데 이 필요라는 것은 어떤 가치 판단이 전제가 될 때 의미가 있는 것으로서, 성인 종교교육 제공자의 가치관에 따라 그 교육목적은 달라지게 된다고 하였다. 그런데, 개인적으로 모네는 성인 종교교육이 사회 정치적인 개혁이라는 목적에 우선적인 가치를 부여해야 한다고 믿었다.[18]

모랜의 개념 분석 중에서 성인 종교교육이 목적과 직접적인 관계가 있는 것은 '성인성'(adulthood)이나 "종교적 성숙"(religious maturity) 등에 관한 것이다. 그에 의하면, 기독교 성인교육을 포함한 모든 교육의 지향점은 이상적인 성인성을 성취하는 것이어야 하는데, 이것은 인생의 주기 전체에 걸친 연속적 과정을 통해서 한 개인이 대립적인 성향들 즉, 이성적인 것과 비이성적인 것, 자율성과 의존성, 그리고 삶과 죽음과 같은 것을 통합하는 것을 의미한다고 하였다. 그리하여 그는 성인교육(adult education)이나 성인들의 교육(education of adults)이라는 말보다는 교육의 연속성을 나타내는 '성인성을 향한 교육'(education toward adulthood)이라는 말을 선호하였다. 그리고 그의 '성인성'의 개념에는 종교적 요소가 필수적이며 궁극적인 목적으로 포함되어 있는데, 일반 교육이라 할지라도 궁극적으로는 초월적이고, 영적이며, 종교적인 성숙을 이루는 것이 주된 목적이라고 하였다.[19] 그러므로 그의 주장에 의하면 기독교 성인교육의 목적은 종교적으로 성숙한 성인성을 이루는 것이라고 할 수 있을 것이다.

II. 신학적 입장에 따른 기독교 성인교육의 목적

기독교교육의 목적론에서 신학의 역할은 매우 중요하다. 왜냐하면, 기독교교육학은 학문적인 관점에서 볼 때 '기독교학'과 '교육학'이 합쳐진 것인데 기독교학 중에서도 교육목적에 관련된 분야는 역시 이념적이고 규범적인 성격을 띤 신학이기 때문이다. 그런데 교육철학 사조의 경우와 마찬가지로 신학 분야에서도 다양성이 있어서, 여러 신학적 가정과 전제에 따라 기독교교육의 유형은 다양하게 나올 수 있고 또 실제로 그러하다. 여기에서는 신학의 유형을 다섯 가지 모델로 분류한 트레이시(D. Tracy)의 접근 방법을 채택하여 기독교교육의 제반 유형을 논한 손승희를 참고하여 기독교 성인교육의 목적을 논의하고자 한다.

1. 정통주의 신학과 기독교 성인교육

정통주의(orthodox)신학은 근본주의(fundamentalism)나 복음주의(evangelicalism) 신학 등과 같이 기독교의 전통적 노선을 고수하고자 하는 신학 사조를 통괄하는 말로서 전통적(traditional) 혹은 보수적(conservative) 신학 등으로 불려지기도 한다. 그 신학적 주된 내용은 성경의 권위에 입각하여 초자연적이고 초월적인 하나님의 계시와 구속사역을 믿는 것으로 되어 있다.

이 전통적 신학에 기초한 기독교교육에서는 성경이 모든 교육적 문제에 대한 규범이 되고 따라서 그 핵심적인 교육목적은 성경적 혹은 신적인 메시지 전달이다.[20] 손승희는 이러한 특징을 가리켜 이 기독교교육을 '주입교육' 또는 '부흥운동적 교육' 유형이라고 하였다.[21] 실제로, 성경교육 제도로서의 주일학교를 지원했던 복음주의 운동은 신적인 메시지의 전달이 기독교교육에서 가장 본질적인 요소라는 개념을 지니고 있었다. 개신교에서 이러한 유형의 기독교교육 이론을 펼친 대표적인 인물은 게벨라인(F. Gaebelein)과 르바(L. LeBar)였다. 특히 게벨라인에게 있어서 기독교교육의 핵심은 "학생으로 하여금 성경적 진리를 이해하게 할 수 있는 교사에 의한 성경적 진리의 전달"[22]이었다.

이러한 교육목적은 주일학교 운동의 역사에서 볼 수 있는 바와 같이 주로 아동과 청소년들을 대상으로 한 것이었다. 그러나 성인들에 대한 기독교교육의 경우에서도 마찬가지로 성서적 계시의 전달이 주된 목적이 되는데, 이성적 능력이 성숙한 성인들에게 있어서 사고와 비판에 의해 신앙을 내재화시키기보다는 성서적 계시를 무조건 받아들이게 하려는 경향은 문제시되기도 하였다. 예를 들면, 손승희는 자아의 자율적이고 비판적인 판단 의식인 '근대 정신'이 배제되는 이 신학적 입장을 바람직하지 않은 것으로 보고 있다. 또 이러한 맥락에서는 특정한 신앙고백 혹은 특정한 신념의 내용을 갖게 하려는 교육목적 때문에 자연히 교리적 내용을 반복해서 주입하는 그 교육방법도 성인교육에서는 바람직하지 않은 것이다.[23] 이러한 입장은 성경이나 신학적 고전들에 대한 학습을 강조하는 인문주의적 기독교 성인교육과 상통하는 점이 있다고 볼 수 있다.

2. 자유주의 신학과 기독교 성인교육

자유주의(liberal) 신학은 기독교의 전통적 신앙에 무비판적으로 복종하기보다는 신앙을 근대 정신의 가치와 조화시키고 재해석하려는 움직임이었다. 여기서는 전통적인 신학적 개념체계는 계속 변화되는 것으로 보는데, 그 이유는 선험적으로 주어진 성서적 계시뿐만 아니라 과학적 방법론으로 해석되는 인간의 경험도 중요한 진리의 규범으로 채택되었기 때문이다. 이 신학 사조는 교육철학 중에서 진보주의에 상응하는 것으로, 이에 기초한 기독교교육 유형은 흔히 '종교교육'(religious education)이라고 불리는 것이다. 이 기독교교육 유형에서 성경은 교육 자원의 일부로 간주되고, 교육의 목적은 학습자의 기독교적 인격을 성숙시키는 것과, 그리하여 궁극적으로 사회적 및 문화적 진보를 이루는 것이다. 이러한 특징 때문에 손승희는 이것을 "인격교육으로서의 종교교육"[24]이라고 하였고, 버쥐스는 "사회문화적 접근방법"[25]이라고 명명하였다.

기독교교육사에서 이러한 사상의 대표적인 학자는 코오(G. Coe)로, 그에 의하면 기독교교육(또는 이 계열에서 선호하는 바, '종교교육')의 목적은 "하나님의 민주주의에 대한 성숙하고도 효율적인 헌신을 하여 그를 통해 만족스러운 자아실현을 하도록 개인을 성장시키는 것"[26]이었다. 이 기독교교육 유형은 앞의 유형과 마찬가지로 주로 아동들을 대상으로 하여 그 이론들이 전개되었지만, 사회 문화적 측면이 강조되는 부분은 특히 성인들에게 더 잘 적용될 수 있는 것이다.

기독교 성인교육의 관점에서 이 기독교교육 유형이 시사하는 교육목적은 역시 기독교적 인격과 삶의 양식을 성숙시켜 나가고 사회의 주도자로서 기독교 정신에 입각한 사회와 문화의 향상에 참여하는 것이라고 하겠다. 사실, 이 유형의 기독교교육 목적에서는 사회적 및 도덕적 차원이 강조되고 있는데, 학습을 하나의 사회화 과정(socialization)이라고 보는 것과, 기독교가 사회적 책임을 지니고 있음을 강조하는 점이 바로 그것이다. 이러한 점에서 볼 때 이 유형은 앞에서 살펴 본 진보주의와 인간주의적 기독교 성인교육과 상응하는 것이라고 할 수 있고, 일면 급진주의적 기독교 성인교육의 요소도 볼 수 있다. 또한 이 기독교교육의 유형에서는 교회의 역사적 및 계시적 신앙으로 시작하는 대신, 인간의 본성과 그의 성장을 위한 조건에 관하여 이용 가능한 가장 탁월한 과학적 지식에 근거해야 한다고 주장한다. 이러한 과학적 및 실증적 지식에 대한 강조는 앞에서 살펴본 행동주의적 기독교 성인교육에 상응하는 것이다.

3. 신정통주의 신학과 기독교 성인교육

신정통주의(neo-orthodox)신학은 20세기 초의 세계의 위기적 상황 속에서 자유주의 신학의 낙관론을 부정하고 예수 그리스도에서 나타난 하나님의 구원의 은혜를 믿는 정통신학을 되찾고자 하는 사상이었다. 특히 이 신정통주의 신학에서는 성서에 계시된 예수 그리스도의 말씀을 믿는 것이 기독교 신앙의 핵심이라고 하였다. 이 신학에서는 인간 실존의 위기와 죄악성을 인정하였으며 또한 하나님의 절대 주권성을 강조하였고, 인간의 근본적인 문제 해결은 예수 그리스도를 통해서 자신을 계시하는 하나님을 인격적으로 만나며 그에게 반응하여 변화하는 것이라고 하였다.

이러한 신학에 기초한 기독교교육에서는 전통적 신학에 기초한 그것의 경우와 마찬가지로, 신학적 신념체계 특히 성서적 계시가 규범적인 위치를 차지한다. 주된 교육목적은 "교회의 계시적 교제 안에서 각 개인들을 하나님과 올바른 관계 속에 세워주고, 책임 있고, 지성적이고, 장성한 그리스도인의 삶을 살도록"[27] 하는 것이다. 이 유형은 앞의 '종교교육'에 비하여 '기독교교육'(Christian education) 또는 '교회교육'이라고 일컬어진다.

이와 같은 내용을 중심으로 한 기독교교육의 목적 진술문이 비이드(P. Vieth)에 의해서 1930년에 제시되었는데, 이것은 그후 거의 30년 간 사용되었다.[28] 밀러(Randolph C. Miller)는 이 목적문에서 몇 가지 주요 '신학적 원리'들을 분석해 내었는데, 그것은 신정통주의 신학의 주요 내용이 되는 것으로, 하나님의 자기계시와 그에 대한 인간의 인식 및 발견, 개인적 구원과 성장에 대한 강조, 그리고 교회 공동체의 역할에 대한 강조가 그것이다.[29] 이 유형의 기독교교육 학자로서는 이미 언급된 밀러를 들 수 있는데, 그는 기독교교육에서 신학의 규범적인 위치를 강조하였고 그것은 곧 "학습자를 예수 그리스도 안에서 우리에게 계시된 살아 계신 하나님과 올바른 관계에도 인도할 도구"³⁰⁾가 된다고 하였다. 또한 쉐릴(L. Sherrill)과 스마트(J. D. Smart)도 여기에 속하는데 이들도 모두 교회라는 신앙 공동체 안에서의 교육을 강조하였으며, 특히 쉐릴은 인간과 하나님, 그리고 인간 사이의 인격적인 만남을 통한 교육을 주장하였다.³¹⁾

이와 같은 유형의 기독교교육에서는 성인들에 대한 교육목적으로서 역시 교회 안에서의 생활을 통해 성서적 계시를 이해하고, 그에 대해 믿음으로 반응하여 하나님의 자녀가 되는 것을 중요한 목적으로 삼고, 그 이후에 계속적인 성장과 발전 및 봉사를 하는 것이라고 할 수 있다. 손승희는 이 유형의 교육목적이 "회개"에 궁극적인 초점을 맞추고 있다고 하였고, 그것을 이루는 데 초자연적이고 신적인 힘에 의지하며 교회와 인간은 보조자적 역할만을 하는 것이라고 보았다.³²⁾

4. 세속주의 신학과 기독교 성인교육

세속주의(secularism) 신학은 여러 특징에 따라 급진주의, 과격주의 등으로 불린다. 이 신학은 1960년대 중반기부터 등장하였는데, '인간해방'을 지향하는 '현대의식'의 표현으로 급격한 사회 개혁과 기독교의 세속화를 표방하였다. 이러한 신학적 흐름은 전통적인 기독교의 초월적 신에 대한 부정과 함께 해방자로서의 인간 예수를 부각시켰다. 이 신학적 전제를 기초한 기독교교육 유형을 손승희는 "인간화 교육"의 유형이라고 하였고,³³⁾ 김재은은 자신의 기독교 성인교육론의 한 부분을 이러한 사상적 배경 위에서 전개하면서 그것을 '인간화 모형'이라고 하였다.³⁴⁾

손승희는 이러한 사상들의 출현 동기를 긍정적으로 보았으며 그것이 기독교교육에 준 새로운 통찰력과 비전을 세 가지로 말하였다. 우선, 기독교교육의 목적이 크게 변화한 점을 들었는데, 신학적 언어로 되어 있는 기독교 신앙의 내용을 아는 일에서 벗어나 일상적인 생활에 적합한 기독교적 삶의 양식을 수립하는 것에 기독교교육이 초점을 맞추어야 한다는 것이었다. 즉, 관념적인 신념체계로서의 신앙이나 정의적 태도와 가치관으로서의 신앙에서부터 실제로 표현하고 행동하되, 인간의 자유, 행복, 평화, 평등이 실현되는 세상을 만들기 위해 헌신적이고 이타적인 삶을 살아야 한다는 것이었다. 그 외에도, 교육의 장을 교회의 테두리를 넘어서는 것으로 확대한 점과, 기독교교육의 방법으로서의 전달식에서 탈학교화나 사회화 및 의식화 등의 비전통적이고도 참여적인 접근을 강조하였다는 점을 들었다.[35]

이 유형에 속하는 기독교교육 학자로서 손승희는 프레이리를 들었지만 프레이리는 엄밀한 의미에서 기독교교육 학자는 아니다. 다만 그의 사상에 기독교적인 요소가 많이 내포되어 있는 것은 틀림없다. 전문 기독교교육가로는 코오나 모랜이 기독교교육의 사회적 및 정치적 목적을 강조하였다. 특히 모랜은 기독교교육이 자유의 증진을 위하여 사회 구조의 변혁을 이루어야 한다고 하였다.[36]

이 유형의 기독교교육은 아동보다는 성인들에게 더 적합한 목적을 제시하고 있다고 할 수 있다. 물론 아동기부터 이 유형의 기독교교육에서 이상적으로 제시하는 목적을 이루도록 교육할 수는 있을 것이고 또 당연히 그렇게 해야 할 것이다. 그러나 이 목적은 기독교교육이 사회적 및 정치적 차원에서 그 역할을 감당해야 하는 점을 강조하고 있기 때문에 역시 성인들에게 더 절실하고 직접적인 문제가 되는 것이다. 다만 어느 특정한 문화나 사회 및 정치적 상황을 배경으로 해서 주장된 내용들을 무비판적으로 균일하게 다른 상황에 적용하는 데에는 문제가 있을 것이다.

5. 수정주의 신학과 기독교 성인교육

수정주의(revisionist) 유형의 신학은 세속 정신과 기독교에 대한 '이중적인 결단'을 함으로써 현대 정신과 기독교 전통 사이의 통합과 상호 연결을 모색하는 입장을 말한다. 즉, 여러 신학적 입장을 지니고 있는 장점들을 최대한 수용하고 한편으로는 그 상대적 한계성을 수정하고자 하는 신학이라고 할 수 있다. 이러한 목적을 이루는 방법으로 이 신학 유형에서는 철학적, 역사적, 및 사회과학적 연구 방법들을 통합적으로 활용한다. 이러한 신학적 전제를 지니고 있는 기독교교육의 유형을 손승희는 그룹(T. Groome)에게서 찾았는데, 그룹은 자신의 이론을 '기독교적 종교교육'(Christian religious education)이라고 명명하였다.[37] 손승희에 의하면 이 유형의 기독교교육은 '종교교육'론과 '기독교교육'론이 발전적인 변증법적 통합을 이룬 것이고 그러한 특징이 그룹의 이론의 명칭에 단적으로 나타나 있다는 것이다.

그룹의 '기독교적 종교교육'은 참여적 프락시스(shared praxis)라는 실천적인 인식론을 토대로 하여 초월적인 기독교의 메시지를 구체적이고 현실적인 인간 경험세계의 문제들을 해결하는데 연결하는 접근을 하고 있다. 이는 "철저하게 전통에 서 있으면서…현대 사회의 인간해방 문제를 해결하는 데 기독교교육을 참여케 하려는 노력"[38]이라고 할 수 있다. 이러한 접근에서의 교육목적은 하나님의 나라(Kingdom of God)실현과 인간의 자유(human freedom)를 위해 사람들로 하여금 기독교인으로서의 삶을 살도록 하는 것이다. 그리고 이 목적은 개인적, 사회적, 그리고 교회적 차원에서 표현된다고 하였다. 프락시스 개념을 중심으로 한 많은 이론들이 그러하듯이 이 기독교 교육론도 역시 사회적 및 정치적 차원에 대한 강조를 두드러지게 하고 있다. 그러므로 이 유형의 교육목적은 아동교육보다는 기독교 성인교육의 경우에 더 큰 적합성을 지닌다고 할 수 있다.

III. 기독교 성인교육의 목적설정 원리

성인교육은 가치지향적인 교육 일반의 속성을 지니고 있으며, 교육활동을 수행하는 제공자나 학습주체의 가치관에 따라 그 목적이 결정된다. 따라서 매우 광범위한 성격을 가진 성인교육은 아주 다양한 교육목적에 따라 여러 가지 방향으로 이루어질 수밖에 없을 것이다. 실제로 성인교육은 시대와 사회, 그리고 집단과 개인에 따라서 다양한 목적을 위하여 수행되어 왔는데 다아큰월드와 미리엄은 실제 성인교육의 현장에서 다음과 같은 다섯 가지 유형의 목적들이 다양하게 추구되어 온 것을 발견하였다: (1) 지성의 개발, (2) 개인적 자아의 실현, (3) 개인 및 사회의 발전, (4) 사회의 개혁 그리고 (5) 조직체의 효율증대[39] 이러한 목적들을 보면 개인에서부터 사회에 이르는 연속선상의 다양한 초점을 볼 수 있는데, 이현청에 의하면 성인교육의 일차적인 목적은 역시 성인 개개인의 욕구를 충족하는 것이며 그것을 통해서 조직이나 사회의 욕구를 충족하려는 것은 이차적인 것이다.[40] 그러나 성인교육의 주체에 따라서는 교육의 우선적이고 주된 목적을 개인이 아닌 조직이나 사회라는 거대한 차원에 초점을 맞추는 경우도 있기 때문에 일반화시켜 말할 수는 없을 것이다. 이현청은 성인교육의 다섯 가지 목적들에 대해서 철학적 및 사회학적 관점에 따라 크게 두 가지의 성인교육의 부류로 나누어 비교하였다. 첫째는, 좌파 철학에 바탕을 둔 사회적 운동으로서의 '진보적' 성인교육으로서 이 입장에 해당하는 목적은 사회개혁 또는 인간해방이라고 하였다. 둘째는, 언어분석학, 행동주의 그리고 자유주의의 철학에 바탕을 둔 '보수적' 성인교육으로서 나머지 네 가지의 목적 유형들은 여기에 해당하는 것으로 보았다.[41]

 일반 성인교육이 다양한 목적들을 위하여 이루어지고 있는 것처럼, 기독교 성인교육도 그것을 행하는 주체의 다양한 신학적 입장과 가치관에 따라서 '보수적' 목적에서부터 '변혁적' 목적에 이르기까지 여러 가지 입장들이 존재한다. 일반 성인교육에서 지향하고 있는 것과 마찬가지로 기독교 성인교육은 개인적인 차원과 조직체적인 차원 그리고 사회적인 차원이 모두 적절하게 포함되어지는 목적 설정이 바람직하다고 하겠다. 이러한 입장을 전제로 하여 기독교 성인교육의 목적과 관련하여 고려해야 할 몇 가지 중요한 점들을 다음과 같이 정리할 수 있을 것이다.

1. 성인들의 전인적인 성숙에 기본적인 초점을 맞추어야 한다.

일반 성인교육의 궁극적인 목적은 가장 바람직하고 가치로운 성인의 모습과 성인의 삶을 이루는 것인데, 이는 곧 '성인'이라는 개념의 온전한 의미 즉, '성숙한 인간'의 모습을 창출하는 것이라고 말할 수 있는 것이다. 할렌벡(W. Hallenbeck)은 이것을 '성숙한 인격'(the mature personality)의 형성이라고 말하였으며 이는 성인교육에 있어서 '포괄적인'(all inclusive) 목적이라고 하였다.[42] 이것은 기독교 성인교육의 목적에도 적용할 수 있는 개념으로 '성도를 온전케' 하는 구비사역은 그들을 성숙케 하는 사역(ministry for maturity)이어야 하는 것이다. 단 기독교 성인교육의 측면에서는 이 성숙됨이 기독교적인 가치관에 근거한 성숙함을 목적으로 해야 할 것이다.

그런데 신앙 또는 신앙생활이라는 것은 다면적이고 복잡한 실제이다. 따라서 기독교 성인교육이 지향해야 할 성숙함은 전인적인 성숙이다. 이것은 영혼의 구원뿐만 아니라 삶의 전 존재를 포괄하는 의미에서의 전인적 신앙의 성숙을 이루는 것이며 지, 정, 의를 포괄하는 전체적인 정신 세계에서의 성숙한 영성을 함양하는 것이다. 그리하여 성인들로 하여금 그와 같은 성숙을 이루어 하나님과 세상을 섬기는 삶을 통하여 하나님께 영광을 돌리게 하는 것이 교회가 해야 할 성인교육의 목적인 것이다. 이 개념에 대해서는 다음 장에서 더 자세하게 다루고자 한다.

2. 개인과 공동체의 균형 있는 성장을 지향해야 한다.

그리스도에 대한 믿음으로 하나님의 백성된 사람들의 지역적 공동체인 교회는 영적 유기체로서의 성격과 인간적 조직체로서의 성격을 모두 지니고 있다. 그런데 이 두 속성 모두는 근본적으로 하나하나의 개체 성도들을 기본 단위로 하여 조성되는 것이며, 따라서 전체로서의 유기체나 조직체의 생명력과 효율성은 전체를 구성하는 개체 각자의 상태에 달려 있는 것이다. 이미 살펴보았듯이 일반 성인교육 분야에서 추구되는 목적들은 다양하며 그 안에는 개인과 조직 그리고 사회에 대한 강조점의 차이가 존재한다. 그런데 일반적으로 보면 성인교육의 일차적인 목적은 성인 개개인의 욕구를 충족하는 것에 초점이 맞추어져 있다고 하였다. 앞에서 기독교 성인교육의 바람직한 목적으로 제시한 성인들의 성숙함도 역시 일차적으로는 개인적인 차원에 초점이 맞추어져 있는 것이다.

그러나 개인적 차원만을 불균형적으로 지나치게 강조하는 것은 바람직하지 않다. 우리가 추구해야 할 성인 각 개인의 성숙함은 전인적인 성숙함으로서 각자 삶의 총체적인 차원들과의 관련성 안에서 거시적으로 고려되어야 하는 것이기 때문이다. 일반 성인교육에서도 바람직한 것은 "사회와 다양한 조직의 목표와 성인 개인 학습자의 소망을 모두 고려해야"[43]하는 것처럼, 기독교 성인교육에서도 적절한 균형이 반드시 필요한 것이다. 특히 기독교 성인교육은 '신자'와 '교인'으로서의 성인들을 대상으로 하는 것이기 때문에 교육 목적의 초점이 개인과 공동체에 적절한 균형을 유지하며 맞추어져야 하는 것이다.

이런 관점에서 볼 때 교회 전체의 목적을 교인 개개인을 위한 것보다 지나치게 강조하며 앞세우는 경향이 있는 한국교회의 사역은 문제가 있다. 교회 전체를 강조하되 특히 양적 성장에 주된 초점을 맞추고, 교인들 개개인에게 양질의 교육을 제공하여 교회의 질적 성숙을 도모하는 일을 제대로 하지 못하고 있는 것이다. 전반적으로 볼 때, 한국교회들의 집중적인 관심은 교회성장임을 부인할 수 없는데, 이러한 목적을 추구하는 과정에서 교인들에 대한 공급과 양육보다는 그들을 봉사자로서 활용하려고 하는 면이 과도하게 나타났던 것이다. 따라서 '인격 공동체로서의 성숙'이 아닌 '종교 집단의 성장'에 치중해 온 한국교회는 "성장 모드에서 성숙 모드로 전환해야"[44]하며 이는 성인들을 체계적으로 교육하는 사역을 통해서 시도해야 한다.

3. 성인(평신도)들로 하여금 교회의 대내외적 봉사를 균형 있게 실천하도록 해야 한다.

성인들에 대한 사역을 활발히 하고 있는 많은 교회들의 경우에도 그것은 단순히 성인들을 돌보아 주고, 교육과 훈련 프로그램을 다양하게 제공해 주며, 좋은 교제와 예배의 경험을 갖도록 하는 것이지, 그들로 하여금 어떤 '사역자'로서의 역할을 하게 하는 것은 아니다. 그 결과로 성인들은 계속 성직자들이 제공하는 '영적 서비스'의 수동적 수혜자로서의 자세만을 지니게 되는데, 그리하여 평신도들은 '교회의 서비스에 상처입은 소비자들'(wounded consumers of church services)이 되어버렸고,[45] 오늘날의 교회들은 교인들을 '관절염성 방관증'(arthritic spectatoritis)에 걸리게 하고 있는 것이다.[46] 그러나 성인들에 대한 구비사역은 그들로 하여금 '봉사의 일'을 하게 하는 데 있으며(엡 4:12) 궁극적으로 성도들 자신의 '고유 사역'을 하게 하는 데 있다.[47] 즉, 개인의 필요의 충족과 성숙을 이루게 하는 데서 끝나는 것이 아니라 하나님의 일을 하기 위한 준비를 갖추어주어서 사역하게 하는 것이다. 이것을 '평신도의 사역'이라고 할 수 있는데, 이것은 꼭 평신도들에게 어떤 직함을 주거나 보수를 주어야 한다는 것이 아니라 실제적으로 복음사역의 주체로서 교회의 사명 성취에 의미 있는 참여를 하도록 해야 한다는 것이다.

그런데 평신도의 사역은 교회 안으로만 제한되어서는 안 되고 교회 밖의 대외적인 영역으로까지 확장되어야 한다. 하나님의 사역 또는 교회의 사역은 보통 좁게 인식되어 교회의 내부적인 관점에서 주로 논의되는 것이 사실이다. 그러나 이것은 하나님뿐만 아니라 하나님이 세우신 교회를 지극히 제한하는 개념으로서 하나님 나라 사역을 교회활동으로 전락시키는 것이다. 그러한 사역 이해를 가지고 있게 되면 평신도의 사역도 자연히 교회 안에서의 봉사로만 국한하게 되고, 결과적으로는 교회를 하나의 '종교적 게토'(ecclesiastical ghetto)로 전락시키는 것이다. 물론 교회는 기본적으로 수행해야 할 '내부적 일들'을 가지고 있다. 그러나 일반 성인교육의 목적이 궁극적으로는 개인과 조직과 사회를 모두 고려해야 하는 것처럼, '세상'의 빛과 소금으로서의 교회는 궁극적으로는 관심과 자원을 밖으로 쏟아서 해야 하는 사역들을 가지고 있는 것이다. 그런 점에서 볼 때 기독교 성인교육은 세상과 교회 모두를 위한 구비사역이 되어야 할 것이다.

평신도 사역은 항상 이와 같은 양면적 상황을 일터로 전제하고 준비되어 수행되어야 하는데, 앞으로 더 강화되어야 할 영역은 교회 '밖'의 '세상'이라는 곳에서의 사역이다. 그래서 "성가대나 주일학교와 같이 비교적 안전한 자리를 벗어나는 봉사의 통로들"[48]을 찾아 나서야 하는 것이다. 로빈슨(Darrell W. Robinson)도 사역의 분야를 '교회의 안과 밖에 모두' 존재하는 것으로 지적하면서, 평신도들이 참여할 수 있는 사역의 가능성들을 매우 다양하게 제시하였다.[49] 패터슨(Ben Patterson) 역시 교회는 '세상 속에서' 그리고 '자기 테두리 안에서' 해야 할 일들이 있음을 지적하면서 "가능한 한 「내적인」 돌봄(nurture)과 「외적인」 선교(mission)는 나란히 병행되어 이루어져야 한다"[50]고 말하였다. 이러한 총체적인 평신도 사역을 위해서는 성숙한 그리스도인으로서의 그들의 책임이 하나님의 나라와 세상 나라에 모두 있다는 것을 깨닫게 하며, 그러한 양면적 책임을 잘 수행할 수 있는 실제적인 교육과 훈련이 필요하다. 이 두 가지 책임은 '제자직'(discipleship)과 '시민직'(citizenship)으로 이해할 수 있으며 콜만(John A. Coleman)은 이것을 포괄적으로 다루는 '두 가지 교육'의 필요성을 주장하였다.[51]

일반 성인교육이나 기독교 성인교육 분야 모두에서 우리는 개인과 사회를 양극단으로 하는 하나의 연속선상(continuum)에서 강조하는 가치관의 차이에 따라 성인교육의 목적에 대한 다양한 입장과 위치가 존재함을 알 수 있다. 그런데 중요한 사실은, 성인교육의 제공자와 상황에 따라서는 이 중 어느 한 가지 목적만이 추구되는 경우도 있지만 실제로는 그 이상의 여러 목적들이 병행되어 추구되고 있다는 점이다. 그렇다면 기독교 성인교육의 바람직한 목적은 규범적인 결정요인인 기독교의 메시지를 우선으로 하되 그것이 시대와 사회 및 문화적 상황과의 관련성과 적합성을 갖도록 설정해야 할 것이다. 그리고 개인적인 차원과 사회적인 차원이 모두 적절하게 포함되어지는 포괄적이면서도 균형 있는 목적 설정을 해야 한다. 그리하여 과거의 가치 있는 것들은 그대로 지속 발전시키면서, 한편으로는 현실과 미래의 향상을 위한 창의적 변화와 개혁을 가져 올 수 있는 기독교 성인교육을 실천하여야 할 것이다.

토의를 위한 문제들

1. 본 장에서 설명한 여섯 가지의 교육철학적 입장에 상응하는 각각의 기독교 성인교육의 목적을 간단히 요약해 보고, 자신이 선호하는 유형은 어느 것인지, 또 그 이유는 무엇인지 나누어 보라.

2. 본 장에서 설명한 다섯 가지의 신학적 유형에 상응하는 각각의 기독교 성인교육의 목적을 간단히 요약해 보고 자신이 속해 있는 교회 공동체에서 이루어지고 있는 성인교육은 주로 어느 유형에 해당하는 것인지를 이야기해 보라.

3. 바람직한 기독교 성인교육의 목적 설정의 원리로서 본 장에서 제시한 세 가지 점의 관점에서 오늘날 한국교회의 성인교육이 지향하고 있는 목적을 비교하고 평가해 보라.

참고자료

김재은. 「성인교육론: 성인공동체, 인간화 모형」. 서울: 성광문화사, 1990.
손승희. 「기독교교육학」. 서울: 기독교방송, 1983.
이돈희. 「교육철학개론」. 서울: 박영사, 1977.
이성희. 「미래목회 대 예언」. 서울: 규장문화사, 1998.
이현청. 「학습하는 사회」. 서울: 배영사, 1993.
Anthony, Michael J. *Foundations of Ministry*. Wheaton: A Bridge Point Book, 1992.
Boyce, Mary C., comp. 「제자직과 시민직을 위한 교육」. 김도일 역. 서울: 한국장로교출판사, 1999.
Burgess, Harold W. 「기독교교육론」. 오태용 역. 서울: 정경사, 1984.
Coe, George A. *A Social Theory of Religious Education*. New York: Scribners, 1917.
Darkenwald, Gordon G. and Sharan B. Merriam, 「성인교육의 이론과 실제」. 백종억 역. 서울: 덕성여자대학 출판부, 1986.
Elias, John L. and Sharan Merriam. 「성인교육의 철학적 기초」. 기영화 역.

서울: 학지사, 2002.

Elias, John L. *The Foundations and Practice of Adult Religious Education.* Los Angeles: Klevins Publications, Inc., 1982.

Gaebelein, Frank. *Christian Education in a Democracy.* New York: Oxford, 1951.

Girzaitis, L. *The Church as Reflecting Community: Models of Adult Religious Learning.* West Mystic, Connecticut: Twenty-Third Publications, 1977.

Groome, Thomas H. 「기독교적 종교교육」. 이기문 역. 서울: 대한예수교장로회출판국, 1983.

Knight, George R. 「철학과 기독교교육」. 박영철 역. 대전: 침례신학대학출판부, 1987.

Lee, James M. *The Shape of Religious Instruction: A Social Science Approach.* Mishawaka, Indiana: Religious Education Press, 1971.

Lindeman, Eduard C. *The Meaning of Adult Education.* Montreal: Harvest House, 1961.

McKenzie, Leon. *Adult Religious Education.* West Mystic, Connecticut: Twenty-Third Publications, 1975.

Miller, Randolph C. *The Clue to Christian Education.* New York: Scribner's, 1950.

Monette, M. L. "The Concept of Need: An Analysis of Selected Literature." *Adult Education,* 27 (1977): 195-208; "The Language of Need in Adult Religious Education." *Living Light,* 15, No. 2 (1978): 167-80; "Need Assessment: A Critique of Philosophical Assumptions." *Adult Education,* 29 (1976): 116-27.

Moran, Gabriel. *Education Towards Adulthood: Religious and Lifelong Learning.* New York: Paulist, 1979.

Moran, Gabriel. *Design for Religion.* New York: Herder and Herder, 1970.

Patterson, Ben. "Noble Volunteer or Humble Slave?" *Leadership* (Summer 1982): 28-32.

Pazmino, Robert W. *Foundational Issues in Christian Education.* Grand Rapids: Baker Book House, 1988.

Robinson, Darrell W. *Total Church Life: Exalt, Equip, Evangelize.* Nashville: Broadman Press, 1985.

Schaefer, J. *Program Planning for Christian Adult Education.* New York: Paulist, 1971.

Sherrill, Louis J. 「만남의 기독교교육」. 손승희 역. 서울: 현대사상사, 1982.

Smart, James D. 「교회의 교육적 사명」. 장윤철 역. 서울: 대한기독교교육협회, 1960.

Stevens, R. Paul. 「참으로 해방된 평신도」. 김성오 역. 서울: 한국기독학생회출판부, 1992.

Tillapaugh, Frank R. *Unleashing the Church*. Ventura: Regal Books, 1982.

Vieth, Paul. *Objectives in Religious Education*. New York: Harper & Brothers, 1930.

Wren, B. *Education for Justice: Pedagogical Perspective*. New York: Orbis, 1977.

주(註)

1) 이돈희, 「교육철학개론」 (서울: 박영사, 1977), 74.
2) Gordon G. Darkenwald and Sharan B. Merriam, 「성인교육의 이론과 실제」, 백종억 역 (서울: 덕성여자대학 출판부, 1986), 45.
3) Robert W. Pazmino, *Foundational Issues in Christian Education* (Grand Rapids: Baker Book House, 1988), 96.
4) C. B. Eavey, "기독교교육의 목적과 목표," J. E. Hakes 편, 「기독교교육학개론」, 정정숙 역 (서울: 성광문화사, 1979), 61.
5) 이돈희, 85-95.
6) John L. Elias, *The Foundations and Practice of Adult Religious Education* (Los Angeles: Klevins Publications, Inc., 1982), 151.
7) John L. Elias and Sharan Merriam, 「성인교육의 철학적 기초」, 기영화 역 (서울: 학지사, 2002), 34.
8) J. Schaefer, *Program Planning for Christian Adult Education* (New York: Paulist, 1971), 109.
9) Elias, 160.
10) Eduard C. Lindeman, *The Meaning of Adult Education* (Montreal: Harvest House, 1961), 13-4.
11) Ibid., 164.
12) James M. Lee, *The Shape of Religious Instruction: A Social Science Approach* (Mishawaka, Indiana: Religious Education Press, 1971), 56.
13) 김재은, 「성인교육론: 성인공동체, 인간화 모형」 (서울: 성광문화사, 1990), 42-3.

14) Leon McKenzie, *Adult Religious Education* (West Mystic, Connecticut: Twenty-Third Publications, 1975), 13.
15) L. Girzaitis, *The Church as Reflecting Community: Models of Adult Religious Learning* (West Mystic, Connecticut: Twenty-Third Publications, 1977), 20.
16) B. Wren, Education for Justice: *Pedagogical Perspective* (New York: Orbis, 1977)의 제9장을 참조하라.
17) Elias and Merriam, 37.
18) M. L. Monette, "The Concept of Need: An Analysis of Selected literature," *Adult Education*, 27 (1977): 195-208; "The Language of Need in Adult Religious Education," *Living Light*, 15, No. 2 (1978): 167-80; "Need Assessment: A Critique of Philosophical Assumptions," *Adult Education*, 29 (1976): 116-27.
19) Gabriel Moran, *Education Towards Adulthood: Religious and Lifelong Learning* (New York: Paulist, 1979).
20) Harold W. Burgess, 「기독교교육론」, 오태용 역 (서울: 정경사, 1984), 42.
21) 손승희, 「기독교교육학」(서울: 기독교방송, 1983), 45, 111.
22) Frank Gaebelein, *Christian Education in a Democracy* (New York: Oxford, 1951), 227-35.
23) 손승희, 53.
24) Ibid., 65.
25) Burgess, 84.
26) George A. Coe, *A Social Theory of Religious Education* (New York: Scribner's, 1917), 55.
27) Burgess, 126.
28) Paul Vieth, *Objectives in Religious Education* (New York: Harper & Brothers, 1930).
29) Randolph C. Miller, "기독교교육의 목적," Marvin Taylor 편, 「기독교교육학」, 송광택 역 (서울: 대한예수교장로회총회출판국, 1982), 161-2.
30) Randolph C. Miller, *The Clue to Christian Education* (New York: Scribner's, 1950), 15.
31) Louis J. Sherrill, 「만남의 기독교교육」, 손승희 역 (서울: 현대사상사, 1982); James D. Smart, 「교회의 교육적 사명」, 장윤철 역 (서울: 대한기독교교육협회, 1960).
32) 손승희, 78.
33) Ibid., 45.
34) 김재은, 12-3.
35) 손승희, 102-4.

36) Gabriel Moran, *Design for Religion* (New York: Herder and Herder, 1970), 52.
37) Thomas H. Groome, 「기독교적 종교교육」, 이기문 역 (서울: 대한예수교장로회 출판국, 1983).
38) 손승희, 48.
39) Darkenwald and Merriam, 35-74.
40) 이현청, 「학습하는 사회」 (서울: 배영사, 1993), 9, 16.
41) Ibid., 326-7.
42) W. Hallenbeck, "Some Philosophical Considerations with Reference to Adult Education," n. d. (Mimeographed), cited by W. L. Schroeder, "Adult Education Defined and Described," in *Handbook of Adult Education*, ed. R. M. Smith, et. al. (New York: Macmillan, 1970), 33-4.
43) 이현청, 15.
44) 이성희, "한국교회 미래 목회를 본다," 「목회와 신학」, 1998년 11월, 149.
45) Rex E. Johnson, "The Christian Education of Adults," in Michael J. Anthony, *Foundations of Ministry* (Wheaton: A Bridge Point Book, 1992), 72, 180.
46) Frank R. Tillapaugh, *Unleashing the Church* (Ventura: Regal Books, 1982), 5.
47) Stevens, 「참으로 해방된 평신도」, 45-6.
48) Johnson, 183.
49) Darrell W. Robinson, *Total Church Life: Exalt, Equip, Evangelize* (Nashville: Broadman Press, 1985), 121-3.
50) Ben Patterson, "Noble Volunteer or Humble Slave?" *Leadership* (Summer 1982): 31-2.
51) John A. Coleman, "두 가지 교육: 제자직과 시민직," Mary C. Boyce, comp. 「제자직과 시민직을 위한 교육」, 김도일 역 (서울: 한국장로교출판사, 1999), 69.

제4장
기독교 성인교육 목적으로서의 성숙

Christian Adult Ministry

성인교육의 기본적인 목적은 가장 바람직하고 가치로운 성인의 모습과 성인의 삶을 이루는 것인데, 이는 곧 '성인'이라는 개념의 온전한 의미 즉, '성숙한 인간'의 모습을 창출하는 것이라고 말할 수 있는 것이다. 일반 성인교육의 목적은 여러 가지로 제시되고 있지만 모든 것을 다 포함하는 포괄적인 목적으로는 앞장에서 언급한 바 있듯이, '성숙한 인격'(the mature personality)의 형성이라고 말할 수 있다. 그렇다면 기독교 성인교육의 목적도 이러한 관점에서 생각해 볼 수 있다. 단, 기독교 성인교육의 측면에서는 이 성숙됨이 기독교적인 가치관에서 볼 때 합당한 성숙함을 목적으로 해야 하는 것이고, 개인과 공동체 사이에서 균형있게 추구되며, 교회와 세상에서 포괄적으로 실천되는 것이어야 한다. 아무튼 기독교 성인교육의 궁극적인 목적은 그리스도인으로서의 성숙이라고 표현할 수 있는데, 우리는 성숙에 대한 온전한 의미를 이해하고 그것을 이루기 위한 효과적인 교육을 행하여야 할 것이다.

I. 성숙과 관련된 개념들

이처럼 성숙함이란 기독교 성인교육의 목적에서 핵심을 이루는 개념이라고 할 수 있는데, 우리는 먼저 성숙함에 대한 정확한 개념 정의와 이해를 하는 것이 필요하다. 왜냐하면 그렇게 함으로써 우리는 올바른 방향으로 성인들의 성숙함을 도와주는 사역을 할 수 있기 때문이다. '과연 성숙함이란 무엇인가?' 하는 질문은 답하기가 쉽지 않다. 이에 대한 답을 올바로 하기 위해서는 어느 한 가지 측면이 아니라 다양한 관점에서 접근이 이루어져야 할 것이다. 여기에서는 성인, 성인성, 발달 그리고 성숙 등의 의미를 살펴보고 성경이 보여주는 성숙의 개념을 고찰함으로써, 우리가 가져야 할 바람직한 성숙의 의미를 규명하고자 한다.

1. 성인(Adult)

성인(成人)에 대한 사전적 정의를 보면 "인간 발육의 최종기인 청년기에 계속하여 심신의 발육을 마치고 어른이 된 사람; 만 20세 이상의 남녀"[1]라고 되어 있다. 이러한 정의는 인간의 발달을 선천적 요소의 발육이라는 관점에서 보고 있고 그러한 발육이 끝나는 청년[청소년]기에 이어서 계속되는 시기가 성인기라고 규정하고 있다. 이와 같은 시각을 '성년'에 대한 사전적 정의에서도 볼 수 있는데, 성년은 "자랄대로 다 자란 나이, 또는 그런 사람; 신체와 지능이 완전히 발달되어 완전한 행위 능력이 있다고 간주되는 나이; 만 20세 이상"[2]이라고 되어 있는 것이다. 그러나 오늘날 인간발달에 대한 일반적인 견해는 내재적인 요인의 발육과 성숙뿐만 아니라, 환경적이고 경험적인 학습을 중요한 요소로 보고 있기 때문에 이러한 관점에서 사전적인 정의들은 부정확한 것이라고 할 수 있다.

영어에서 성인을 의미하는 말은 'adult'인데, 이는 라틴어의 'adultus'에서 온 것으로서, 'adultus'는 'adolescere'의 과거분사형이다. 'adolescere'가 '자라다, 성장하다'(to grow up)의 뜻을 가지고 있으므로 그것의 과거분사형인 'adultus'는 완료의 의미를 나타내어 '다 자란, 다 성장한'(grown up) 상태를 나타내는 말이 된다. 이것 역시 우리말의 성인에 대한 사전적 정의와 마찬가지로 오늘날의 관점에서 볼 때 정확하지 않은 의미의 규정인 것이다.

이러한 관점에서 보았을 때 성인은 어떤 나이를 기준으로 하여 구분할 수 있는 연령층이 된다. 실제로 연령이라는 것은 많은 경우에 있어서 매우 편리하고 단순한 지표의 역할을 한다. 성인을 구분하는 경우에 있어서도 연령은 오래 동안 많이 사용되어 온 기준이었으며, 특히 사회적 및 법률적 필요에 의해서 연령이 일반적인 기준으로 채택되어 왔다. 앞에서 인용한 사전적 정의 중에서 "신체와 지능이 완전히 발달되어 완전한 행위 능력이 있다고 간주되는 나이"라는 것은 법적인 규정을 뜻하는 것이며 그것은 구체적으로 "만 20세 이상의 남녀"라고 명시하고 있다. 우리나라에서는 최근에 성인연령을 낮추어야 한다는 시대적 요청에 따라 민법에서 만 19세를 성인으로 규정하고 있다.

그런데 성인 연령은 나라마다 차이가 있다. 이스라엘에서는 옛 유대교의 문화적 전통에 따라 오늘날까지 남자 아이가 13세가 되었을 때를 성인으로 인정하고 'Bar Mitzvah'라는 성인식을 실시하고 있다. 미국의 경우에는 각 주마다 이 연령 기준이 달라서, 어떤 주는 18세 그리고 어떤 주는 20세 또는 21세를 성인 연령으로 규정하고 있다. 그런데 이것조차도 혼란의 여지가 있어서 온전한 성인의 기준으로는 부족하다. 혼란의 주된 요인은 사안에 따라서 한 개인을 성인으로 간주하는 기준이 약간씩 차이가 있기 때문이다. 이 점에 대하여 콜린스(Gary R. Collins)는 다음과 같이 지적하고 있다:

> 미국 법정에서는 16세에 성인으로서 재판을 받을 수 있다. 그러나 선거를 하기 위해서는 18세가 되어야 하고 국회의 상원의원에 출마하려면 30세가 되어야 한다. 20대 중반에 있는 어떤 사람들은 그들이 결혼을 하고 저당권을 가지고 있다고 하더라도 아직도 '대학교 아이들'로 여겨지고 있다. 그러나 10대 소녀들이 피임이나 유산과 같은 문제들에 대해 성인과 같은 결정을 내려야만 하기도 한다.[3]

우리나라에서도 이러한 문제가 있는데, 아무튼 이같이 시대와 문화에 따라서, 사안에 따라서, 성인 연령이 차이가 나기 때문에 연령은 비록 편리한 기준이기는 해도 성인을 규정하는 유일한 기준으로 삼기에는 부적합한 면이 있는 것이다.

연령을 기준으로 하여 성인기를 더 구체적으로 세분하는 작업도 여러 학자들에 의해서 시도되었다. 성인기는 일반적으로 크게 세 단계로 나누어 전기(청년), 중기(중년) 그리고 후기(노년)로 구분한다. 이 각 단계가 시작되는 연령으로서 하비거스트(Robert J. Havighurst)는 18세, 30세, 55세를 제시하였고, 에릭슨(Erik H. Erikson)은 20세, 40세, 60세, 그리고 레빈슨(Daniel J. Levinson)은 성인전기를 17세부터 시작하는 것으로 제시한 것 외에는 에릭슨과 동일한 입장을 취하였다. 우리나라 성인들에 대한 시기 구분의 대표적인 사례에서는 위의 각 단계의 시작을 25세, 35세 그리고 60세로 설정하였다.[4]

2. 성인성(Adulthood)

성인과는 관련이 있으면서도 구분이 되어야 할 용어는 '성인성'(adulthood)이다. 이는 다른 말로 '성인기'나 '성인됨'으로도 쓸 수 있겠는데, 그 의미는 성인으로서 갖추어야 할 성숙함 또는 그러한 상태를 이루어내는 시기라고 할 수 있다. 교육적 및 기독교 사역적인 관점에서 볼 때는 단순히 사역 대상으로서의 성인들 그 자체가 중요한 것이 아니라, 그들을 어떠한 존재로 변화시키는가의 관점에서 온전한 성인성이라는 개념이 더 중요하다고 할 수 있다. 모랜(Gabriel Moran)은 성인교육뿐만 아니라 모든 교육이 궁극적으로는 '성인성을 향한 교육'(education toward adulthood)이 되어야 한다고 주장하였다.[5] 사실 아동교육이나 청소년 교육은 그 나름대로의 목적과 의미가 있는 것이지만 그 교육들은 그 단계로 끝나는 것이 아니고 그 다음 단계이자 인간발달의 마지막 단계인 성인기의 교육으로 이어지는 것이라고 할 때, 이 미성년교육은 궁극적으로는 성인교육의 전초 작업인 것이다. 따라서 모든 교육은 하나의 성숙한 인간으로서 갖추어야 할 전인적인 성숙함 즉 성인성을 지향하는 교육이어야 하는 것이다. 그런데 기독교적 인간관에서 볼 때 우리가 지향해야 할 성인성은 하나님의 형상이 훼손되기 이전의 상태인 전인적 성숙함으로서의 성인성이며, 여기에는 신체적, 정신적, 사회적 그리고 신앙적인 측면이 포함되어 있다.

3. 발달(Development)

오늘날 성인기에 대한 연구의 방법으로서 가장 널리 사용되고 인정받고 있는 것은 발달심리학적(developmental psychology) 접근이다. 이것은 시간 경과에 따른 사람들의 질적 및 양적 변화를 연구하는 과학인데, 어떤 변화나 특성이 생기기 전과 후의 동적인 과정을 고려하는 특징을 지니고 있다. 여기에서 '발달'(development)이란 통념적으로 이해되는 긍정적, 상승적 변화를 말하는 것이 아니라 모든 종류의 변화를 통틀어서 일컫는 가치중립적인 말이다. 즉, 개인의 연령 증가에 따른 신체적 및 심리적 구조의 양적 그리고 질적인 변화를 말하는 것으로써, 이러한 뜻으로서는 '전개'라는 표현이 더 적합하다고 할 수 있다.

앞에서도 언급하였듯이 오늘날 대부분의 학자들은 인간의 변화를 선천적인 요인의 결과뿐만이 아니라 후천적인 영향의 결과라고 생각한다. 즉, 인간발달은 유전적인 요소에 의한 내발적 성장과 함께 환경적 요소에 의한 경험이 역동적으로 엮어내는 과정이라는 것이다. 전자의 측면을 발달의 과정에서 '발육' 또는 '숙성' (maturation)이라고 한다면 후자는 '학습' (learning)이라고 할 수 있다. 성인발달의 경우에는 전자보다는 후자의 요인이 더 크게 작용한다고 볼 수 있는데, 따라서 성인기에 대한 연구에서는 후천적 및 환경적 경험이 인간발달에 미치는 영향에 많은 관심을 기울이게 된다. 오선주는 전자의 요인을 지나치게 수용하는 입장을 '개체발생학적 오류'로 규정하였고 이러한 입장에서 "인간발달의 가능성은 다른 종에서와 마찬가지로 고정되어 있다고 인식되고 있으며, 목적을 가진 인간 활동의 독특한 역할은 거의 인정되지 않고 있다."[6]고 주의를 환기시키면서, 개인발달에 있어서 사회적 역동성에 주의를 기울여야 함을 지적하였다.

인간의 발달을 주로 유전적인 요소의 관점에서만 취급하는 입장은 전통적인 프로이드(Freud) 심리학의 영향이다. 물론 미성년기의 발달은 이러한 입장에서 잘 설명될 수 있지만, 성인의 성숙과정을 이해하고 설명하기에는 적합하지 않은 것이다. 인간발달에 대한 연구에 있어서 아직도 프로이드의 영향력이 크게 남아 있는 것에 대하여 콜린스는 다음과 같이 쓰고 있다:

> 나는 발달과 성장이란 일생 동안 계속되는 사건이라고 생각해 왔다. 그러나 프로이드는 그렇게 생각하지 않는 것 같았으며, 내가 강의를 준비하면서 조사했던 책의 저자들도 그와 동일했다. 이 저자들은 아동심리학과 사춘기에 대해 많이 다루고 있었다. 그러나 그들은 사람이 18세가 되면서부터 인생의 도전적인 부분은 거의 다 지내버린다는 인상을 남기고 있다.[7]

4. 성숙(Maturity)

성숙이라는 말이 생물학적 관점에서 사용되는 경우에는 어떤 유기체가 생식 능력을 갖추게 된 상태를 가리킨다. 성숙을 나타내는 영어 단어인 'maturity'는 라틴어인 'maturus'에서 온 것이며 이것은 식물의 열매가 무르익었을 때 따 놓은 것을 가리키는 말이었다. 즉, 과일이나 곡식, 채소 등이 가장 잘 익었을 때 거두어들이는 것을 의미하였다. 이러한 의미는 사전적인 정의에서도 잘 나타나 있는데, 그 한 예를 보면, "생물이 충분히 발육이 됨"[8]이라고 설명하고 있는 것을 볼 수 있다. 그러나 오늘날 성숙이라는 말을 이러한 뜻으로만 사용하는 것은 매우 좁은 의미의 용법이라고 할 수 있으며, 앞에서도 이러한 좁은 의미를 나타내기 위해서는 '발육'이나 '숙성'이라는 말을 사용하였다.

우리가 일반적으로 사용하는 이 말의 용법은 이보다는 더 넓은 의미를 지니고 있다. 즉, 이 말은 생물학적 발육이 충분히 이루어진 상태뿐만이 아니라 정신적 및 사회적 측면을 포함한 인간의 전인적인 상태가 도달할 수 있는 최고의 수준에 가깝게 이르러 있는 것을 가리키는 것이다. 이 같은 의미를 설명하는 예로서는 "사람의 육체나 마음이 충분히 다 자람"이라든지 "[어떤 현상이] 충분히 발전하여 무르익은 시기에 달함"이라는 것을 들 수 있다.[9] 즉, 이 성숙이라는 말은 동식물뿐만 아니라 사람에게도 적용할 수 있는 말이며 나아가서는 모든 일반 현상에까지 사용할 수 있는 말인 것이다. 그리고 '발달'이라는 말은 모든 변화를 다 포함하는 것이지만 '성숙'은 긍정적인 변화만을 지칭한다는 차이점도 있다.

아무튼 중요한 점은 사람의 경우에 있어서 성숙이란 전인적인 측면에서 한 개인이 가지고 있는 잠재성의 수준에 도달한 상태를 가리킨다는 점이다. 여기에서 중요한 것은 '전인적'이라는 말과 '잠재성'이라는 말이다. 즉, 인간의 성숙이란 생물학적인 측면에서의 성적 생식 능력이 생기는 것이나 신체적 기능의 절정에 도달하는 것뿐만 아니라 정신적, 사회적 및 영적인 차원을 포함한 모든 면을 포괄하여 가리키는 말이다. 그리고 한 개인이 가지고 있는 바 제반 영역에서의 도달 가능한 최고 수준을 목표로 하여 발전해가는 과정을 나타내는 것이다.

5. 성경적 개념으로서의 성숙

성장 또는 성숙은 성경에서도 중요하게 등장하는 개념이다. 성경은 인간이 하나님의 형상대로 지음을 받은 존재임을 분명하게 천명하고 있으며, 하나님의 뜻을 따라 사는 인간의 삶은 하나님 형상의 아름다운 모습을 드러내는 성숙의 과정을 나타낸다는 것을 가르치고 있다. 이러한 성숙의 개념은 구약성경과 신약성경의 도처에서 발견할 수 있는 중요한 개념이다. 예를 들면, 시편 1편 3절에서는 하나님의 축복을 받는 사람은 "시냇가에 심은 나무가 시절을 좇아 과실을 맺으며 그 잎사귀가 마르지 아니함" 같다고 말하고 있다. 이같은 성숙의 모습을 또 잘 보여주는 성경으로는 시편 92편을 들 수 있다: "의인은 종려나무 같이 번성하며 레바논의 백향목 같이 발육하리로다. 여호와의 집에 심겼음이여 우리 하나님의 궁정에서 흥왕하리로다.

늙어도 결실하며 진액이 풍족하고 빛이 청청하여 여호와의 정직하심을 나타내리로다"(12-15절).

신약성경에는 예수님의 여러 가지 비유를 통하여 성숙의 사상이 나타나 있는데 그 중 대표적인 것은 씨 뿌리는 자의 비유(막 4:3-9)이다. 또한 사도들도 여러 서신서를 통하여 그리스도인들에게 영적인 성장을 하도록 촉구하고 있는데, 예를 들면 "갓난아이들 같이 순전하고 신령한 젖을 사모하라 이는 이로 말미암아 너희로 구원에 이르도록 자라게 하려 함이라"(벧전 2:2)고 말한 사도 베드로는 계속하여 "오직 우리 주 곧 예수 그리스도의 은혜와 저를 아는 지식에서 자라가라"(벧후 3:18)고 권면하고 있다. 성숙을 향한 이러한 권면은 사도 바울에게서도 찾아볼 수 있는데, 그 중에서 대표적인 것은 에베소서 4장 13-16절일 것이다:

> 우리가 다 하나님의 아들을 믿는 것과 아는 일에 하나가 되어 온전한 사람을 이루어 그리스도의 장성한 분량이 충만한 데까지 이르리니 이는 우리가 이제부터 어린아이가 되지 아니하여 사람의 궤술과 간사한 유혹에 빠져 모든 교훈의 풍조에 밀려 요동치 않게 하려 함이라. 오직 사랑 안에서 참된 것을 하여 범사에 그에게까지 자랄지라. 그는 머리니 곧 그리스도라. 그에게서 온몸이 각 마디를 통하여 도움을 입으므로 연락하고 상합하여 그 몸을 자라게 하며 사랑 안에서 스스로 세우느니라.[10]

이상과 같이 성경에서 찾아볼 수 있는 성숙의 사상은 한 마디로 말해서 그리스도 예수 안에서의 하나님 형상의 회복이라고 할 수 있으며 그것은 인간의 전 존재를 포괄하는 전인적인 성숙인 것이다. 하나님의 형상대로 지음을 받은 영적 존재로서의 인간의 영성이란 신체적, 정신적 및 사회적인 차원의 존재를 모두 포괄하는 전인적 개념이기 때문에, 인간의 진정한 성숙이란 궁극적으로 영적인 성숙이며 그것은 곧 예수 그리스도 안에서의 하나님 형상의 회복이라고 할 수 있는 것이다. 앞에서 인용한 바울의 권면에서도 우리가 이루어야 할 성숙의 목표점은 예수 그리스도의 완전한 성숙함을 향하여 나아가는 것임을 말하고 있는데, 우리의 성숙의 최종 목표가 되는 예수 그리스도 자신의 성숙도, 다음의 성경 구절에서 볼 수 있듯이 전인적인 것임을 기억해야 할 것이다: "예수는 그 지혜와 그 키가 자라가며 하나님과 사람에게 더 사랑스러워 가시더라"(눅 2:52).

II. 성숙의 측면들

위에서 살펴 본 대로, 올바른 성숙의 개념은 인간 존재의 전인적 차원을 포괄하는 것이어야 하는데, 이것은 구체적으로 신체적, 정신적, 사회적 및 신앙적 측면으로 나누어 생각해 볼 수 있다. 물론 인간의 존재는 이렇게 엄밀하게 구분하여 이루어지는 것은 아니다. 다만 이해와 설명의 도구로서 이 같은 몇 가지 차원의 구분을 하는 것일 뿐이다.

1. 신체적 측면

앞에서 살펴 본 대로 성인에 대한 어원적 의미나 성숙의 생물학적인 관점에서는 하나의 인간이 가지고 태어나는 형질이 모두 숙성하여 나타나는 점에 초점을 맞추고 있다. 이것은 주로 신체적 관점에서 본 성숙이라고 할 수 있는데, 정확하게 말해서 생물학적으로 한 인간이 또 다른 인간 생명체를 만들어 낼 수 있는 능력이 생기는 시점을 성인기의 시작이라고 간주한다. 이같은 재생산 능력 혹은 생식 능력이 생기는 때는 남자와 여자가 각각의 고유한 성적 특징(제2차 성징)을 나타내는 시기 즉, 사춘기(puberty)와 일치하게 된다. 그런데 이것은 남자와 여자 사이의 차이뿐만 아니라 개인차가 있고, 시대와 문화권에 따라서도 차이가 있는 것으로 알려져 있어서 성인기를 규정하는 보편적인 기준이 되기는 어렵다. 일반적으로 여자의 사춘기는 남자보다 2년 정도 빠르게 나타나며, 시대에 따라서도 선사시대에는 17세이던 것이 오늘날에는 평균 12세로 알려져 있다. 개인적으로 조숙한 사람의 경우에는 9세 정도부터 사춘기가 시작되는 사례도 있는 것으로 보고되었는데, 아무튼 오늘날 사춘기의 평균 연령인 12-14세를 유일한 기준으로 해서 성인기의 시작을 설정하기에는 부적합한 면이 많이 있다. 그런데 성적인 생식 능력 외에 골격과 근육의 성장은 10대 후반에 그 절정에 도달하고 그 밖의 다른 신체 기관들의 기능도 10대 후반에 최고 수준에 올라가기 때문에 전반적인 신체적 성숙이 실질적으로 완성되는 시기는 20세 이전이라고 볼 수 있다.[11] 따라서 신체적인 성숙을 기준으로 볼 때 성인기의 시작은 18세에서 20세 사이에 설정하는 것이 합리적일 것이다.

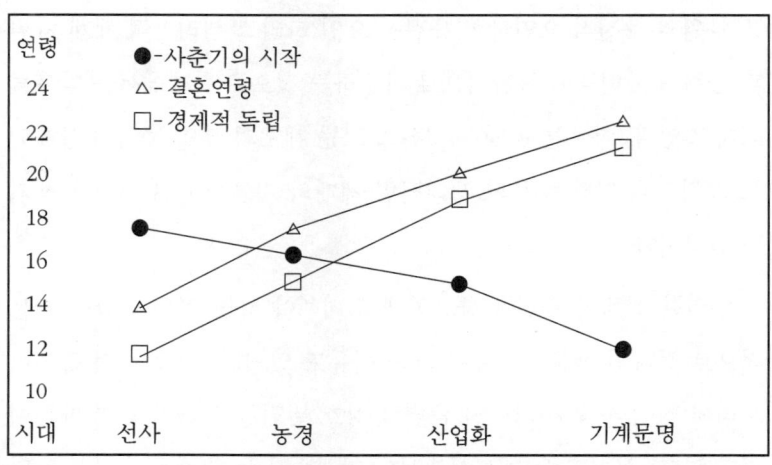

[그림 4-1] 아동이 성인으로 되는 과정

이러한 신체적 성숙의 절정기 이후에 신체 기능들이 감퇴하여 생물학적 생존의 가능성을 약화시키는 현상을 '노화'(aging)라고 하며, 이것은 우리가 신체적인 측면에서 성인기를 고찰할 때는 반드시 고려해야 할 현상이다. 신체적으로 상승적인 성숙이 20세 이전에 완성된다면, 사실상 성인기의 전 기간은 신체적인 하강적 노화가 일어나는 시기라고 할 수 있다. 이러한 노화의 부정적 영향이 뚜렷하게 느껴지는 것은 성인기가 한참 진행되고 난 이후이지만, 실제적인 노화는 성인기가 시작되면서부터 일어나서 계속되는 것이다.

신체적인 노화는 불가피하고, 비가역적이며, 일방향성과 보편성을 나타내는 현상인데, 이것은 생물학적 노화가 외부적인 조건이나 사건과는 무관하게 내부적으로 일어나는 인간 실존의 한 부분이다. 노화의 원인으로는 아직 어느 한 가지가 확실하게 밝혀진 것은 없고, 세포 차원의 유전적 요인과 비유전적 요인 그리고 생리학적 체계 차원과 관련된 요인들이 복합적으로 작용하는 것으로 학계에서는 받아들여지고 있다. 아무튼 분명한 것은 노화는 세포의 분열 능력이 상실되고 그것으로 인하여 몸의 생리적인 체계의 기능이 감소되면서 생기는 현상이다.[12]

이러한 신체적 측면을 중요하게 고려해야 하는 것은 인간이 기본적으로 하나의 생물학적 존재라는 이유도 있지만, 이 신체적 측면이 우리의 정신적 및 사회적인 측면과 상호 밀접한 연관이 있기 때문이기도 하다. 실제로 우리는 신체적인 미성숙과 문제 때문에 다른 측면의 삶이 영향을 받는 것을 많이 볼 수 있다. 우리 몸을 하나님의 성령이 거하시는 거룩한 성전이라고 하는 성경의 가르침(고전 6:19)이나, 하나님께서 우리 인간을 전인적인 존재로 창조하신 사실을 고려해 볼 때, 우리의 기독교 사역은 신체적인 면의 건강한 성숙과 관리를 중요하게 취급해야 할 것이다.

2. 정신적 측면

정신적 측면에서 볼 때 성인은 자기 자신의 삶을 책임성 있고 독립적으로 이끌고 나갈 수 있는 정신적 성숙을 이룬 사람을 가리킨다. 이러한 정신적 속성은 객관적으로 측정하기는 어렵지만 엄연히 존재하는 속성들이고, 특히 교육적인 관점에서는 가장 중요한 요소라고 할 수 있다. 사실상 연령이나 생물학적 기준으로 볼 때는 분명히 성인일지라도 정신적인 성숙이 이루어지지 않아서 성인으로 인정하기가 어러운 경우가 많은 것이다. 연령이라든지 생물학적 성숙은 특별한 문제가 없는 한 시간만 지나가면 저절로 이루어지는 것이다. 그러나 정신적인 성숙은 시간이 흘러간다고 저절로 이루어지는 것도 아니고 결코 쉽게 이루어지는 것이 아니다. 이 점과 관련하여, 인간이 다른 동물들과 비교해서 신체적인 성장에 훨씬 더 많은 시간을 요구하는 것에 대하여 사회과학자들은 설명하기를, 인간이 성인의 세계에서 제대로 살아가기 위해서 필요한 지식을 얻을 때까지 신체적 성장이 보조를 맞추어야 하기 때문이라고 하였다.[13]

이스라엘의 성인식에서 가장 큰 의미를 부여하며 초점을 맞추는 부분도 바로 정신적으로 책임있는 독립된 존재로서의 탄생을 축하하는 동시에 그러한 삶을 요구한다는 점이다. 유대법에 따르면 성인이란 하나님과 계약을 맺은 사람으로서 스스로 하나님의 계명을 지킬 줄 알며, 율법의 가르침에 책임을 질 줄 아는 사람을 가리킨다. '바르 미쯔바'란 '율법(계약)의 아들'이라는 뜻으로, 성인식을 치른 유대 소년과 소녀는 부모의 영적인 돌봄으로부터 벗어나 자신의 신앙에 책임을 지는 '영적 독립인'의 자리에 서게 되는 것이다. 최명덕은 이러한 유대교의 성인식이 유대인 청소년들을 더 성숙하고 신중하게 만드는 데 크게 기여해 왔다고 평가하였다.[14]

정신적인 측면에서의 성숙은 크게 지적인 면과 정서적인 면으로 나누어 생각해 볼 수 있다. 지적 성숙은 인간에게서 찾아볼 수 있는 독특한 특성이다. 사람의 행동은 대부분 지적인 측면에 의해서 지배되는데, 성인과 미성년의 중요한 차이점 중 첫째는 미성년은 지적 발달이 완전히 이루어지지 않아서 그 행동이 이성적 판단이나 분별이 아니라 충동에 의해서 이루어진다는 점이다. 콜만은 성숙한 성인이 지녀야 할 지식으로서 자신에 대한 지식, 물리적 환경에 대한 지식 그리고 사회적 환경에 대한 지식을 언급하였다.[15]

그에 의하면 우선 자기 자신에 대한 정확한 이해와 지식이 있어야 지적으로 성숙한 사람이라는 것이다. 실제로 너무 지나치게 비현실적이거나 그 반대로 자기비하적인 자기이해는 불행한 삶을 가져다주고 모든 대인관계에 부정적으로 작용한다. 이에 대하여 로저스는 말하기를 자아정체감을 형성하고 자신의 잠재능력에 맞는 생활양식을 수립하여 자율성을 갖게 되어야 비로소 성숙한 것으로 간주할 수 있다고 하였다.[16] 둘째는, 물리적 환경에 대하여 정확하고 현실적인 지식을 가지고 있을 때 우리는 미신적이거나 마술적인 잘못된 세계관을 분별하는 성숙한 삶을 살 수 있다는 것이다. 특히 성숙한 그리스도인의 신앙관은 현실 세계를 부정하는 자세를 가지고는 올바로 수립될 수 없다고 하였다. 마지막으로, 진정으로 성숙한 성인은 유아독존적인 삶을 사는 것이 아니라 자기가 속해 있는 사회적 세계를 올바로 인식하고 그 일원으로서 다른 사람들이나 집단과의 관계를 효과적으로 영위하며 살아나가야 한다고 지적하였다. 이 점과 관련하여, 로저스도 성숙의 한 기준으로서 한 개인이 인간 사회와 공동체에 대한 헌신과 소속감을 갖게 되는 것을 제시하였다.[17]

정신적인 성숙은 이러한 지적인 면뿐만 아니라 정서적인 면에서도 고려되어야 한다. 어떤 사람에 대하여 미숙하다고 말할 때 그 의미는 정서적인 미성숙을 뜻하는 경우가 많다. 그 이유는 감정이라는 것이 한 개인이 지니고 있는 성숙함을 가장 잘 보여주는 지표이기 때문이다. 콜만은 성숙한 감정의 특징들을 몇 가지로 설명하였는데 우선 그것은 여러 가지 다양한 강도(intensity)를 가지고 있다는 것이다. 유아들은 다양한 감정의 폭이 없고 양극단적인 양상을 나타내는데, 정서적으로 성숙한 사람은 주어진 상황에 적절한 수준의 감정 표현을 할 수 있다. 이 점과 관련하여 로저스는 성숙한 사람이라면 감정 표현을 위한 건강한 통로를 발견하고 필요한 범위 내에서 감정의 억제를 할 수 있어야 한다고 하였다.[18] 성숙한 감정은 또한 어느 주어진 특정한 상황이나 사람에 대하여 가진 감정을 다른 경우에다 지나치게 일반화하지 않는다. 성숙한 감정의 또 하나의 특징은 삶의 모순성과 애매함을 인정하고 불분명한 입장을 취할 수도 있고 또 그러한 입장을 수용할 수도 있다는 점이다. 마지막으로 성숙한 감정은 항상 이성에 의해서 통제된다는 것이다.[19]

3. 사회적 측면

모든 사회와 문화권에서는 그 나름대로 성인이란 어떤 사람들인지에 대한 기준을 가지고 있다. 물론 그 기준이 애매한 경우도 있지만 일반적인 사회생활의 관점에서 불편함 없이 보편적으로 사용되고 있는 기준들이 있는 것이다. 이렇게 사회적 측면에서 성인을 규정하는 것은 주로 그 사회에서 미성년에게는 부여하지 않지만 성인들에 부여하고 있는 특정한 역할들이라는 관점에서 이루어지고 있다. 즉, 어는 개인이 속하고 있는 사회에 의해 성인이라고 간주되는 사람들을 성인으로 규정한다는 뜻인데, 성인으로 간주하는 기준은 그 사회가 성인 고유의 역할이라고 규정한 역할들을 수행하고 있는지의 여부라는 것이다. 예를 들면, 어느 사회에서는 결혼을 하여 배우자 역할을 하고 있는 사람들을 성인으로 간주하는가 하면, 어느 사회에서는 아이를 낳아 부모 역할을 해야 비로소 성인으로 인정하기도 한다. 이러한 성인의 사회적 역할로서 가장 대표적인 것은 역시 자신의 경제적 삶을 영위해 나갈 수 있는 경제활동이라고 할 수 있다.

성인에 대한 기준으로서 가장 널리 사용되고 있는 것은 이 사회적 역할이라는 기준인데, 이것 역시 사회와 문화권에 따라 차이가 있고 변화하기 때문에 절대적인 기준은 될 수 없다. 다만 현실적으로 어느 특정한 시기에 특정한 사회가 성인이라고 간주하는 사람들을 성인으로 분류하여 취급하는 것이 가장 무난하고 편리한 기준이 될 뿐이다. 아무튼 성인을 한 가지 기준으로 규정한다는 것은 불가능한 일이며, 그렇기 때문에 우리는 성인을 규정하는 일보다는 성인과 그들의 삶의 특징들을 설명하고 묘사하며 이해하는 일에 더 많은 노력을 기울여야 하는 것이다.

4. 신앙적 측면

모랜이 주장한 성인성 속에는 인간 존재의 궁극적인 문제를 다루는 종교 혹은 신앙의 차원이 포함되어 있고 그러한 입장에서 그는 성인교육에서 종교의 문제가 필수적으로 다루어져야 함을 강조하였는데, 기독교 성인교육의 입장에서 보면 이는 더욱 자명한 일이다. 그리고 이 문제를 다루는 방향은 성숙한 신앙 또는 영적 성숙이라는 것을 추구하는 것이 되어야 할 것이다. 그런데 성경이 말하고 있는 성숙한 신앙은 몇 가지 중요한 본질적 요소들을 포함한 개념이다. 그것은 곧 신앙이란 인간 정신의 전체인 지(知,) 정(情,) 의(意)라는 차원을 모두 동원하는 행위라는 점이다. 바울이 "마음을 새롭게 함으로 변화를 받아 하나님의 선하시고 기뻐하시고 온전하신 뜻이 무엇인지 분별하도록 하라"(롬 12:2)고 했을 때의 '마음'이란 이와 같은 의미로서 이해해야 할 것이다. 우리는 성숙한 영성을 위한 교육을 말할 때 반드시 신앙에 대한 이와 같은 통전적이고 전인적인 이해를 바탕으로 한 접근을 해야 한다.

우선 신앙의 지적인(cognitive) 차원이란 믿음의 내용이나 지식이다. 성경은 우리가 믿어야 할 내용에 대해서 분명하게 말해주고 있으며, 우리가 단순히 믿는 것이 아니라 무엇을 믿느냐의 문제는 매우 중요한 것이다. 요한복음 20장 31절은 "오직 이것을 기록함은 너희로 예수께서 하나님의 아들 그리스도이심을 믿게 하려 함이요 또 너희로 믿고 그 이름을 힘입어 생명을 얻게 하려 함이니라"고 말하고 있다. 바울은 고린도전서 15장에서 우리가 믿어야 할 내용의 핵심을 '복음'으로서 제시하였고, "너희가 만일 나의 전한 말을 굳게 지키고 헛되이 믿지 아니하였으면 이로 말미암아 구원을 얻으리라"(15:2)고 말하고 있다.

그리고 신앙에는 정서적(emotional) 차원이 있는데 성경은 정통적 신앙의 내용이 믿는 자의 머리뿐만 아니라 마음에 의한 전적인 공감과 수용이 있어야 함을 말하고 있다. 구약 성서에 나타나 있는 교육에 대한 대표적인 명령인 '쉐마'에서는 "너는 마음을 다하고 성품을 다하고 힘을 다하여 네 하나님 여호와를 사랑하라. 오늘날 내가 네게 명하는 이 말씀을 너는 마음에 새기고"(신 6:5-6)라는 표현으로 이것을 잘 말해주고 있다. 또한 로마서에서는 "네가 만일 네 입으로 예수를 주로 시인하며 또 하나님께서 그를 죽은 자 가운데서 살리신 것을 네 마음에 믿으면 구원을 얻으리니 사람이 마음으로 믿어 의에 이르고 입으로 시인하여 구원에 이르느니라"(롬 10:9-10)고 말하고 있다. 진정한 신앙은 믿음의 대상과 내용에 대한 마음으로부터의 동의를 불러일으키고 나아가서는 그에 따라 마음이 움직이도록 만든다. 따라서 참된 기독신앙은 하나님에 대한 사랑과 그를 알아가는 기쁨, 그리고 그를 영화롭게 하고자 하는 열망을 내포하는 것이며, 이러한 점에서 이 정의적 차원은 관계적(relational) 차원이라고 할 수 있다.

신앙에는 또한 의지적인 차원이 있다. 진정한 신앙은 한 개인으로 하여금 그가 믿는 것에 부합하는 의지적인 행위를 하도록 만들며 이것은 그 사람의 삶에서 일관성 있는 하나의 패턴과 양식(lifestyle)으로 자리 잡게 한다. 예수님께서도 "너희가 나를 사랑하면 나의 계명을 지키리라"(요 14:15)고 하셨으며, "나더러 주여 주여 하는 자마다 천국에 다 들어갈 것이 아니요 다만 하늘에 계신 내 아버지의 뜻대로 행하는 자라야 들어가리라"(마 7:21)고 말씀하셨다. 야고보도 "영혼 없는 몸이 죽은 것 같이 행함이 없는 믿음은 죽은 것이니라"(약 2:26)고 함으로써 신앙의 의지적 행위의 측면을 강조하였다.

III. 영적 성숙을 위한 기독교 성인교육

영적 성숙이란 곧 성숙한 신앙의 형성을 의미하는데, 앞에서 논의하였듯이, 성숙한 신앙은 지, 정, 의라는 세 가지 차원을 포함하는 것이다. 따라서 영적 성숙을 위한 기독교 성인교육을 위해서는 이러한 의미에서의 전인적인 신앙발달을 위한 체계적인 노력이 기울여져야 한다. 여기에서 이것은 기독교적 지성의 개발, 경험적 신앙의 개발, 그리고 기독교적 삶의 양식 개발이라는 관점에서 접근할 수 있다.

1. 기독교적 지성의 개발

성숙한 신앙은 성숙한 기독교적 지성의 함양을 유도하는 것이어야 한다. 지성의 개발은 일반 성인교육에서도 오랫동안 중요한 목적으로 설정되어 온 것이다. 기독교 성인교육에서도 지성을 개발하는 것은 중요한 일인데, 여기에서는 기독교적 지성의 개발을 의미하는 것이다. 물론 이것이 지나치게 강조되거나 왜곡되어 주지주의(主知主義, intellectualism)에 빠지는 것은 잘못이지만, 그렇다고 반(反)지성주의가 되어서도 안 되는 것이다. 이러한 것을 이루기 위한 기독교 성인교육은 우선 올바른 신앙의 내용을 가르치는 것을 필요로 한다.

성숙한 신앙은 우리가 어떻게 생각하고 어떤 신앙 지식을 가지고 있느냐의 문제 그 이상의 것임에는 틀림없지만, 또 한편으로 성숙한 신앙이란 이러한 것 없이는 결코 가능하지 않은 것이다. 우리가 무엇을 알고 있으며 어떻게 생각하느냐 하는 것은 성숙한 신앙을 형성하는 데 매우 중요한 요소인 것이다. 바울은 이러한 올바른 마음과 분별력이 없는 것의 결과를 다음과 같이 잘 말해주고 있다: "이제부터는 이방인이 그 마음의 허망한 것으로 행함같이 너희는 행하지 말라. 저희 총명이 어두워지고 저희 가운데 있는 무지함과 저희 마음이 굳어짐으로 말미암아 하나님의 생명에서 떠나 있도다"(엡 4:17-18). 예수님께서도 물론 가르치실 때 내용 그 자체를 목적으로 삼지는 않으셨지만 그의 교육적 사역에서 가르침의 내용은 매우 중요한 위치를 차지하고 있다. 그 분은 가르치실 때 성경을 언급하면서 "기록하였으되"라는 표현을 자주 하셨고, 더 구체적으로는 "읽지 못하였느냐?"(마 12:3, 5)고 물어보시면서, 성경을 가르치는 자가 성경의 내용을 잘 알고 있어야 함을 웅변적으로 잘 보여주셨다.

성경은 하나님의 감동으로 된 하나님의 말씀으로서 "교훈과 책망과 바르게 함과 의로 교육하기에 유익하며" 그리스도인들을 "온전케 하며 모든 선한 일을 행하기에 온전케"(딤후 3:16-17) 하는 데 필수적인 내용을 담고 있는 기독교교육 커리큘럼의 근본이다. 참된 기독교적 지성의 개발을 위한 교육에서 성경교육이 강화되어야 하는 것은 성경이야말로 기독교 신앙의 최고의 규범으로 성숙한 신앙의 모든 측면은 궁극적으로 성경에 의해서 판단되고 인도되어야 하기 때문이다. 박원호는 성서교육의 출발점과 목적이 신앙 성숙이 되어야 한다고 지적하면서, 성서의 내용이 차지하는 핵심적 위치를 강조하였다.[20]

물론 성숙한 신앙의 함양을 위해서는 여러 가지 다양한 수단을 사용해야 할 것이다. 그러나 하나님의 말씀은 가장 주된 수단임에 틀림

없고 또 마땅히 그래야 하는 것이다. 예수님 자신도 기도하시기를, "저희를 진리로 거룩하게 하옵소서 아버지의 말씀은 진리니이다"(요 17:17)라고 하셨다. 또한 바울은 "내가 너희를 주와 및 그 은혜의 말씀께 부탁하노니 그 말씀이 너희를 능히 든든히 세우사 거룩케 하심을 입은 모든 자 가운데서 기업이 있게 하시리라"(행 20:32)고 하였다.

그런데 문제는 오늘날의 기독교 성인교육에서 성경교육이 소홀해지고 있다는 점이다. 다운스(Perry G. Downs)는 오늘날의 복음주의자들이 성경의 무오류성과 하나님 말씀으로서의 권위를 신봉하는 집단으로서 성경의 중요성은 주장하지만 실제로는 신앙에 있어서 부수적인 것으로 취급하고 있음을 지적하였다.[21] 성경은 어렵고 딱딱하다는 이유로 기피되고 있으며, 그래서 성경교육은 사람들의 '필요'를 채워주는 교육에 밀려나고 있다. '성경공부'라는 이름 아래 실시되는 교육들도 대부분이 성경 본문 그 자체를 체계적으로 연구하여 하나님의 뜻을 찾으려는 것이라기보다는 신앙 생활에 관련된 어떤 주제와 관련된 성경 구절들을 발췌하여 다루는 것이다. 그리고 본격적인 성경교육이라 해도 신구약 66권 전체가 포괄적으로 다루어지는 것이 아니라 극히 일부에 제한되고 있는 것이 현실이며, 성경을 가르치고 배우는 수준과 깊이 그리고 방법에 있어서도 문제가 많다. 따라서 성경교육과 관련한 앞으로의 기독교 성인교육의 과제는 이러한 취약점들을 보완하고 개선하는 일이다.

또한 성숙한 기독교적 지성을 개발하기 위한 기독교교육은 중요한 성경의 내용을 아는 것 외에도 올바르게, 또는 기독교적으로, 생각하는 능력을 키우는 것이어야 한다. 그리하여 삶 전체에 관하여 기독교적으로 사고하는 능력을 함양시키며 "모든 생각을 사로잡아 그리스도에게 복종케"(고후 10:5) 하는 것이다. 내용중심의 기독교교육이 비판을 받는 것도 결국은 이러한 기독교적 사고 능력을 함양하는 교육이 제대로 이루어지지 않기 때문에 나오는 것이라고 볼 수 있다. 기독교적으로 사고하도록 가르치기 위해서는 성경을 다루더라도 단순한 지식이나 정보의 차원보다는 삶 전체에 관련하여 성경이 말해주고 있는 중요한 범주(categories)와 주제(themes)들을 중심으로 하여 접근하는 것이 필요하다. 이것은 곧 삶에 대해서 신학적으로 생각하도록 가르친다는 뜻이기도 하다. 즉, 기독교적 세계관에서 중요한 주제들, 예를 들면 하나님, 인간, 죄, 구원, 은혜 등을 중심으로 해서 생각하고 삶의 제반 문제들을 보도록 가르치는 것이다. 이렇게 교육을 받지 못한 성인 그리스도인들에게 그리스도인답게 생각하고 행동하도록 기대하는 것은 어려운 일이다.

이처럼 신학은 영적 성숙에 필수적인 중요한 개념들과 주제들을 범주화하여 체계적인 방향제시를 해준다는 점에서 매우 중요하다. 그럼에도 불구하고 신학은 마치 전문 목회자들만의 영역인 것처럼 간주하고, 일반 성인 그리스도인들에게는 신학적인 교육이 필요 없거나 또는 불가능하다고 여기는 풍토는 시정되어야 한다. 이를 위해서는 교회의 지도자들의 인식이 먼저 바뀌어야 하고 점차적으로 일반 성인 교인들에게도 적절한 계몽과 교육이 있어야 한다. 그리고 이것은 성인들뿐만 아니라 미성년층에서도 이루어져야 할 교육적 과제이며, 실제로 신학적인 설교와 가르침이 목회 현장에서 뿌리를 깊게 내려야 한다.

2. 경험적 신앙의 개발

참된 신앙은 지적인 측면을 넘어서서 그 신앙의 대상에 대한 정서적 헌신과 몰입을 초래하게 되며 이러한 점에서 이 측면은 신앙의 대상과의 관계적 차원의 신앙이 되는 것이다. 올바른 기독교 신앙의 내용을 아무리 머리로 잘 알고 있어도 그 진리를 진정 마음으로 받아들이지 않으면 소용이 없는 것이다. 그러므로 우리의 기독교 성인교육은 단순히 하나님의 말씀이 아니라 하나님 자신을 받아들이도록 인도하는 일이 되어야 한다. 다시 말하면, 예수님의 대속적 죽음의 은혜를 믿도록 하는 것도 필요하지만 예수님 자체를 인격적으로 받아들이고 그 분에 대한 사랑과 헌신의 관계를 맺도록 인도해야 하는 것이다. 그렇지 않으면 우리가 신봉하는 신학과 교리는 '죽은 정통'(dead orthodoxy)이 되고 마는 것이다. 우리가 가지고 있는 신학과 교리의 체계가 정통이라고 해서 구원받는 것은 아니다.

기독교 신앙은 절대적이고 교리적인 원리들을 이미 만들어진 처방으로서 단순히 삶에 적용하는 것이 아니다. 따라서 오늘날의 기독교 성인교육은 정통적인 복음주의 신학과 교리와 신조들을 무의미한 도그마(dogma)나 이데올로기(ideology)로 전락시키는 오류를 범하지 말고 사람의 전 존재에 참다운 변혁과 생명을 가져다주는 교육을 펼쳐야 할 것이다. 이 점과 관련하여 윌호이트(James C. Wilhoit)는 오늘날의 성인들은 지도자들이 원하는 종교적 행동이나 언어를 쉽게 흉내낼 수 있다는 점을 지적하면서, 기독교 성인교육자들은 성인들에게 피상적인 수준을 넘어서도록 자극을 주어야 한다고 하였다. 그리고 그는 성경에 기초를 둔 예수 그리스도와의 인격적인 관계 안에서 우러나오는 뜨거운 열정으로부터 참된 영성과 신앙 성숙이 올 수 있다는 점을 성인들에게 항상 강조해야 한다고 하였다.[22]

그런데 신앙의 정서적인 측면과 관련하여 기독교 성인교육에서 또 한편으로 경계해야 할 것은 맹목적인 열광주의이다. 우리의 기독교 성인교육은 올바른 신앙 지식에 기초하여 분별력 있고 냉철한 머리와 지성뿐만 아니라, 하나님과 그에 대한 지식을 마음으로 믿고 받아들여 그에 대한 순수하고 뜨거운 열정으로 가득 찬 가슴을 가진 그리스도인들을 길러내는 것이어야 한다. 그러나 뜨거운 신앙을 추구하는 과정에서 잘못된 열광주의에 빠지지 않도록 해야 하는 것이다. 우리나라의 보수적 기독교의 신앙의 한 특성은 "부흥주의 영성"이라고 규정되기도 하는데, 이러한 신앙의 문제점으로서, "성령을 열광적인 감정의 상승작용을 통해서 동력화시킬 수 있는 능력이라고 판단하여 기독교 신앙이 지나칠 정도로 개인주의화되어 버렸고 기복종교로 전락"[23]한 것이 지적되고 있다.

올포트(Gordon Allport)는 성숙한 신앙에는 자율성이라는 것이 중요한 특징으로 나타나며 이것이 삶을 변화시키는 종교의 힘이라고 하였다. 그리고 성숙한 종교성은 맹목적인 열광주의나 강요적인 것이 아니라고 하면서 다음과 같이 맹목적 열광주의에 대하여 지적하고 있다: "맹목적인 열광주의는 종종 무비판적이고 분별력을 상실한 상태에로 우리를 이끌어가며 그것은 결국 한 인간을 미성숙하고 강요된 상태에 빠지게 한다는 의미에서 그것은 분명히 성숙한 신앙과는 구분되어야 한다."[24] 실로 열정적인 종교 경험 그 자체를 목적으로 하는 신앙의 개념은 정통적인 복음주의 신앙과는 거리가 먼 것이며, 오직 성경에 확실한 근거를 둔 만족한 감정의 영성만이 용납될 수 있는 것이다. 또한 우리는 기독교 신앙이 이러한 편협한 감상주의로 빠지는 것의 위험성을 경계해야 한다.

하나님의 형상을 가진 인간의 신앙은 아무래도 내면적이고 정신적이면서 개인적인 특성을 주된 본질로 하고 있다. 따라서 우리가 성숙한 신앙에 대한 추구를 할 때 이같은 측면에서 출발해야 하며 이것을 강조하는 것은 당연하다. 특히 오늘날의 그리스도인들이 교회의 집회 출석이나 성례전 참여 등의 외형적인 종교 생활보다는 기독교 신앙에 대한 내면화된 이해를 갈망하고 있는 시점에서 신앙은 개인적 경험의 세계에 관련이 있으면서도 실재적인 것이 되어야 하는 것이다. 그러나 이것은 기독교 신앙이 하나의 '주관적 개인주의의 안개' 속으로 전락되어도 좋다는 말은 아니며 오늘날의 복음주의 신학과 교리는 그러한 것을 막기 위해서 올바로 정립될 필요가 있는 것이다. 즉, 신학과 교리는 경험을 해석해야 하며, 경험은 결코 그 자체로서 진리에 대한 권위 있는 자료로 인정되어서는 안 된다는 것이다. 그리고 성숙한 신앙을 위해서 신비적(경험적) 추구는 항상 지성적인 요소에 주의를 기울여야 하는 것이다.[25]

3. 기독교적 삶의 양식 개발

성숙한 신앙 형성을 위한 기독교 성인교육은 이와 같은 하나님에 대한 올바른 정서와 태도가 그 분과 삶 전체에 대한 기독교적 가치관으로 내면화되며 그것이 일상의 삶에서 일관성 있게 표출되는 삶의 양식(lifestyle)을 개발하는 것이어야 한다. 기독교교육의 목표 중의 하나는 기독교적 삶의 스타일을 형성시키는 일인데, 구체적으로 기독교교육에서는 하나님과 그 분에 관한 올바른 지식을 기초로 그 분에 대한 사랑과 헌신의 마음이 생기도록 하며, 궁극적으로 이러한 지식과 정서를 생활에서 실천하는 기독교적 삶의 양식을 형성하는 것을 목표로 해야 한다. 이것은 하나님과 그 분의 뜻에 대하여 긍정적으로 받아들이고 점차 자신의 가치관으로 내면화하여 궁극적으로는 자신의 인격의 한 부분이 되어 그것에 부합하는 행위가 삶 속에서 자연스럽게 표출되는 단계까지 발전하도록 이끌어주는 것을 뜻한다. 특별히 성인들은 가정과 교회와 사회를 이끌고 나가는 위치에 있는 사람들로서 이러한 모든 자리에서의 구체적인 삶이 자신의 신앙과 철저하게 일치되도록 교육해야 할 필요성이 누구보다도 더 큰 대상들인 것이다.

오직 믿음으로 의롭다함을 받는 복음주의적 교리에 대한 철저한 신앙은 자칫 잘못하면, 신앙의 본질을 오해하여, 신앙생활에서의 행함의 자리를 완전히 없애버리는 오류를 초래할 수 있다. 그러나 실제로 이신득의(以信得義)의 교리를 대표하는 에베소서 2장 8-9절 바로 다음 구절에서는 "우리는 그의 만드신 바라 그리스도 예수 안에서 선한 일을 위하여 지으심을 받은 자니 이 일은 하나님이 전에 예비하사 우리로 그 가운데서 행하게 하려 하심이니라"(엡 2:10)고 되어 있음을 유념해야 한다. 우리는 구원받기 위해서 선한 일을 행하는 것은 아니지만, 구원받은 자로서 그리고 그 구원을 온전히 이루는 성화의 과정에서 필수적으로 요구되는 것으로서, 선한 일을 행하여야 하는 것이다. 하나님에 대한 사랑의 관계는 필연적으로 이웃에 대한 사랑의 표현으로 나타나게 된다. 기독교 신앙의 목표는 바로 이 경천애인(敬天愛人)의 삶을 통한 사랑의 완성으로서, 예수님께서도 가장 큰 계명을 이러한 관점에서 말씀하셨다(마 22:37-40). 쉐이퍼(Francis A. Schaeffer)는 성숙한 신앙과 진정한 그리스도인의 생활을 완전히 같은 뜻으로 사용하고 있으며 그러한 생활은 곧 하나님과 인간을 사랑하는 것이라고 하였다.[26]

성숙한 신앙은 단순히 성경으로 돌아가는 것 이상을 의미한다. 그것은 그리스도를 통한 하나님의 실재적이고도 구속적인 행위에 대한 성경의 전체적인 증언이 일상 생활의 세계에 초점이 맞추어지고 연결되도록 하는 체계적이고도 통일성 있는 접근을 의미하는 것이다. 신앙은 초월적 하나님에 대한 신비적 체험에 근거하지만 또한 성숙한 신앙의 특성은 "하나님과의 관계적 삶의 본질을 역사적인 상황에서 부여받으며 긍정적으로 역사적 상황 가운데서 영적인 삶을 실현"[27]시키는 것이다. 특히 역사와 사회의 주도 세력인 성인들에 대한 기독교교육은 구체적인 역사의 현실 속에서 그리스도를 만나며, 그 예수 그리스도의 성령 안에서 살아가는 삶을 돕는 일이며, 성숙한 기독교적 삶을 형성하는 교육은 개인적이며 내면적인 생활뿐만 아니라 공동체적이며 사회적인 생활을 올바로 살아가도록 인도하는 일이다.

성인기는 성장이 다 이루어진 이후에 시작되는 3, 40년간의 평탄

한 기간이 아니다. 성인기는 다 도달해 놓은 상태(destination, possession)가 아니라 계속적인 발전과 성숙을 이루어나가는 과정(journey, process)인 것이다. 신앙의 발달 단계 이론으로 널리 알려진 파울러(James W. Fowler)도 *Becoming Adult, Becoming Christian*[28]이라는 저술을 통해서 성인 성숙과정의 이러한 역동적인 특성을 잘 간파하였다. 아무튼 성인기는 아동기나 청소년기 못지않게 성숙이라는 삶의 현상이 중요한 부분을 차지하는 시기이다. 성경에서도 성숙이라는 것을 성인기의 자연스러운 현상임을 말하고 있다.

성인기의 성숙의 최종 목표는 예수 그리스도 안에서 하나님의 형상을 회복하는 일이다. 이것은 영의 구원뿐만이 아니라 삶의 전 존재를 포괄하는 의미에서의 전인적 신앙의 성숙을 이루는 것이다. 성인들로 하여금 그와 같은 성숙을 이루어 하나님과 세상을 섬기는 삶을 살아서 하나님께 영광을 돌리게 하는 것이 교회가 해야 할 기독교 성인교육의 목적인 것이다. 즉, 교회는 "성도를 온전케" 하는 성숙의 사역(ministry for maturity)을 해야 하는 것이며, 이는 다음의 성경에 잘 제시되어 있다: "그가 혹은 사도로, 혹은 선지자로, 혹은 복음 전하는 자로, 혹은 목사와 교사로 주셨으니 이는 성도를 온전케 하며 봉사의 일을 하게 하며 그리스도의 몸을 세우려 하심이라"(엡 4:11-12).

이러한 성숙의 사역을 위해서 우리는 성경과 성령의 인도함을 받는 가운데, 인간적인 연구와 지혜의 자원들을 효과적으로 활용하는 노력을 기울여야 할 것이다. 구체적으로 이것은 성인의 성숙 과정을 올바로 이해하는 것과, 성인들의 필요와 삶의 문제들을 다루는 것, 그리고 그러한 과제들을 효과적이고 미래지향적으로 다루는 프로그램을 설계하는 것을 요구한다.[29] 우리의 이러한 효과적인 성인사역을 통하여 하나님의 형상을 온전히 회복한 성인들이 이 세상에서 빛과 소금의 역할을 올바로 감당할 수 있을 것이다. 그것은 하나님에 의해 그리고 하나님을 위해 창조된 성인들의 존재 목적이요, 기독교 성인교육의 목적인 것이다.

토의를 위한 문제들

1. 본 장에서 설명한 '발달'의 개념에 비추어 볼 때, 통념적인 '성인'의 개념이 지닌 문제점들이 무엇인지 이야기해 보라.

2. 본 장에서 설명한 정신적 측면의 성숙 기준에 근거하여 자신의 개인적인 상태와 경험을 성찰해 보고, 더욱 성숙한 정신적 삶을 위해서 노력해야 할 것들이 무엇인지 나누어 보라.

3. 각자가 속해 있는 신앙공동체에서 이루어지고 있는 기독교 성인교육이 바람직한 영적 성숙을 도와주는 데 얼마나 효과적인지를 평가해 보고 개선해야 할 점들을 찾아서 이야기해 보라.

참고자료

김재은. "성인 연령층 이해."「신학과 세계」, 10호 (1984): 302-24.
김종서, 남정걸, 정지웅, 이용환. "평생교육의 체제와 사회교육의 실태."
　　「연구논총 82-7」 서울: 한국정신문화연구원, 1982.
박원호. "성서교육과 신앙의 구조형성."「교회와 신학」, 25집 (1993): 533-58.
신기철, 신용철 편.「새 우리말 큰 사전」. 서울: 삼성출판사, 1991.
안정미. "민중교회에 부는 '영성' 바람."「복음과 상황」(1993. 5): 164-9.
조복희, 신화용 편.「인간 발달의 이해」. 서울: 교육과학사, 1991.
오성춘.「영성과 목회」. 서울: 장신대출판부, 1989.
최명덕.「유대인 이야기」. 서울: 도서출판 두란노, 1997.
Allport, Gordon.「인간과 종교」, 박근원 역. 서울: 양서각, 1985.
Coleman, Lucien E., Jr. *Understanding Today's Adults*. Nashville: Convention
　　Press, 1982.
Collins, Gary R.「인생출발」. 허영자 역. 서울: 도서출판 두란노, 1992.
Downey, Michael. *Understanding Christian Spirituality*. Mahwah, New Jersey:
　　Paulist Press, 1997.
Downs, Perry G. *Teaching for Spiritual Growth: An Introduction to Christian
　　Education*. Grand Rapids, Michigan: Zondervan Publishing House, 1994.
Fowler, James W. *Becoming Adult, Becoming Christian: Adult Development
　　and Christian Faith*. New York: Harper Collins Publishers, 1984.
Gangel, Kenneth O. & James C. Wilhoit, eds. *The Christian Educator's
　　Handbook on Adult Education*. Wheaton: Victor Books, 1993.
Hultsch, David F. & Francine Deutsch. *Adult Development and Aging: A Life-
　　Span Perspective*. New York: McGraw-Hill Book Company, 1981.
Moran, Gabriel. *Education Toward Adulthood: Religion and Lifelong
　　Learning*. New York: Paulist Press, 1979.
Rogers, Dorothy. *The Adult Years: An Introduction to Aging*. Englewood
　　Cliffs, N. J.: Prentice-Hall, 1979.
Schaeffer, Francis A.「진정한 영적 생활」. 권혁봉 역. 서울: 생명의 말씀사, 1974.

주(註)

1) 신기철, 신용철 편, 「새 우리말 큰 사전」(서울: 삼성출판사, 1991), 1879.
2) Ibid., 1871.
3) Gary R. Collins, 「인생출발」, 허영자 역 (서울: 도서출판 두란노, 1992), 16.
4) 김종서, 남정걸, 정지웅, 이용환, "평생교육의 체제와 사회교육의 실태," 「연구논총 82-7」 (서울: 한국정신문화연구원, 1982).
5) Gabriel Moran, *Education Toward Adulthood: Religion and Lifelong Learning* (New York: Paulist Press, 1979), Chapter 2.
6) 오선주, "성인발달과 사회이론," 조복희, 신화용, 편. 「인간 발달의 이해」 (서울: 교육과학사, 1991), 69.
7) Collins, 8.
8) 신기철, 신용철, 1877.
9) Ibid.
10) 영어 성경 중에서 Good News Bible은 13절의 "온전한 사람"이라는 부분에서 "mature"라는 단어를 사용하고 있다: "We shall become mature people, reaching to the very height of Christ's full stature."
11) Lucien E. Coleman, Jr., *Understanding Today's Adults* (Nashville: Convention Press, 1982), 86.
12) David F. Hultsch & Francine Deutsch, *Adult Development and Aging: A Life-Span Perspective* (New York: McGraw-Hill Book Company, 1981), 64-71.
13) Coleman, 77.
14) 최명덕, 「유대인 이야기」 (서울: 도서출판 두란노, 1997), 36-8.
15) Coleman, 77-82.
16) Dorothy Rogers, *The Adult Years: An Introduction to Aging* (Englewood Cliffs, N. J.: Prentice-Hall, 1979), 30.
17) Ibid.
18) Ibid.
19) Coleman, 82-6.
20) 박원호, "성서교육과 신앙의 구조형성," 「교회와 신학」, 25집 (1993): 533.
21) Perry G. Downs, *Teaching for Spiritual Growth: An Introduction to Christian Education* (Grand Rapids, Michigan: Zondervan Publishing House, 1994), 136.
22) James C. Wilhoit, "Christian Adults and Spiritual Formation," in *The Christian Educator's Handbook on Adult Education*, eds. Kenneth O. Gangel & James C.

Wilhoit (Wheaton: Victor Books, 1993), 53.
23) 안정미, "민중교회에 부는 '영성' 바람," 「복음과 상황」 (1993. 5): 168.
24) Gordon Allport, 「인간과 종교」, 박근원 역 (서울: 양서각, 1985), 95.
25) Michael Downey, *Understanding Christian Spirituality* (Mahwah, New Jersey: Paulist Press, 1997), 24.
26) Francis A. Schaeffer, 「진정한 영적 생활」, 권혁봉 역 (서울: 생명의 말씀사, 1974), 16-7.
27) 오성춘, 「영성과 목회」 (서울: 장신대출판부, 1989), 106.
28) James W. Fowler, *Becoming Adult, Becoming Christian: Adult Development and Christian Faith* (New York: Harper Collins Publishers, 1984).
29) 김재은, "성인 연령층 이해," 「신학과 세계」, 10호 (1984): 321-2.

제5장 기독교 성인사역의 내용과 방법

Christian Adult Ministry

기독교 성인사역은 성인들의 삶이 기독교적 가치관의 관점에서 바람직한 방향으로 펼쳐질 수 있도록 도와주는 일이다. 그리고 이 일은 구체적으로 삶의 중요한 문제들에 대하여 효과적으로 적응 또는 대응하여 건강하고 행복한 삶을 살아갈 수 있도록 '능력을 부여하는'(empowering) 일이기도 하다. 이 사역을 수행함에 있어서 '어떠한 내용들을 어떻게 다루어 나가야 하는가?'의 문제는 매우 중요하고도 실제적인 부분을 차지하게 된다. 이것은 사역의 내용과 방법에 관한 사항들로서 매우 교육적인 속성이 강한 요소들이라고 할 수 있다. 따라서 성인사역의 내용이나 방법의 문제는 프로그램 또는 커리큘럼을 계획하고 실행 및 평가하는 거시적인 차원의 일과, 또한 성인들의 삶의 적응과 변화를 위한 학습을 도와주는 미시적 차원의 교육적 활동으로 나누어 생각해 볼 수 있다.

이 사역에 대한 소양을 키우기 위해서 우리는 우선 성인교육 이론과 성인교육의 프로그램 개발 이론에 대한 기초적인 이해를 갖추고 있어야 한다. 그리고 그것에 바탕을 둔 성인사역의 내용과 방법에 대한 전반적인 철학을 정립해야 할 것이다. 이것이 본 장에서 주로 다루게 될 내용이다.

I. 성인사역의 교육적 모델로서의 안드라고지

성인들의 교육과 관련한 이론에 대해서는 아마도 '안드라고지'(andragogy)로 알려져 있는 이론이 가장 대표적인 것이며, 이는 성인교육의 다양한 제도와 참여자들과 활동을 어떤 통합된 의미로 묶어줄 수 있는 '접착제' 같은 것으로 평가되기도 한다.[1] 1960년대 후반에 유럽권에서 사용되기 시작한 이 용어는 기존의 교육이론인 '페다고지'(pedagogy)로부터 구별하기 위해 붙여진 이름으로서, 성인은 아동과는 다른 학습자적 특징을 지니고 있으며 성인들의 학습은 이러한 특징들을 고려하여 도와줄 때 가장 효과적이라고 주장한다.[2] 안드라고지는 이처럼 성인들의 학습자적 특징에 관한 몇 가지 가정들을 매우 중요하게 전제하고 있으며 그에 따른 구체적인 교수행위 상의 원리들을 제안하고 있다. 그 가정들은 다음과 같이 요약할 수 있다.

(1) 성인들은 자기주도적인 존재이다. 인간은 성숙하면서 점차 의존적이고 타율적인 삶에서 독립적이고 자율적인 존재로 변하며, 성인

은 아동에 비해서 자기주도성이 현저하게 높다. 이 점은 성인 학습자들에 관한 하나의 가정일 뿐만 아니라, 지식기반사회와 지식폭발의 시대에서 성인교육의 궁극적인 지향점이기도 하다. 그래서 한준상은 성인교육이 지향하는 평생학습사회는 "자기주도적 학습경영자" 또는 "능동적 구성주의 학습자" 들을 서로 만들어 가는 사회라고 하였다.[3]

(2) 성인들은 아동에 비해서 양적 및 질적으로 다른 경험을 가지고 있는 존재이다. 즉, 성인들은 미성년에 비해서 더 오랜 삶을 살아왔기 때문에 경험의 양이 상대적으로 더 많을 뿐만 아니라, 같은 것을 경험하더라도 그것을 이해하거나 그것을 통해 얻고 활용하는 것이 미성년에 비해서 질적으로 더 깊이 있고 차원이 높은 것이다. 삶에 있어서 경험이 차지하는 중요성 또한 성인이 되면서 점점 더 커지는데 이는 성인들의 경우에 자신의 정체감을 자신의 경험을 중심으로 형성하게 되는 현상에서 볼 수 있으며, 그렇기 때문에 성인들의 경험을 무시하는 것은 그들의 자존심에 큰 영향을 주는 결과를 가져온다. 성인들은 학습의 자리에 많은 경험을 함께 가지고 오게 되며 이것은 학습을 위한 유익한 자원이 될 수도 있지만 "잠재적인 부정적 효과"[4]도 있기 때문에 경우에 따라서는 학습의 장애요인이 될 수도 있다.

(3) 성인들이 어떤 것을 얼마나 잘 배울 수 있는지를 가리키는 학습준비도(learning readiness)는 그들의 삶의 각 단계와 상황에서 당면하고 있는 문제들에 의해서 좌우된다. 미성년기에는 주로 타인에 의해서 주어지는 주제나 '교과목'에 대해서 미래의 성인의 삶과 신분에 대한 준비로서 거의 일률적으로 학습하게 되지만, 성인들의 경

우에는 "그들의 실생활 상황에 효과적으로 대처"[5]해야 할 필요를 느낄 때 그것과 관련된 것들에 대한 학습준비도가 높아지는 것이다.

(4) 성인은 실용적인 학습동기가 강하다. 성인들은 어떤 주제의 내용 자체를 배우는 즐거움보다도 그것을 배워서 어디엔가 활용하고자 하는 목적으로 대부분 학습을 한다. 다시 말하면, 성인들은 학습에 대하여 '생활중심' 또는 '문제지향적' 이다. 그리고 이러한 성향은 배운 것의 적용을 먼 미래보다는 현재와 가까운 시점에 두고 학습에 임하는 특징으로 나타나기도 한다.

이상에서 살펴 본 안드라고지에서 제시하는 교수법들은 모든 성인교육 상황에 차별 없이 적용해야 할 것으로 이해할 수는 없다. 교육의 방법은 교육목적이나 내용, 그리고 학습자의 필요와 상태를 포함한 전반적인 교수-학습 상황을 고려하여 선택해야 할 것이기 때문이다. 강의식, 주입식, 암기식 등의 '전통적' 방법이라 할지라도 얼마든지 성인교육의 자리에서 필요한 경우가 있는 것이며, 성인이라고 해서 반드시 '혁신적' 방법이 항상 적합한 것은 아니다. 따라서 일부의 성인교육가들이 주장하는 것처럼, 전통적 교육방법은 '은행저축식' (banking) 방법이기 때문에 전면적으로 부정해야 하며 자신들의 현장중심 및 경험중심의 방법만이 목적과 내용 등에 상관없이 사용되어야 할 방법이라고 주장하는 것은 넓은 지지를 받기 어려울 것이다.[6]

II. 성인교육 프로그램 개발 접근 방식들

성인교육을 위한 프로그램의 개발에 관해서는 오래 전부터 일반 학교교육과 관련하여 많은 이론과 방법론이 제시되어 온 것을 성인 교육자들이 활용하기도 하고, 또는 산업체의 인적자원 개발 등과 관련하여 여러 가지 이론과 방법들을 개발하고 있는 실정이다. 이들 여러 이론들은 그 구성 요소와 용어 및 개념에 있어서 차이는 있지만 기본적으로는 교육목표의 수립, 교수-학습 활동의 설계 및 실행, 그리고 평가와 피이드백 등의 과정을 제시하고 있다.[7] 기독교 성인교육 분야에서도 프로그램 개발과 관련하여 다양한 접근 방식을 찾아볼 수 있는데, 맥켄지는 이를 크게 다섯 가지 방식으로 구분하여 설명하였다. 그는 교육제공자가 얼마나, 그리고 어떻게, 성인 학습자들의 필요를 파악하며 충족시켜 주려고 하는지를 기준으로 삼았고, 또한 학습자들의 역할이 어떠한지도 비교하였다. 그가 구분하여 설명한 다섯 가지의 프로그램 개발방식은 강매적(preemtive) 방식, 규정적(ascriptive) 방식, 진단 및 처방(diagnostic-prescriptive) 방식, 분석 및 주문(analytic-subscriptive) 방식, 그리고 중개적(subscriptive-cafeteria) 방식이다. 다음 페이지의 도표는 이 각각의 방식을 일목요연하게 요약하여 그 핵심적 사항들을 잘 비교하며 보여주고 있다.[8]

성인교육 프로그램 개발의 접근 유형들

개발방식	주요 관심사	기본 목적	교육자의 역할	교육 경영 스타일	학습자의 역할	필요의 파악
강매적 방식 (Preemtive)	교육 주체의 필요를 충족시키는 교육 내용	교육 주체를 만족시킴	호의적 독재자 세일즈맨	지배 > 설득 하는 자세	의존적 종속자	실시하지 않음
규정적 방식 (Ascriptive)	교육 주체에 의해 규정된 학습 필요를 충족시키는 학습 내용	교육주체에 의해 규정된 학습자의 필요를 표면적으로 만족시킴	호의적 독재자 세일즈맨	지배 < 설득 하는 자세	의존적 종속자	실증적 조사 없이 교육 주체에 의해 추론되어 규정됨
진단/처방 방식 (Diagnostic/ Prescriptive)	집단의 필요. 집단의 구성원으로서 각 개인들이 지닌 필요	더욱 효율인 집단, 집단의 더 좋은 구성원을 만듦	진단자 의사	문의, 참고하는 자세	집단의 구성원 정보의 근원	실증적 조사에 의함. 감지된 필요로부터 실재적 집단의 필요를 유추함
분석/공급 방식 (Analytic/ Subscriptive)	개인들의 필요, 관심, 욕구들	성인 학습자들을 만족시킴	시장 분석가	문의, 참고하는 자세	자율적 성인 독립적인 개인 정보의 근원	실증적 조사에 의함. 조사된 필요를 실재적 필요로 간주함
중개적 방식 (Subscriptive/ Cafeteria)	개인들의 필요, 관심, 욕구들	가르치는 자와 배우는 자로서의 성인들을 만족시킴	교수-학습의 중개자 참고자료인	융통성 있게 대처하는 자세	자율적 성인 독립적인 개인	반드시 실시 할 필요는 없음

III. 성인사역 내용 선정의 주요 원리들

기독교 성인사역을 체계적으로 하기 위해서는 분명한 목적의식 하에 구체적인 장단기 목표들을 세우고, 그것을 성취하는 데 적합한 내용들을 선정하고 조직하는 일이 필요하다. 이것은 프로그램의 개발이나 커리큘럼의 수립이라는 관점에서 이해할 수 있는데, 고용수는

"평신도를 대상으로 하고 있는 목회 틀 속에서 나름대로의 커리큘럼을 가지고 교육"[9]하는 것의 중요성을 역설하였다. 여기에서는 커리큘럼 중에서도 내용의 문제를 다루고자 하는데, 이는 단지 성경교육의 내용이나 신앙훈련 과정의 내용들뿐만이 아니라 설교나 기타 다른 행사들에서 다루어지는 다양한 주제와 내용들을 모두 포함하는 것이다.

1. 성인기 삶의 특성과 필요를 근거로 하여 내용을 선정하여야 한다.

이미 논의한대로 학습자로서의 성인들은 미성년과는 다른 특성을 가지고 있는데 그 중의 중요한 한 가지는 성인들의 학습준비도는 그들의 삶의 상황에서 당면하고 있는 문제들에 의해서 큰 영향을 받는다는 점이다. 이것과 관련하여 피터슨은 말하기를, 성인들은 지극히 "필요지향적인 존재"라는 것이며 따라서 기독교 성인사역은 그들의 필요에 부응하는 것이어야 하며 "삶의 응답을 위한 교과목 작성"이 요구된다는 것이다. 그런 점에서 볼 때 성인사역에 있어서 성서는 그 자체가 최종적인 목적이 아니고 삶의 변화를 위한 수단으로 이해되어야 하며, 성인들의 욕구와 흥미에 민감하게 대응하는 사역 프로그램을 제공하되, "필요하지 않은 것을 하는 연고 없는 프로그램을 제거"해야 한다.[10]

이는 다른 말로 하면 "성인들의 요구와 관심을 중요시하는 입장에서 사역내용이 선정되어야 한다는 것이다."[11] 그렇다면 성인들의 필요 또는 욕구나 관심사를 정확히 파악하고 진단하는 일이 중요하다.

성인들의 사역적 필요를 파악하는 데 한 가지 중요한 자료가 되는 것은 발달심리학을 비롯한 제반 사회과학적인 관련 연구의 결과들이다. 이것을 통해서 우리는 생물학적, 심리적, 그리고 사회적 측면에서 성인들의 특성을 잘 이해할 수 있기 때문이다. 일반 성인교육 분야에서도 성인의 삶의 주기와 역할, 그리고 환경에 대한 이해가 필요함을 강조하고 있는데 이러한 연구의 결과들은 기독교 성인사역에 많은 시사점을 제공해 줄 수가 있다. 특히 인간의 '영적' 측면에 집중하여 성경적 혹은 신학적 인간 이해만을 강조하기 쉬운 기독교 사역자들에게는 보다 더 균형 있고 폭넓은 인간 이해와 또한 그것에 근거한 적합한 내용 선정을 위해서 이것이 필요하다.

그리고 내용 선정에 있어서 고려해야 할 또 하나의 중요한 점은 성인들은 자기주도적 성향이 강하기 때문에 무엇을 할 것인가에 관하여 자신의 의견과 생각을 적극적으로 반영하기를 원한다는 점이다. 따라서 성인들의 사역적 필요를 파악하는 데는 그들의 생각을 직접 표현하도록 하여 그것을 참고하는 것이 중요하다. 성인들의 의사 표현은 설문조사나 면접조사 같은 형식을 갖춘 방법이나 또는 형식을 갖추지 않은 비공식적인 대화나 간접적인 경청 등의 방법을 통하여 이루어지게 할 수 있다. 맥켄지는 오늘날 교회에서 성인들을 위한 프로그램의 내용이 목회자에 의해서 주로 일방적으로 이루어지기 때문에 프로그램의 비적합성과 참여율 저조 현상이라는 문제가 나타난다고 지적하면서, 성인들의 필요 파악을 위한 객관적이고 심층적인 조사의 필요성을 강조하였다.[12]

2. 올바른 영성 함양을 위하여 체계적인 성경교육과 신학적 훈련을 해야 한다.

모든 기독교교육 내용의 분야 중에서도 가장 기본적인 것은 성서적 계시라고 할 수 있는데, 와이코프는 그 이유를 이것이 기독교교육의 규범적(normative)차원이기 때문이라고 하였다.[13] 사실, 성경은 기독교의 모든 신앙과 행습에 대해 최고의 권위를 갖는 규범으로서, 기독교 성인교육을 포함한 모든 종류의 기독교교육에서는 그 교육 내용에 이 성서적 계시를 가장 우선적이고도 중심적인 위치에 두어야 하는 것이다. 그러나 오늘날 성인들에 대한 성경교육은 여러 가지 문제점들을 지니고 있다. 그 중에서도 가장 근본적인 것은 성인들에 대한 성경교육의 분량과 노력이 매우 적다는 점이다. 성경은 '성인 도서'라고 할 수 있는 것으로서, 우리는 그 동안 이 책을 아동들과 청소년들이 쉽게 이해할 수 있도록 가르치는 일에는 많은 노력과 자원을 투자해 왔지만, 정작 원래 의도된 주 독자층인 성인들에게 이 책을 가르치는 일에는 소홀히 해 왔다.

'성경으로 돌아가자'는 종교개혁의 전통을 이어받았다고 말하는 오늘날의 개신교회들의 대부분은 실제로 성경을 일반 성도들에게 완전히 돌려주지 않았다. 이 말은 오늘날 교회의 성인들이 성경을 읽고 연구하며 가르치는 일에 노력하도록 지도자들이 올바로 인도하지 못했고 기회를 많이 주지 않았다는 뜻이다. 그리하여 성경책은 가지고 있지만 진정으로 성경을 소유하고 있지 않은 것이다. 개신교회들은 구약의 제사장을 신약의 목회자들이라고 생각하여 왔으며 제사장의 역할이 설교자로 대신 바뀌게 되어 설교가들이 말씀을 '맡아서' 독접하는 동안 평신도들은 성경연구가 권위있는 학자만이 하는 것으로 '오인' 하게 되었다.[14] 물론 과거에 비해서 성인들에 대한 한국교회의 성경교육은 현저하게 나아지고 있지만, 아직도 대부분의 성인 신자들은 예배에서 설교를 통하여 '간접적'으로만 성경을 접하는 것이 사실이고, 체계적이고 깊이 있게 성경을 '직접적'으로 연구하고 있지 않는 것이 현실이다. 그리하여 오늘날 한국교회의 목회 현장에서 제기되는 문제들 중에서 성서신학에 바탕을 둔 성경공부가 제대로 이루어지고 있지 않는 점은 심각한 문제라고까지 할 수 있는 것이다.[15] 따라서 성인들의 올바른 영성의 함양을 위해서는 모든 평신도들이 참여하는 성경 공부가 시급히 정착되어야 하며, 성경교육 프로그램을 중심으로 하는 교육목회를 발전시켜 나가야 한다.[16]

그런데 오늘날 교회에서 '성경공부' 라는 이름 아래 실시되는 많은 교육들이 사실상 성경 66권의 본문에 대한 체계적인 학습이 아니라 대부분 신앙생활의 여러 필요와 주제들에 대해 성경 구절들을 발췌하여 공부하는 성격을 가진 것인데, 앞으로 더욱 더 필요한 것은 성경 66권 전체에 대한 포괄적인 학습과 본문을 직접적이고도 깊이 있게 다루는 체계적 학습이다. 미성년층은 그들의 지적 이해의 수준 때문에 66권 중에서 어느 일부분의 범위에서만 가르치는 것이 필요할 수도 있으나 성인들의 경우에는 66권 전체를 다루어 성경적 계시에 대한 전체적이고 통일성 있는 지식과 이해를 갖추게 하는 것이 반드시 필요한 것이다. 그리고 성인들의 성경 연구는 본문의 의미를 올바로 이해하기 위한 노력을 기초로 하되 항상 그것이 오늘날 우리에게 무엇을 의미하고 시사하는지를 찾고 실천하려는 의지도 포함되어야 한다. 이는 다른 말로 하면, 세상에서 일어나는 문제를 성서의 빛으로 조명할 수 있도록 하는 '신학적' 훈련이 필요하다는 것이다.[17] 물론 이것은 신학교에서 다루는 수준처럼 해야 하는 것은 아닐지라도, 성인들은 단순히 성경적 '지식'을 많이 가지고 있는 것이 아니라 성경의 의미를 올바로 찾아내기 위한 해석의 능력을 키우고 그것을 바탕으로 삶을 바라 볼 수 있는 '지혜'의 소유자가 되기 위한 교육이 필요한 것이다. 윤응진도 앞으로의 기독교교육의 과제 중의 하나로서 "평신도들의 신학적 지식과 성서적 통찰력을 키워주기 위한 교육"의 필요성을 주장하면서 신학과 성서해석이 성직자들의 전유물이 되어서는 안 됨을 말하였다.[18]

3. 성인의 일상적 삶과 밀접한 관련이 있는 내용을 다루어야 한다.

기독교교육이 일반교육과 근본적으로 다른 점은 그것이 삶의 영적(spiritual) 또는 초월적인(transcendent)차원을 주로 다루는 종교적인 교육이라는 점에 있다고 하겠다. 그런데 인간이 성인기에 접어들어 자신의 유한성과 부조리를 인식하게 됨에 따라 삶의 의미에 대한 실존적인 질문을 던지고, 초월적인 문제에 대한 관심이 증가하게 된다는 점에서 볼 때, 성인들에 대한 교육에 있어서 영적이고 종교적인 차원의 내용은 중요하게 다루어져야 할 것이다. 그러나 이 초월적인 차원은 항상 인간성과 자연적 삶을 통해서 감지되고 인식되는 부분만이 어떤 의미를 지닌 채 다루어질 수 있기 때문에, 이 문제는 인간 삶의 모든 자연적이고 일상적인 차원과의 밀접한 관계 속에서 취급되어야 한다.

따라서 기독교 성인사역에서 다루는 내용들도 결코 일상의 삶과 동떨어진 것이 되어서는 안되고 오히려 "일상성에 근거한 영성 교육"[19]이 되어야 할 것이다. 다른 표현으로 한다면, "성인들이 속해 있는 특수한 사회적 상황을 고려하는 맥락에서 교육 내용이 선정되어야 한다"[20]는 것이다. 이런 관점에서 맥켄지는 기독교 성인교육의 내용과 관련하여 종교적인 것과 세속적인 것에 대한 잘못된 이원론적 관념을 비판하면서 성인들의 일상생활에서 괴리된 채 오직 순수 신학적인 내용과 종교적인 성격이 확실히 드러나는 주제만을 다루는 것은 시정되어야 한다고 하였다.[21] 사실, 이와 같은 주장들은 기독교 성인교육에서 진지하게 검토되어서 포괄적이고도 균형 있는 내용의 취급이 있어야 한다. 왜냐하면, 신앙은 결코 초월적인 '저 세상'에만 집착해서는 안 되는 것이며 현세에서의 책임 있는 삶도 중요하게 다루어야 하기 때문이다.

이 점과 밀접한 관련이 있는 또 하나의 성인들의 특성은 그들은 배운 것을 어떤 구체적인 목적을 위해서 사용하고자 하는 실용적 동기를 강하게 지니고 있다는 것이다. 일반 성인교육 분야에서는 배운 것의 '쓰임새'가 학습내용의 가치를 좌우하는 중요한 요인임을 강조하고 있고, 이에 따라 '학습의 용불용설(用不用說)' 까지 주장되기도 한다.[22] 즉, 삶에서의 다양한 역할변화에 적응해야 하는 성인학습자로서의 특성이 학습준비도를 크게 결정짓기 때문에 성인들에게는 삶의 제반 실제적 문제해결에 도움이 되는 실용적 학습이 필요하며 또한

그러한 학습을 주로 하고 있다는 사실이다.[23]

　기독교 성인사역에 있어서도 이러한 '실용적' 접근이 필요하다. 사실상 기독교는 삶이기 때문에 기독교교육은 삶을 위한 것이어야 한다. 또한 송순재도 '삶을 위한 기독교교육'의 중요성을 역설하였으며, 그것과 관련하여 '다양한 삶의 자리'들을 중심으로 한 교육을 펼쳐야 할 것을 주장하였다.[24] 기독교 성인사역에 이를 적용할 때 이는 곧 성인들의 일상적인 삶과 밀접한 관련이 있는 내용 선정이 필요함을 시사하는 것이다. 그 동안의 기독교 성인사역에서는 실제적 삶과 신앙이 밀접하게 연결되는 '통전적' 접근을 하지 못했기 때문에 신앙과 삶의 불일치 문제 혹은 제자직과 시민직의 괴리라는 잘못된 결과를 초래한 것이라고 말할 수 있다.[25] 이제 성인사역은 성인들이 지닌 바 "일상생활에서 일어나는 디아스포라 사명"[26]을 올바로 수행하도록 인도해야 한다. 그리고 그렇게 하기 위해서는 성인사역에서 다루는 내용들이 가정, 직장, 사회 등의 생활과 밀접한 관련이 있는 것들을 중요하게 다루어서 '신앙 생활'이 그야말로 '생활 신앙'이 되도록 해야 할 것이다. 특히 사회의 각 분야에서 활동하며 사회를 이끌어 가는 책임을 지고 있다고 할 수 있는 성인층은 "사회변화를 위한 주도체로 교육해야"[27] 한다. 오늘날의 한국교회는 기독교를 '사유화' 또는 '개인화'(privatization)하여 사회에 대한 책임 있는 참여를 무시한 채 개인의 영성과 종교성의 함양에만 치중하는 교육은 지양되어야 할 것이다.[28]

IV. 성인사역 방법 사용의 주요 원리들

사역의 방법은 그 목적이나 내용과 함께 중요한 문제이다. 안드라고지는 성인들을 미성년처럼 취급하여 가르쳐 온 그 동안의 부적절성을 크게 문제시하였는데, 이는 기독교 사역에도 그대로 적용되는 것이다. 실제로 헤이즈(Edwad L. Hayes)는 "많은 숫자의 장년들이 교회의 전통적인 장년교육 방법에 대해서 불만을 가지고 있음"[29]을 지적하였으며, 이러한 불만은 성인들이 그들을 위한 프로그램에 저조한 참여를 나타내는 현상과도 관련이 있다. 그런데 방법론이 전적으로 가치중립적인 것이 될 수는 없지만, 기독교적인 가치관에 위배되지 않는 것이라면 어떠한 방법이든지 기독교 성인사역에 활용될 수 있다. 따라서 어느 특정한 방법의 가치는 그것을 통해 이루고자 하는 목적 그리고 다루는 내용이라는 관점에서 그 적절성을 판단해야 하되 궁극적으로는 그것의 효과성을 기준으로 평가해야 한다. 이러한 관점에서 기독교 성인사역의 방법 선택과 활용에 관하여 다음과 같은 몇 가지 중요한 점들을 고려하는 것이 필요할 것이다.

1. 성인들의 특성들을 고려한 효과적인 방법을 사용해야 한다.

성인들을 위한 사역의 방법도 내용과 마찬가지로, 성인들의 일반적인 발달단계적 특성을 고려하여 적합한 것을 선택하여 사용해야 한다. 그러면서 또 한편으로는 성인들의 개인적 특성도 고려해야 한다. 그리하여 성인들을 단순히 동질적인 "한 떼의 무리로 간주하는 사역방식"(a herd ministry)³⁰⁾을 지양해야 한다. 특히 성인들의 사회적 및 개인적 특성 즉, 연령, 경제생활 수준, 결혼신분, 학력, 성별 등과 같은 문제는 매우 중요한 것이다. 그리고 어떤 역사적 사건들을 공통적으로 경험한 세대별 특성이나 생활패턴 및 직업 등의 요소들도 사역 방법과 관련하여 고려해야 할 사항들이다. 이러한 점들은 성인들의 연령 증가에 따른 신체적 변화 특성들과 관련하여 사역 장소의 조명이나 온도, 음향, 교구와 교재의 상태 등의 물리적 요소들에 대한 고려에서부터 시작하여 교수-학습 활동의 구체적인 기법들 그리고 심리적이고 사회적이고 문화적인 차원에서의 고려에 이르기까지 그 적용범위가 매우 폭넓다.

특히 성인교육학적인 측면에서 볼 때, 자아의식이나 학습 동기 등의 교육심리학적인 요소들도 큰 중요성을 지니고 있다. 일반적으로 성인들은 어떤 구체적인 목표를 이루기 위해서 학습을 이용하려는 목표 지향적 동기와, 대인관계를 위한 활동 지향적 동기, 그리고 배움 그 자체에 목적을 두는 학습 지향적 동기를 가지고 있으며 그 중 가장 많은 수의 성인들이 목표 지향적 학습동기를 가지고 있는 것으로 알려져 있다.³¹⁾ 교회 안의 성인들도 학습동기의 측면에서는 이와 동일한 상황을 나타낸다고 할 수 있는데, 예를 들면, 샬러(Lyle E. Schaller)는 교회가 성인사역을 중요시해야 할 근거로서 오늘날의 보편적인 경향들을 열거하면서 그 중의 하나로 오늘날의 젊은 성인들이 교회로부터 배움과 친구들을 "한꺼번에"(in one package) 원한다고 하였다.³²⁾ 따라서 기독교 성인사역에 있어서도 목표지향적인 학습동기를 충족시키기 위한 면에 주안점을 두면서도 그 밖의 학습동기들도 충족시키기 위한 다양한 프로그램의 계획과 활동이 필요하다.

성인들의 특성에 따라 방법론의 고려해야 할 또 하나의 요인은 성인사역의 대상자들은 일상생활에서 오직 일부분의 시간만을 투자하여 참여한다는 점이다. 따라서 성인사역에서는 프로그램을 계획하고 실시할 때 이 시간이라는 요소가 매우 중요한 변수로 작용하게 된다. 교회는 성인들을 위해 다양한 프로그램 시간과 사역방법들을 활용해야 하며, 또한 프로그램을 마련해 놓고 사람들로 하여금 '오게 하는' 사역이 아니라 사람들을 접촉할 수 있는 시간과 장소를 향해서 "찾아가는 교회로의 전환"[33]이 요구된다. 실제로, 일반 성인교육에서는 시간이라는 요소 외에도 교육 장소의 위치, 교통편의, 수업료, 절차상의 문제 그리고 프로그램에 관한 정보 접근 등과 관련한 장애 요인들을 파악하여 그것을 극복할 수 있는 대책을 마련하는 일을 중시하고 있는데 예를 들면, 한정란은 포스트모던 시대에서의 성인들의 "학습문화"의 특성에 따른 대처 방안들을 제시하고 있다.[34] 따라서 기독교 성인사역도 권위주의적인 접근이나 주먹구구식의 사역이 아니라 합리적이고 효율적인 방법들을 적극적으로 찾아 활용하는 자세가 필요할 것이다. 특히 앞으로는 멀티미디어와 사이버공간을 기독교 성인사역에 적극적으로 활용해야 하며, 원격교육이나 자기주도적 학습 등의 비전통적 방법을 폭넓게 활용해야 할 것이다.

2. 비판적 지성과 실천성을 함양하는 데 효과적인 방법을 적극적으로 활용해야 한다.

정규 교육이 성년기에 대한 준비로서의 과정이라고 하면, 성인교육은 성년기의 생활에 효과적으로 적응하고 더욱 풍요롭게 영위하도록 하기 위해 시도하는 과정이라고 할 수 있다. 이것은 학습의 관점에서 볼 때는, 일반 교육에서의 학습 경험이 '형성'(formation)의 과정이라고 한다면 성인교육에서의 그것은 '변형'(transformation)의 과정이라고 대조시킬 수 있다. 즉, 전자의 경우에는 사회와 기성세대에 의해서 가치 있고 필요하다고 이미 결정되어 주어진 것을 수용하고 습득하며 축적하는 일이 중요한 비중을 차지하는 반면에, 후자의 경우에는 이미 형성한 내용을 수정하고 보충하며 대치하는 일이 중요한 것이다.

맥켄지에 의하면 기독교 성인교육은 종교적인 권위 및 전통과 함께 제시되는 내용들을 거의 무비판적으로 수용하고 전수하게만 하는 '형성'의 교육이 불균형적으로 많은 비중을 차지하고 있다고 하였다.[35] 물론 '형성'의 교육은 그 자체로서는 나쁜 것이 아니며 오히려 '변형'의 교육을 위해서 기본적으로 필요한 것이고, 이 둘은 서로 보완적인 관계에 있다. 다만 후자를 배제한 전자만의 강조는 잘못된 교육인 것이다. 콜만(Lucien E. Coleman, Jr.)도 제도화되고 형식화된 신앙의 순응화와 획일화(conformity)를 지양하고 신앙의 의미를 창의적으로 탐구하여 역동적으로 개혁되어 나가는 그리스도인의 삶을 강조하였다.[36]

그런데 이러한 '변형'의 과정은 비평적 사고(critical thinking)를 통해서 가능한데 이는 이미 논의한 바 있는 '은행저축식' 혹은 주입식 방법과 대조가 되는 것으로 이해할 수 있다. 이미 지적한 바 있지만 성인들을 교육하면서도 이미 발견된 진리를 일방적으로 교육하는 주입적인 방법도 때로는 필요하다. 그러나 그것은 학습자가 초보적인 수준 이상을 넘어서 학습할 수 없을 때, 또는 학습 목표나 내용 자체가 이러한 방식을 요구할 때만 적합한 것이다. 성인교육에서 주로 요구되는 것과 같이 신앙과 삶에 대하여 자신의 고유한 이해와 확신을 이끌어내기 위해서는 이러한 방법이 적절하지 않다. 우리는 성인들에게 자신의 "신앙의 내용뿐만 아니라 이유"(what and why of their faith)도 가르쳐야만 하기 때문이다.[37] 그런 점에서 "교수(teaching)는 주입(indoctrination)과 구별되어야"[38]하며, 맥켄지는 이와 같은 일방적 방법을 가리켜 '전달식 교수법'(teaching as telling)이라 하면서 이는 종교적인 가치관에 철저하게 입각한 삶의 실천을 목표로 하는 종교교육에는 적절치 않은 방법이라고 하였다.[39]

강희천은 이 문제를 교육 내용과 관련하여 논하면서, "교회공동체라는 동질감을 형성하게 되며 똑같은 신앙고백을 하도록 하게 하는" 전수 중심의 교육(formative education)과 "성인들 각자로 하여금 자신의 행동 양식이나 교회의 집단적인 가치 및 입장까지를 반성과 비판의 대상으로 삼게 하는" 비평적 교육(critical education)으로 구분하였다.[40] 그런데 오늘날 한국교회의 일반적인 상황은 후자의 접근이 상대적으로 너무 부족하며 결과적으로 신앙인으로서의 창의적인 사고와 적용 그리고 실천성이 약하다는 것에 문제가 있다. 이러한 문제에 대해서는 "우리가 우리의 신앙에 대하여 질문하도록 권장되지 않았다"고 표현되기도 하였고,[41] "교회의 성장 및 유지를 위한 '교인 길들이기'의 한 수단"으로서의 기독교교육으로도 진단되었다.[42]

윤응진은 기독교교육 자체가 "우리의 삶의 현실을 하나님의 나라 현실 빛에 비추어 비판적으로 인식하도록" 도와야 하는 "비판적 교육"이 되어야 함을 주장하였는데 이러한 교육은 특히 "평신도 사역 운동을 지원하기 위한 교육적 기여"로 이해함으로써 기독교 성인사역에서의 비판적 교육 방법의 중요성을 잘 나타내었다.[43] 그는 이러한 교육이 참된 의미에서 경건하고 성숙한 그리스도인을 만들어내는 핵심적인 방법이며 이를 통하여 "모든 형태의 권위주의와 반민주적 관습에 대하여" 비판하며 저항함으로써 교회를 살리고 사회를 변혁시켜야 한다고 하였다.[44] 정정미 또한 성인종교교육을 "세상에 대하여 신앙에 입각한 결단과 선택을 할 수 있는 자유로운 인간으로 성장하도록 하는 과정"으로 보고 그렇게 하기 위해서는 "건전한 비판적 사고를 할 수 있도록 도와야 한다"는 지침을 제시하였다.[45]

3. 자율성을 증가시킬 수 있는 방법을 적극적으로 활용해야 한다.

일반 성인교육 분야에서는 학습의 자발성을 하나의 '대원칙'으로 강조하며 바람직한 성인교육자의 역할을 '학습촉진자'(learning facilitator)로 본다.[46] 앞에서 이미 논의한 것처럼, 이러한 역할이 항상 모든 상황에 적합한 것은 아니지만, 대체적으로 성인들은 미성년에 비해서 자기주도성이 높은 존재로 전제한다면 그들을 돕는 지도자들의 역할은 지시자(director)가 아닌 협력자(collaborator)로서의 촉진자와 안내자가 적절한 것으로 볼 수 있다. 그러나 오늘날 한국교회의 성인 신자들의 경우에도 이 같은 전제와 가정을 하면서 사역을 하기에는 문제가 많은 것이 사실이다. 즉, 그들의 자율성이나 자기주도성이 충분히 강하다고 볼 수 없다는 것이고 그 일차적 원인은 어렸을 때부터 자율적 삶을 살도록 만들지 못하는 우리나라의 문화와 가정 및 학교 환경에 있다고 할 수 있다. 그리고 또한 우리나라의 교회 지도자들의 책임도 크다고 할 수 있는데, 이는 그들이 "피교육자들이 의존적이고 수동적인 무책임한 존재로 머물도록 방치"[47]했기 때문이다. 실제로 한국교회의 목회 현실은 "지나치게 교역자에게 또는 타인에게 의존하는 신앙양태가 많음"[48]을 부인할 수 없는데, 이는 목회자들의 지나친 열심이나 권위주의적인 사역 방식 때문이라고 할 수 있다.

 구체적으로 교회의 성인교육에서 이러한 모습을 많이 찾아볼 수 있는데, 피터슨은 "우리는 학습자들에게 성서를 이해하고 통찰하기 위해서는 목사나 교사에게 항상 의지해야 한다고 가르치면서 그들에게 의존심을 길러주는 경향이 있다"[49]고 지적하였다. 스나이더는 권위주의적인 의미의 제자훈련은 사라지고 있는 것이 오늘날의 경향이라고 하였지만[50] 아직도 우리 한국교회의 현실은 그렇지 못하다. 이러한 한국교회의 목회 현실 속에서 성인들을 자기주도적이고 자율적인 존재로 성숙시키는 과제는 결코 쉽지 않고 하루아침에 이루어질 수 있는 일도 아니다. 그러나 먼저 지도자들이 의식과 사역의 방식을 바꿈으로서 변화를 시도해야 할 것이다. 목회자들은 자신들의 역할이 교인들을 "주체적이고 능동적이며 책임적인 존재로 성숙하도록 도와야"[51] 하는 것임을 인식해야 한다. 성도들이 하나님을 의지하도록 자신은 사람들로부터 떠나는 자가 훌륭한 영적 지도자라는 인식을 가지고 목회자들은 평신도들이 자립적으로 일할 수 있는 문화를 조성하고 적극적인 참여를 유도해야 할 필요가 있다. 그렇게 할 때 평신도들은 사역에 대한 주체 의식을 가지고 더 큰 열정으로 성장하고 참여하게 되는 것이다.

피터슨이 효과적인 성인 커리큘럼의 요소들로서 "선택, 책임, 발견, 숙고, 성찰, 응답"[52]을 제시했듯이, 성인들은 교회의 제반 사역과 활동을 함에 있어서 자신의 경험과 지식과 자원을 동원하여 적극적으로 참여하도록 인도되어야 할 필요가 있다. 특히 어떤 활동의 계획 단계에서부터 실행과 평가의 전 과정에서 자기주도적인 역할을 하도록 만들어주는 방식이 요구된다. 따라서 전반적인 성인사역의 방법은 지시적이고 일방적인 것에서 비지시적이며 상호적인 방향으로 나아가야 할 것이다.

사역의 목적을 올바로 설정하는 것도 중요하지만 그것을 이루기 위한 내용의 선정과 방법의 선택도 역시 중요하다. 안드라고지에서 주장하는 것처럼 성인들은 미성년들과는 다른 특성을 지닌 존재들로서, 성인들에 대한 사역은 그러한 특징들을 고려하여 이루어져야 한다. 그럼에도 불구하고, 그 동안의 기독교 성인사역은 전문 목회자들의 권위주의적인 인식과 사역의 자세로 인하여 실제로 성인들의 본질적인 특성이 많이 도외시된 채 사역이 행하여져 왔다고 할 수 있다. 이는 성인사역의 내용이나 방법의 측면과 직결되어 있는 문제로서, 결과적으로는 성인사역을 비효과적이고 비효율적인 것으로 만들었다.

기독교 성인사역은 기독교적인 가치관에 근거한 바람직한 인간 삶의 구현을 위해서 성인들에게서 구체적인 '변화'를 이루어내는 것이어야 한다. 그런데 성인들은 변화에 대한 저항감이 미성년들보다 상대적으로 더 크기 때문에 미성년사역보다 더 어렵다고 할 수 있다. 따라서 성인사역은 그만큼 더 신중한 노력을 기울여서 해야 할 필요가 있다. 이는 곧 성인사역의 내용과 방법 면에 있어서 성인들의 적극적인 관심과 참여를 유도하고 확실하고 만족할 만한 사역의 결과를 얻어낼 수 있는 원리를 찾고 활용해야 함을 의미하는 것이다. 그리하여 이제는 성인들을 미성년과 동일하게 취급하는 것을 지양하고, 그들 고유의 특성을 충분히 이해하며 그에 부응하는 사역의 내용과 방법을 구사해야 할 것이다.

토의를 위한 문제들

1. 본 장에서 소개한 안드라고지의 주요 내용을 근거로 하여 현재 한국교회의 성인사역을 평가해 보고 그 개선 방향을 제안해 보라.

2. 맥켄지가 제시한 5가지 성인교육 프로그램 개발방식들의 특징을 보여주는 구체적인 경우들을 오늘날 교회의 성인사역에서 찾아 이야기해 보라.

3. 성인사역의 내용과 방법의 원리들로 제시한 사항들을 간단히 요약하여 보고 그 각각에 대하여 자신의 사역 현장에서의 현실과 비교하며 이야기해 보라.

참고자료

강희천. 「기독교교육 사상」. 서울: 연세대출판부, 1991.
기영화. 「평생교육 프로그램 개발」. 서울: 학지사, 2001.
김동위. 「성인의 교육학」. 서울: 양서원, 1990.
송순재. "기독교적 삶의 형성을 위한 '통전성'의 문제: 간종교교육학적 대화의 시각에서." 「한국기독교신학논총」, 22집 (2000): 231-63.
심일섭. 「평신도신학과 한국교회의 미래」. 서울: 도서출판 한글, 1997.
윤응진. 「비판적 기독교교육론」. 서울: 다산글방, 2000.
이성희. "한국교회 미래 목회를 본다." 「목회와 신학」, 1998년 11월, 146-52.
이종윤 편. 「급변하는 사회와 교회갱신」. 서울: 요단출판사, 1996.
이현청. 「학습하는 사회」. 서울: 배영사, 1993.
정정미. "성인의 일상성과 종교교육." 「Andragogy Today」, 3권 2호 (2000): 81-145.
하해룡. 「목회현장론」 서울: 대한기독교서회, 1992.
한정란. "포스트모던 성인학습문화." 「Andragogy Today」, 3권 3호 (2000): 29-48.
한준상. 「모든 이를 위한 안드라고지」. 서울: 학지사, 2000.
Anthony, Michael J. *Foundations of Ministry*. Wheaton: A Bridge Point Book, 1992.
Brundage, Donald H. and Dorothy Mackeracher. *Adult Learning Principles and Their Application to Program Planning*. Toronto: Ministry of Education, 1980.
Cross, K. P. *Adult As Learners*. San Francisco: Jossey-Bass Publishers, 1982.
Gibbs, Mark and T. Ralph Morton. 「평신도의 해방」. 이계준 역. 서울: 대한기독교출판사, 1990.
Groome, Thomas H. *Christian Religious Education: Sharing Our Story and Vision*. San Francisco: Harper & Row, Publishers, 1980.
Habermas, Ronald and Klaus Issler. *Teaching for Reconciliation*. Grand Rapids: Baker Book House, 1992.
Knowles, Malcolm S. *The Modern Practice of Adult Education*, rev. ed. Chicago: Follet Publishing Company, 1980.
McKenzie, Leon. *The Religious Education of Adults*. Birmingham: Religious Education Press, 1982.
Osmer, Richard Robert. 「교육목회의 회복」. 박봉수 역. 서울: 한국장로교출판사, 1996.
Peterson, Gilbert A. 「성인 기독교교육」. 이정효 역. 서울: 마라나다, 1988.
Schaller, Lyle E. *44 Ways to Expand the Teaching Ministry of Your Church*. Nashville: Abingdon Press, 1993.

Snyder, Howard A. 「21세기 교회의 전망」. 김기찬, 박이경 역. 서울: 아가페, 1993.
Stevens, R. Paul and Phil Collins. 「평신도를 세우는 목회자」. 최기숙 역. 서울: 미션월드 라이브러리, 1997.
Stubblefield, Jerry M., ed. & comp. *A Church Ministering to Adults*. Nashville: Broadman Press, 1986.
Wyckoff, D. Campbell. *The Theory and Design of Christian Education Curriculum*. Philadelphia: The Westminster Press, 1961.
Zuck, Roy B. and Gene A. Getz, comp. 「교회와 장년교육」. 신청기 역. 서울: 기독교문서선교회, 1990.

주(註)

1) 김동위, 「성인의 교육학」(서울: 양서원, 1990), 31.
2) 안드라고지의 이론은 다음 저술에 집약되어 있다. Malcolm S. Knowles, *The Modern Practice of Adult Education*, rev. ed. (Chicago: Follet Publishing Company, 1980).
3) 한준상, 「모든 이를 위한 안드라고지」(서울: 학지사, 2000), 15-6.
4) 김동위, 36.
5) Ibid., 37.
6) 이현청, 「학습하는 사회」(서울: 배영사, 1993), 331-2.
7) 기영화, 「평생교육 프로그램 개발」(서울: 학지사, 2001)을 참고하라.
8) Leon McKenzie, *The Religious Education of Adults* (Birmingham: Religious Education Press, 1982), 139-61.
9) 고용수, "교육목회와 교회갱신," 이종윤 편, 「급변하는 사회와 교회갱신」(서울: 요단출판사, 1996), 105.
10) Gilbert A. Peterson, 「성인 기독교교육」, 이정효 역 (서울: 마라나다, 1988), 105-7.
11) 강희천, 「기독교교육 사상」(서울: 연세대출판부, 1991), 314.
12) McKenzie, 57.
13) D. Campbell Wyckoff, *The Theory and Design of Christian Education Curriculum* (Philadelphia: The Westminster Press, 1961), 126.
14) R. Paul Stevens and Phil Collins, 「평신도를 세우는 목회자」, 최기숙 역 (서울: 미션월드 라이브러리, 1997), 245-7.
15) 하해룡, 「목회현장론」(서울: 대한기독교서회, 1992), 49.

16) Richard Robert Osmer, 「교육목회의 회복」, 박봉수 역 (서울: 한국장로교출판사, 1996), 33.
17) 심일섭, 「평신도신학과 한국교회의 미래」 (서울: 도서출판 한글, 1997), 12.
18) 윤응진, 「비판적 기독교교육론」 (서울: 다산글방, 2000), 33.
19) 정정미, "성인의 일상성과 종교교육." *Andragogy Today*, 3권 2호 (2000): 129.
20) 강희천, 315.
21) McKenzie, 67-9.
22) 한준상, 13-4.
23) 이현청, 24-5.
24) 송순재, "기독교적 삶의 형성을 위한 '통전성'의 문제: 간종교교육학적 대화의 시각에서," 「한국기독교신학논총」, 22집 (2000): 238-40.
25) 고용수, 105.
26) Stevens and Collins, 241.
27) 정정미, 130.
28) Thomas H. Groome, *Christian Religious Education: Sharing Our Story and Vision.* (San Francisco: Harper & Row, Publishers, 1980), 25-6.
29) Edward L. Hayes, "장년 기독교교육의 신학적 근거," Roy B. Zuck and Gene A. Getz, comp. 「교회와 장년교육」, 신청기 역 (서울: 기독교문서선교회, 1990), 24.
30) Rex E. Johnson, "The Christian Education of Adults," in *Foundations of Ministry*, Michael J. Anthony (Wheaton: A Bridge Point Book, 1992), 178.
31) K. P. Cross, *Adult As Learners* (San Francisco: Jossey-Bass Publishers, 1982), 82-3.
32) Lyle E. Schaller, *44 Ways to Expand the Teaching Ministry of Your Church* (Nashville: Abingdon Press, 1993), 121-2.
33) 이성희, "한국교회 미래 목회를 본다," 151.
34) 한정란, "포스트모던 성인학습문화," *Andragogy Today*, 3권 3호 (2000): 29-48을 참고하라. 한정란은 성인학습의 참여를 방해하는 요인들을 상황적인 요인, 제도적인 요인, 그리고 기질적인 요인으로 분류하였다.
35) McKenzie, 64.
36) Lucien E. Coleman, Jr., "What's Ahead in Adult Christian Education," Jerry M. Stubblefield, ed. & comp., *A Church Ministering to Adults* (Nashville: Broadman Press, 1986), 296-7.
37) Ronald Habermas and Klaus Issler, *Teaching for Reconciliation* (Grand Rapids: Baker Book House, 1992), 173.
38) Osmer, 34.

39) McKenzie, 195.
40) 강희천, 317.
41) Mark Gibbs and T. Ralph Morton, 「평신도의 해방」, 이계준 역 (서울: 대한기독교출판사, 1990), 102.
42) 윤응진, 5.
43) Ibid., 6, 30.
44) Ibid., 30-40.
45) 정정미, 131.
46) 이현청, 31-2; 332-3.
47) 윤응진, 29.
48) 하해룡, 37.
49) Peterson, 100.
50) Howard A. Snyder, 「21세기 교회의 전망」, 김기찬, 박이경 역 (서울: 아가페, 1993), 95.
51) 윤응진, 29.
52) Peterson, 156-7.

제6장
평생교육 전문가로서의
기독교 성인사역 지도자

Christian Adult Ministry

　오늘날 세계적으로 그 중요성이 더욱 강조되고 있는 '평생교육'은 현대사를 통해서 볼 때 사실상 교회나 회당을 중심으로 한 기독교계가 주도하기 시작한 것이다. 지금은 평생교육의 현장에서 기독교의 위치와 역할이 많이 약화되기는 했지만 여전히 그 역할은 중요하다고 할 수 있다. 더 나아가서, 오늘날과 같이 평생교육의 중요성이 계속적으로 크게 인식되고 있는 상황에서는 기독교의 예전의 역할과 위치를 다시 회복해야 할 필요가 있다. 이를 위해서는 먼저 교회를 포함한 여러 기독교적 집단에서 행해지고 있는 교육적 활동들을 넓은 관점에서 평생교육적인 시각으로 인식하고 이해하는 것이 요구된다. 물론 교회가 행하는 성인사역에는 기독교적인 특수성이 엄연히 존재하지만 그렇다고 해서 평생교육적인 일반적이고 공통된 요소가 사라지는 것은 아니다. 오히려 교회가 그들의 성인사역을 평생교육적인 관점에서 바라볼 때에 그 효과성과 효율성을 높일 수 있는 가능성이 있는 것이다. 또한 실제적으로 오늘날 교회의 성인사역은 교회 밖의 수많은 평생교육 기관들과의 보이지 않는 경쟁 관계에 놓여 있다고 할 수 있다. 그러므로 기독교 성인사역의 지도자들은 자신의 역할을 단순히 교회라는 테두리 안에서 뿐만이 아니라 거시적인 평생교육적 관점에서 이해하고 전문 평생교육자로서의 역할 수행의 질적 수준을 높여야 할 필요가 있는 것이다. 이와 같은 관점에서, 본 장에서는 일반 전문 평생교육자의 리더십과 관련한 주요 사항들을 살펴보고자 한다.

I. 리더로서의 평생교육자

평생학습이 자기 스스로를 가르치는 개인적인 활동을 넘어서는 것일 때는 항상 그 안에 두 부류의 역할자가 있게 되는데, 한편은 도움을 주는 사람과 또 다른 한편은 도움을 받는 사람이다. 홀(Cyril O. Houle)은 이것을 설명하기를, "목표와 방향을 제시하는 사람과 그것에 의해 형성되고 지도되는(shaped and led) 사람"[1]으로 표현하였다. 그렇다면 사람들의 평생학습을 돕는 평생교육자는 분명히 리더라고 할 수 있으며 이는 "어떤 목표의 성취를 향하여 다른 사람을 인도하거나 지도하는 사람"이라고 정의되는 리더의 개념에 부합되는 것이다. 사전적인 정의를 볼 때, 리드(lead)한다는 것은 어떤 권위(authority)를 가지고 다른 사람과 함께(accompanying), 또는 그에 앞서 가면서(going before), 보여주고(showing), 지휘(directing)하는 일 등을 통하여 인도(guide)하는 행위이다.[2] 평생교육자가 도움을 주는 행위들은 이러한 사전적 정의에서 본 "리드"에 해당하는 것이며 교회의 성인사역자들 역시 이러한 지도자적 역할을 하는 것이다.

평생학습의 과정에서 도움을 주고받는 이러한 이중적 구조는 여러 가지 다양한 형태를 취하게 되는데, 교사와 학습자, 리더와 참여자, 상담자와 피상담자, 어떤 기관의 행정적 직원과 그것에 의해서 서비스를 받는 사람, 또는 기획자와 그 계획에 의해서 인도되는 사람 등이 그것이다. 이 이중적 구조에서 사람들을 돕는 역할을 하는 부류의 사람들은 매우 다양한데 전형적으로는 전문적인 프로그램 기획자, 커리큘럼 전문가, 행정가, 감독자 그리고 학습자들을 직접적으로 도와주는 사람들이 여기에 포함된다. 교회의 성인사역자들의 본질적 역할과 기능도 이러한 관점에서 인식하는 것이 필요하다.

1. 리더십의 의미

리더십(leadership)이란 일차적으로 지도자의 '지위, 신분, 임무' 등을 가리키는 말이다. 그리고 이러한 사람들의 집단을 가리키는 말로서 '지도부, 지도자단, 지휘자단' 등의 의미를 지닌다. 실제로 영어권에서는 'leadership'이라는 말이 지도자 신분 또는 계층을 가리키는 말로서 많이 사용되고 있으며 이럴 때는 리더십이 거의 리더와 같은 의미로 사용된다. 예를 들면, 홀이 리더십 피라미드를 언급하면서 성인교육의 다양한 리더십 유형을 세 가지로 구분하여 자원봉사자,

시간제 종사자, 그리고 전문 종사자로 나눈 것이 그 예이다.[3]

　리더십의 이차적인 의미는 다른 사람에게 미치는 어떤 영향력(influence)이나 힘(power)으로 이해되고 있으며 이러한 관점에서의 리더십은 일종의 개인적인 속성(personal character)이며 '지도자로서의 소질'이다. 웹스터 사전에서는 이러한 영향력을 '권위'(authority)라고 말하고 있는데, 리더는 "다른 사람에 앞서서 지휘할 수 있는 권위를 가진 사람"으로 설명되고 있다. 그러한 영향력이나 권위는 다양한 근원으로부터 나올 수 있는데, 리더란 "주로 어떤 일의 내용이나 과정에 대한 전문성으로 인한 자신의 영향력을 행사하는 사람을 가리키지만, 한편으로는 자신의 성품이나 지위로 인하여 리더로 선택된 경우도 있을 수 있다."[4] 이같은 의미의 리더십은 우리말로 '지도력' 또는 '통솔력'이라고 일컬으면 적절할 것이다.

　그런데 최근에 일부에서는 리더십을 이처럼 어떤 '지도자'가 지니고 있는 정적이고 개인적인 속성으로 이해하지 않고 사회적 관계(relationship)라는 관점에서 좀더 역동적인 것으로 이해하는 것이 바람직하다고 주장한다. 블랭크(Warren Blank)는 '리더십의 9가지 자연적 법칙'이라는 것을 제시하면서 이러한 견해를 피력하였다. 그 중 몇 가지를 살펴보면, 첫째로, 리더십은 결코 그 단독으로는 성립될 수 없는 개념으로서 반드시 어떤 사람을 따르는 추종자(follower)를 전제하고 있다는 점이다. 그리고 이 추종자들은 리더십이라는 동전의 한 면을 차지하는 자원적 우호자들(willing allies)이다. 둘째로, 이처럼 리더십은 리더와 따르는 자 사이의 관계로서 이는 상호작용의 장

(a field of interaction)으로 이해하는 것이 더 좋다는 점이다. 즉, 리더십이란 개인적인 속성이라기보다는 대인관계적인 실체라는 것이다. 따라서 모든 리더들의 핵심적인 과제는 다른 사람들과의 견고한 관계를 구축하는 일이다. 셋째로, 리더십은 하나의 독립적 사건으로서 발생한다는 점이다. 즉, 리더십이라는 상호작용의 장은 리더들에게 추종자들이 있을 때에만 존재하는 것이며 리더십은 이처럼 불연속적인 실체로 이해하는 것이 바람직하다는 것이다. 물론 한 리더가 여러 개의 리더십 사건들을 연속적으로 창출하게 되면 그 경우에는 리더십이 연속적인 것으로 보일 수 있다. 그러나 대부분의 리더십 사건들이란 그 지속 시간이 짧으며 보통의 경우에는 어느 특정한 상황 속에서 리더와 따르는 자 사이에서의 짧은 상호작용으로 발생하는 것이다. 이러한 개념으로서의 리더십은 우리말로 '지도력'이라기보다는 '지도적 활동' 정도로 풀이하는 것이 좋을 것이다.[5]

이처럼, 리더십을 이해하는 방법과 패러다임은 여러 가지가 가능하다. 그런데 성인교육에서의 리더십은 학교교육에서 아동이나 청소년을 지도하는 일보다 훨씬 더 유동적이며 기복이 심하다고 볼 수 있기 때문에, 우리는 위의 개념 중에서도 마지막의 개념이 성인교육 리더십에 대한 설명력이 높은 것으로 볼 수 있다. 그러나 이렇게 리더십을 상황적 사건으로서 이해한다고 하더라도 그러한 각 상황 속에서 지도적 활동을 얼마나 잘 수행하느냐의 문제는 역시 각 리더가 지니고 있는 영향력이나 권위에 따라 좌우된다고 할 수 있다. 따라서 리더십이란 단순히 개인적 속성(trait)이 아니고 하나의 사건(event)이라고 할지라도, 그 의미는 리더십이 단순히 리더가 어떠한 영향력을 가지고 있느냐의 문제가 아니라 어떤 영향력을 가지고 일을 어떻게 하느냐의 문제라는 것이다. 그러므로 리더로서의 평생교육자에게는 자신의 강점과 약점을 잘 이해하려는 노력이 우선적으로 필요하고, 그 다음에는 자신이 돕는 사람들과의 관계에서 지도적 역할과 책임을 효과적으로 수행하는 문제에 관심을 기울여야 하는 것이다.

2. 리더십 요건으로서의 역할수행 능력

주어진 상황에서 평생교육자가 리더십을 얼마나 잘 발휘할 수 있느냐 하는 문제는 그 상황에서 그가 다른 사람에게 행사할 수 있는 영향력이나 권위의 질과 양에 달려 있다고 할 수 있다. 즉, 리더로서 그가 지니고 있는 영향력이나 권위가 어디에서부터 온 것이며 그것이 얼마나 큰 힘과 효과를 발휘할 수 있는 것인지에 따라 그의 리더십 행위의 결과가 결정될 것이다. 실제로 리더의 영향력의 출처는 교육적 활동의 성격이나 결과를 결정하는 데 있어서 종종 중요한 역할을 한다.

우선 리더의 권위는 그에게 주어진 직위나 직책으로부터 오는 것일 수 있다. 이것은 '밖으로부터 부여되는 권위'라고 할 수 있으며, 평생교육자로서 역할을 수행하는 데 도움이 될 수 있다. 그러나 진정으로 그에게 큰 영향력을 부여해 주는 것은 그의 '안에서 창출되는 권위'로서 이는 곧 평생교육자로서의 역할수행 능력으로서의 전문성과 성품 등의 자질을 말한다. 리(Blaine Lee)에 의하면 참된 리더십은 사람들의 '존경'(honor, respect)에 근거한 영향력에서 나오는데[6], 사람들로 하여금 어떤 리더를 존경하게 만드는 것은 그에게 부여되어 있는 지위나 직책보다는 그가 하는 일에 대한 높은 수준의 전문성과 사람들과의 관계에서 나타나는 감화력 있는 성품일 것이다.

   평생교육자의 리더십에 있어서도 이러한 두 가지 요소가 그의 주된 영향력의 원천이 되어야 하는데, 그 중에서도 전문가로서의 그의 수준 높은 자질과 소양은 가장 우선적인 리더십의 요건이라고 할 수 있다. 평생교육자의 전문성은 크게 내용(content)과 과정(process)이라는 측면에서 구분하여 논의되는데, 한준상은 평생교육사를 프로그래머와 학습조력자로 그 주된 역할을 규정하고 그에 필요한 '핵심역량'을 다음과 같이 일곱 가지로 제시하였다: 자료수집 기술, 지적 능력, 의사결정 능력, 대인관계 및 상담 능력, 지역사회 참여기술, 교수-학습 및 자료제시 능력, 그리고 성인학습평가 능력.[7] 그런데 "일반적으로 성인교육자들은 할당된 역할에 관계없이 학교교육에서 교육자들이 하는 것보다는 훨씬 더 다양한 교육적 기능을 수행"[8]하기 때문에, 평생교육자에게 요구되는 전문성은 그의 구체적인 역할에 따라 다양하게 나타날 수 있다.

II. 평생교육자의 역할에 따른 리더십

   평생교육자의 기본 기능은 교수(instruction), 상담(counseling), 행정(adminstration)과 프로그램 개발(program development)로 이해할 수도 있는데, 이러한 점에서 노울즈(Malcolm S. Knowles)는 평생교

육자에게 학습의 촉진자, 프로그램개발자, 그리고 행정가로서의 자질이 필요함을 주장하였다.[9] 한편 홀은 성인교육자의 다음과 같은 기본 기능에 따라 리더십을 네 범주로 구분하였다: 1) 학습자들에 대한 직접적인 지도(direct guidance of learners), 2) 프로그램의 설계와 홍보(the design and promotion of program), 3) 프로그램의 운영(administration of program) 그리고 4) 전문분야로서의 성인교육의 발전(the advancement of adult education as a field).[10] 이상을 종합해 볼 때, 실천 현장에서 평생교육을 담당하는 평생교육자의 역할은 크게 세 가지로 구분하여 교수자(instructor), 프로그램 개발자(program developer), 그리고 행정가(administrator)로 나누어 볼 수 있을 것이다. 평생교육에서 상담가의 역할은 교사나 행정가 또는 프로그램 개발자 등에 의해서 수행되는 것이 현재의 일반적인 상황이다.

1. 교수자로서의 리더십

학습자들에 대한 직접적인 지도를 담당하는 평생교육자들에 대한 명칭은 여러 가지가 있을 수 있는데, 개인지도교사(tutor), 상담가(counselor) 그리고 강사(lecturer) 등이 그것이다. 이 모든 용어들과 함께 '교사'(teacher)라는 용어도 널리 사용되고 있는데, 성인들을 대상으로 하는 평생교육의 상황에서는 학습촉진자(learning facilitator)라는 용어가 선호되는 경우도 많다. 이는 성인들이 서로를 통해 배울 것이 기대되어지고 문제해결이 주 관심사이며 자기주도적인 교육이 적절하다고 생각되는 덜 형식적인 상황에서는 교사가 지식이나 기술을 전달하기보다는 학습을 촉진시킬 수 있는 조정(arrange)의 역할이 주로 요구되기 때문이다. 또한 '교사'라는 용어가 연상시키는 경직되고 순응주의적 성격의 학교교육의 이미지를 피하기 위해서 촉진자나 자원인사(resource person)라는 용어를 더 선호하는 것이다.[11]

교수자로서의 평생교육자들은 전형적으로 교실이나 그룹토의 상황에서 활동하게 되는데, 그 형태는 실제로 일대일의 관계에서부터 큰 규모의 청중을 지도하는 상황에 이르기까지 매우 폭넓고, 직접적인 교수에서부터 대중매체를 통한 교수에 이르기까지 다양하다. 홀은 이 교육적 상황들(situations)을 크게 네 개-개인, 그룹, 기관, 대중-로 구분하고 그 안에 세부적인 상황들을 분류하여 총 11개의 카테고리로 설정하였다.[12] 이들 각각의 상황에서의 교수자의 역할은 똑같을 수는 없지만 공통적으로 요구되는 리더십 자질은 두 가지 형태의 전문성이다. 즉, 그가 가르치게 되는 내용에 대한 숙달과 특정한 상황에서 의도된 목표를 달성하는 데 요구되는 교수 테크닉에 대한 숙달이다.

학습자들을 직접적으로 지도하는 역할 중에는 상담가로서의 기능도 포함되는데 이는 교사뿐만이 아니라 행정가 또는 프로그램 개발자 등에 의해서도 수행되기도 한다. 상담기능에는 교육적, 직업적 기회에 대한 정보제공 및 선택에의 도움, 학습과정을 방해하는 문제해결에의 도움 등이 포함된다. 이 중에서도 최근에는 교육적 기회에 대한 중개(brokering) 역할이 상담가의 중요한 기능으로 포함되어야 할 필요성이 커지고 있다.[13]

노울즈는 학습촉진자 혹은 교사로서의 평생교육자에게 요구되는

자질에 대하여 다음과 같은 구체적인 능력을 열거하였다:[14]

1) 성인학습의 개념 및 이론적 틀에 관한 능력

(1) 학습자로서 성인의 욕구, 흥미, 동기, 능력, 발달상의 특성에 관한 현대적 개념 및 연구 결과를 기술하고 적용할 수 있는 능력

(2) 학습자로서 미성년과 성인에 대한 제반 가정의 차이점과 이러한 차이점이 교수활동에 주는 의미를 기술하는 능력

(3) 방대한 환경(집단, 조직, 문화)으로부터 학습자에게 부과되는 힘의 효과를 평가하고 그것을 건설적으로 활용하는 능력

(4) 다양한 학습이론을 알고 그것의 특정한 성인학습상황에의 관련성을 평가하는 능력

(5) 자기주도적 학습자들을 위해 촉진자 내지 자원인사로서 교사의 역할을 개념화하고 설명하는 능력

2) 학습경험의 설계 및 집행에 관한 능력

(1) 내용계획과 과정설계 사이의 차이점을 기술하는 능력

(2) 학습자들 사이의 개인차를 고려하여 다양한 목표를 달성하기 위한 학습경험을 설계하는 능력

(3) 상호존중, 신뢰, 개방성, 후원, 안전과 같은 신체적 내지 심리학적 분위기를 조장하는 능력

(4) 모든 학습자들과 온정적, 촉진적 관계를 확립하는 능력

(5) 학습욕구를 자기진단하는 데 학습자를 적극적으로 참여시키는

능력

(6) 학습자에게 의미 있는 목표를 설정하는 데 그들을 참여시키는 능력

(7) 학습활동을 계획, 집행, 평가하는 데 학습자를 적절하게 참여시키는 능력

3) 학습자들이 자기주도적이 되는 데 도움을 주는 것에 관련된 능력

(1) 설명식 수업과 자기주도적 학습 사이의 개념적 차이를 설명할 수 있는 능력

(2) 자기주도적 학습기술을 개발하기 위해 학습경험을 설계하고 실행하는 능력

(3) 직접적인 행동을 통해 자기주도적 학습의 역할을 모형화하는 능력

(4) 학습방법, 기법 및 자료를 선정하는 것에 관한 능력

브룩휠드(Stephen Brookfield)는 학습촉진자로서의 평생교육자의 역할은 인간주의적 철학(humanistic philosophy)에 근거한 것으로 보았으며, 학습자를 '도와주는 관계'(the helping relationship)라는 관점에서 설명하고 있다. 그는 이 관계를 한 편이 다른 한 편의 성장, 발달, 성숙, 기능수행 향상, 적응능력 향상을 진작시키려는 의도를 가지고 있는 관계로 정의한 로저스(Carl R. Rogers)의 비지시적 상담기법[15]에서 그 기원을 찾고 있다. 그리고 이 관계에서는 학습촉진자로서 도움을 제공하는 평생교육자가 솔직하고 수용적인 자세를 취하는 것

이 중요함을 강조하면서, 각 학습자를 고유한 인격체로서 인식하여 학습자가 자신의 유익과 관련된 사항들에 대한 의사결정 과정에 참여해야 할 필요와 권리를 가지고 있음을 인정하는 것이 중요하다고 하였다.[16]

2. 프로그램 개발자로서의 리더십

성인교육에 있어서 프로그램 개발은 "한 영역인 동시에 성인교육의 실천 자체를 대변한다"[17]고 할 수 있을 만큼 중요한 요소이다. 실제로 쉬로우더(W. Schroeder)는 성인교육을 가리켜 "성인들의 학습 프로그램들을 위한 방향과 절차를 수립하기 위한 목적으로 여러 공급자(agent)와 소비자(client) 체계들을 연결해 주는 일련의 과정"으로 이해함으로써, 성인교육의 핵심이 프로그램 개발임을 시사하였다.[18] 실제로 기관 중심의 성인교육에서는 학습자들의 욕구가 다양하고 가변적인 것이기 때문에 프로그램 개발과정은 그 중요성을 더하게 된다. 평생교육자의 기본 기능으로서의 교수, 상담, 그리고 행정은 학교교육의 제반 기능들에서도 유사하게 이루어지지만, 프로그램 개발의 기능만큼은 평생교육 분야에 독특하게 존재하는 것으로 이해할 수 있다. 따라서 평생교육자의 리더십에서 프로그램 개발의 기능은 중요한 부분을 차지한다. 프로그램 개발자와 행정가 사이의 차이를 명료화시키기는 힘들다고 할 수 있는데, 실제로 평생교육의 현장에서는 프로그램 개발과 경영활동을 포함하는 행정적인 역할까지도 평생교육자들이 수행하는 경우가 많기 때문이다. 분(Edgar J. Boone)의 경우에도 프로그램 개발자로서 행정가, 교육자 및 상담가 그리고 정책수립자 등이 그 역할을 감당할 수 있는 것으로 설명하고 있다.[19]

프로그램 개발에 대한 이해와 설명은 다양한데, 대체적으로 교육활동의 계획, 설계, 실행 및 평가라는 중요 요소들을 포함하는 과정으로 이해할 수 있다. 이러한 개념의 대표적인 예는 다음과 같은 정의에서 찾아볼 수 있다: "프로그램 개발이란 성인교육 기관과 성인교육가들, 그리고 성인 학습자들이 교육 프로그램에 대한 계획, 설계, 실행 및 평가를 위해 개인적 및 집합적으로 기울이는 노력이다."[20] 또한 이 과정은 다음과 같은 구체적인 요소들로 이루어져 있다고 볼 수 있는데, 이는 평생교육자가 프로그램 개발자로서의 리더십을 효과적으로 행사하기 위해서 잘 이해하고 있어야 할 요소들이기도 하다:

(1) 프로그램의 주체가 되는 교육제공 기관의 사명, 철학, 기능, 구조, 과정 및 문화에 대한 철저한 이해와 헌신

(2) 평생교육 제공기관의 주변 환경에 거주하는 사람들에 대한 연구, 분석 및 정리(mapping)

(3) 교육 대상 집단(target publics/groups)의 파악

(4) 그 집단의 지도자들에 대한 파악과 접촉 및 교류

(5) 대상 집단의 구체적 욕구의 파악과 측정 및 분석(지도자들, 학습집단, 개별 학습자들을 통하여)

(6) 표출된 욕구에 대한 계획된 프로그램으로의 전환 및 수용

(7) 계획된 프로그램을 실행하기 위한 실행계획(plans of action)의 입안 및 실천

(8) 계획된 프로그램과 실행계획의 실천을 통해서 나타나는 학습자들의 행동 변화에 대한 평가

(9) 평가 결과와 반응(feedback)을 사용하여 프로그램의 수정과 조직체의 변혁(renewal)을 도모.[21]

분에 의하면 프로그래머로서의 평생교육자의 개인적 특성과 스타일은 프로그램 개발 과정에 영향을 주게 되며 여기에는 개인적 가치관과 목표들, 프로그램 개발의 개념과 원리들에 대한 지식, 그리고 프로그래밍 절차에 대한 기술 수준이 포함된다고 하였다. 특히 평생교육자는 프로그램 개발 과정에서 활동하는 데 기준이 될 개념적 토대가 있어야 하는데 그 이유는 그가 프로그래밍 과정의 모든 국면과 단계에서 결정 혹은 선택을 해야 하기 때문이다. 평생교육자가 프로그램 개발에 있어서 효과적인 리더십을 발휘하기 위해서는 이러한 개념적 토대와 아울러 다음과 같은 전문적 기술과 능력이 있어야 한다고 제시하였다: 효과적인 의사소통의 능력, 필요 파악의 기술, 목표진술 능력, 일반적인 교육방법의 선택 능력, 프로그램 마케팅의 능력, 평가 도구의 개발 능력.[22]

이와 비슷한 맥락에서 노울즈도 평생교육자가 갖추어야 할 "프로그램개발자로서의 자질"을 다음과 같이 구체적으로 제시하였다:[23]

1) 기획과정

(1) 성인교육에 있어서 기획과정의 기초가 되는 기본단계(예컨대, 분위기 조성, 욕구평가, 프로그램 목표설정, 프로그램 설계, 프

로그램 집행 및 평가)를 기술하고 집행하는 능력

(2) 기획과정에 고객의 대표를 적절하게 참여시키는 능력

(3) 개인이나 조직의 욕구를 평가하기 위한 도구 및 절차를 개발하여 활용하는 능력

(4) 프로그램 기획에 있어서 체제분석 전략을 활용하는 능력

2) 프로그램 설계 및 집행

(1) 다양한 상황(기초기술 훈련, 연수교육, 조직발전 등)의 욕구를 충족시키기 위해 다양한 프로그램을 설계하는 능력

(2) 창조적인 다양한 체제, 활동, 스케줄, 자원 및 평가절차에 따라 프로그램을 설계하는 능력

(3) 욕구평가, 센서스 자료, 조직의 기록, 조사연구 등을 활용하여 특정욕구 및 고객을 위한 프로그램을 개발하는 능력

(4) 자문위원 내지 특별위원회와 같은 기획 메카니즘을 효과적으로 활용하는 능력

(5) 기관의 책무성 요건을 충족시키고 프로그램 개선을 위해 프로그램평가를 위한 계획을 개발하고 수행하는 능력.

3. 행정가로서의 리더십

전일제로 종사하는 성인교육자들은 대부분 행정적인 역할을 수행하고 있는데 이 행정적 역할 속에 행정, 프로그램 개발, 그리고 연구

의 활용 등이 포함된다.²⁴⁾ 구체적으로 이 행정의 범주에는 다음과 같은 폭넓은 요소들이 포함되는 것으로 이해되기도 한다: 학습자의 욕구 파악, 프로그램 계획, 프로그램 실행 체계, 방법 및 미디어, 프로그램 홍보, 프로그램 평가, 커리큘럼 프로그래밍, 조직, 교수진 및 행정 요원 개발, 예산 및 재정, 학습자 서비스, 대외관계, 그리고 미래에 대한 전망과 예측.²⁵⁾ '행정'(administration)에 해당하는 기능을 "조직의 발전 및 유지, 그리고 프로그램 집행자로서의 역할"을 의미하는 것으로 설명하기도 하는데 이는 다른 말로 '관리자' 로서의 기능이라고도 할 수 있다.²⁶⁾

행정가로서의 리더십을 효과적으로 수행하기 위해서는 개인적인 자질을 토대로 하여 평생교육 분야와 학습자들에 대한 이해를 가지고 행정의 구체적인 전문적 능력(proficiencies)을 갖추고 있어야 한다. 녹스는 행정의 능력을 '과학에 기초한 예술'(an art based on a science)이라고 표현하면서 민감성(responsiveness), 대인관계 기술 그리고 인간주의적 가치관 등이 전문인의 역할수행을 이끌고 가는 요인들이 되어야 한다고 하였다. 그는 또한 행정의 구체적인 능력을 다음과 같은 네 가지 분야에서 제시하였다: 1) 교육 프로그램 참여자들의 모집과 지속적 유지, 2) 교육활동에 필요한 자원들의 확보와 배정, 3) 인적자원(staff)에 대한 선발과 개발, 그리고 4) 프로그램 전체에 대한 계획과 집행.²⁷⁾

노울즈는 행정가로서의 평생교육자의 역할을 위해서 다음과 같은 두 범주의 능력들이 요구된다고 하였다:²⁸⁾

1) 조직의 발전 및 유지

(1) 조직형태, 운영 및 개선에 관한 이론 및 연구결과를 기술하고 적용하는 능력

(2) 행정에 관한 개인철학을 확립하고 그것을 다양한 조직적 상황에 적용하는 능력

(3) 조직의 사명, 사회철학 등의 정의를 명백하게 전달하는 정책을 입안하는 능력

(4) 조직의 효율성을 평가하고 조직의 지속적인 자기발전과정을 유도하는 능력

(5) 다른 사람들과 책임 및 의사결정을 적절하게 공유함으로써 효과적으로 기획하는 능력

(6) 직원에 대한 현직연수를 제공, 감독하는 능력

(7) 직원의 업무수행을 평가하는 능력

(8) 사회교육에 영향을 미치는 제반 법규를 분석, 해석하는 능력

(9) 사회교육 분야에 있어서 재정적 정책 및 실제를 기술하고 그것을 자신의 정책 및 실제를 설정하는 지침으로 활용하는 능력

(10) 교육과정을 활용하는 조직 및 지역사회와 비교하여 변화주체로서의 역할을 수행하는 능력

2) 프로그램 집행자

(1) 제한된 예산 범위 내에서 프로그램을 설계하고 집행하는 능력

(2) 재정적 계획을 하거나 제반 절차를 점검하는 능력

(3) 현대적인 사회교육의 제반 접근을 정책수립가에게 설득력 있게 설명하는 능력

(4) 홍보 및 PR 전략을 적절하게 설계하고 효과적으로 활용하는 능력

(5) 안건(proposal)을 준비하고 그것을 위한 잠재적 재정자원을 준비하는 능력

(6) 상담자를 적절하게 활용하는 능력

(7) 프로그램의 혁신을 실험하고 그 결과를 객관적으로 평가하는 능력 및 자발성.

III. 평생교육자의 리더십 개발

1. 리더십 개발의 가능성

리더십 역량이라는 것이 선천적으로 타고나는 것인지 아니면 후천적으로 학습을 통해 습득되고 배양될 수 있는 것인지에 대한 논의는 오랫동안 있어 왔다. 한편으로는 리더십이란 성품(character)과 판단능력(judgment)인데, 이 두 가지는 가르쳐서 될 수 있는 것이 아니라는 입장에서부터 리더십은 학습되어야 하고 또 그렇게 될 수 있다는 입장에 이르기까지 다양한 주장이 제기되어 왔다.[29] 이 문제에 대한 오늘날 대부분의 리더십 전문가들의 입장은 이 두 가지 가능성을 모

두 인정하고 있는 듯하다. 우선, 테크닉과 기술 그리고 의사소통의 방법 등은 배울 수 있는 것이고 따라서 우리는 여러 가지 과정과 세미나를 통해서 교육되고 있는 리더십의 이론과 방법들을 숙달되게 익혀야 필요가 있다는 것이다. 그러나 또 한편으로는, 이런 것들은 원래부터 가지고 있는 리더십 기질을 더욱 빛나게 해주는 것일 뿐, 만일 어떤 사람이 근본적으로 리더로서의 자질이 없다면 이런 것에 대한 학습이 리더를 만들어주는 것은 아니라는 것이다. 그런데 근본적인 리더십 자질이란 것은 "느낌과 직관, 정서, 열망, 관심, 공감능력, 정열 등으로서 이는 리더십 열정(the passion of and for the leadership)"[30] 인 것이다.

오늘날 리더십의 최고 권위자들은 진정한 리더가 되기 위한 요건들을 다음과 같이 말하고 있다.[31] 우선 유전적인 요인과 아동기 성장과정의 경험인데, 전자보다는 후자의 요인에 대해서 더 많은 의견의 일치를 보이고 있다. 특히 리더로서의 자질 형성에 중요한 작용을 하는 것은 성공과 실패의 경험, 격려와 비난, 실험적 행위, 훈련 및 통제 등으로서 이러한 것에 따라 자신감과 성취욕구가 생기거나 아니면 그 반대의 방향으로 발달할 수 있다는 것이다. 그런데 반드시 긍정적인 경험만이 아니라 부정적인 경험들도 리더십 자질 형성에 기여한다는 사실을 중요하게 지적하고 있다. 두 번째는 올바른 교육을 통하여 리더십 자질을 개발할 수 있다는 것이다. 여기에서 말하는 교육이란 단순히 기술과 테크닉의 개발에 초점을 맞춘 '훈련'(training)이 아니라, 그것을 포함하여 가치 있는 정보와 지식에 대한 '교육'(education)을 통한 이해와 지혜를 습득하는 것을 말하며 이러한 지혜는 궁극적으로 효과적인 리더십의 본질적인 요소인 겸손, 애정, 그리고 존중이라는 자질을 만들어준다는 것이다. 이 점과 관련하여, 어떤 학자들은 대부분의 리더십 교육과정에서 다루는 마케팅, 재정경영, 그리고 정보 체계 등의 과목들뿐만이 아니라 예술, 역사, 철학 등에 이르는 인문학적 소양을 강조하여 교육할 것을 주장하기도 한다.[32]

그 다음 요소는 직업 세계에서의 리더십 실무경험이다. 대부분의 유능한 리더들은 20대와 30대에 실제로 리더로서의 역할을 수행하며 위험을 감수하기도 하면서 성공과 실패의 경험들을 통해 배울 수 있는 기회를 가졌던 사람들이다. 그러한 경험들이야말로 리더십 기술과 관점을 폭넓게 개발하는 데 필수적인 것으로서 리더십의 어려움과 변화 창출의 가능성에 대한 실제적인 가르침을 줄 수 있는 것이다. 특별히 빼놓을 수 없는 요소는 실패라는 것이다. 리더로서 실패한 경험들은 리더십에 대한 교훈을 일찍부터 리더의 의식 속에 각인시켜 주게 되는데, "어려운 상관들, 집행부의 비전 및 덕목 결여, 통제 범위 밖에 있는 환경들 그리고 자신들의 실수 등은 리더십 교육과정의 기초 교과목(basic curriculum)"[33]인 것이다. 끝으로, 목표지향적인 훈련(targeted training)이 리더십 자질을 함양하는 데 도움을 줄 수 있는데, 앞에서 지적하였듯이 이는 매우 제한적인 범위 안에서만 도움이 된다는 것이다. 특히 어떤 특정한 부분에서의 향상을 목표로 하여 훈련을 활용할 때 유익한 결과를 얻을 수 있다는 것이다. 결론적으로 말해서 리더는 완전히 갖추어진 형태로 태어나는 것도 아니고 짧은 시간에 만들어지는 것도 아니라고 할 수 있다. 이 양면적 요인들이 오랜 기간의 리더십 습득 과정을 거쳐 결실을 맺는 것이다.

2. 리더십 요건으로서의 인성적 요인들

인간적 행위로서의 교육활동에서 있어서 리더의 인간적 요소들은 큰 부분을 차지한다. "교사의 인간적 및 정서적 요인들이 가르침의 정 중앙에 위치하고 있으며, 교육적 테크닉과 테크놀로지, 장비, 그리고 건물 등과 같은 다른 요인들을 아무리 강조해도 사람들에게 배움이 일어나는 데는 교사의 인간성이 필수적인 요소로 작용한다."[34] 리더십의 기본적인 기능은 "다른 사람들과 함께, 그리고 그들을 통하여, 어떤 중요한 목표들에 대해 동의하게 만들고 그들로 하여금 그 목표의 성취에 기여하도록 동기부여를 하는 일"[35]이다. 이는 리더십이 곧 다른 사람들에 대한 영향력이요 권위라는 뜻인데 이러한 힘은 리더의 일과 관련한 지위나 신분, 그리고 전문적 능력에서도 나오지만, 또 한편으로는 그의 내면적이고 정신적인 자질에서도 비롯되는 것이다. 이 점과 관련하여 웹스터 사전에서는 권위(authority)에 대한 한 설명으로 "인격이나 직위, 신분 또는 정신적 및 도덕적 우월성과 같은 것으로 인한 영향력"이라고 말하고 있다.

리더십의 이러한 인성적 측면은 교사로서의 역할에서 뿐만이 아니라 행정가나 프로그램 개발자로서의 역할 수행에 있어서도 중대한 요인으로 작용한다. 그런데 리더로서의 평생교육자에게 요구되는 인성적 혹은 품성적 자질은 역시 리더십 행위를 수행하는 상황에 따라 달라지는 것이지만 관련문헌에서 일반적으로 거론하는 것들이 있다. 예를 들면 어떤 학자들은 '좋은' 성인교육자의 특성들로서 다음과 같은 속성들을 꼽는 경우를 볼 수 있다: 신뢰하는 태도, 관심을 기울이는 자세, 교육내용을 넘어서서 자신에 관한 것을 나누는 자세, 진술한 감정을 다루어주는 것, 동료들과 함께 경험과 감정을 나누는 일, 사람지향적인 자세 그리고 전문성과 리더십을 유지하면서도 솔직하고 정직한 자세. 또한 좋은 교사들은 열정적이고, 친절하며, 상냥하고, 수용적이며, 협조적이고, 인내심이 있고, 낙관적이며, 영감을 불어넣어 주며, 재치가 있고, 명확한 사고를 하며, 예의바르고, 동정적이며, 지식이 많고, 책임성이 있다는 특징이 있다고 보았다. 그리고 이러한 자질들은 가르치는 내용과는 큰 관련이 없고 리더가 어떤 사람인가의 문제와 주로 관련이 있다고 하였다.[36] 아무튼 평생교육자들은 다양한 상황에서 효과적으로 리더십을 발휘할 수 있도록 균형 있는 품성의 함양을 이루어나가는 것이 필요한데, 리는 이것을 '최고의 남성적 특성과 최고의 여성적 특성'을 통합적으로 함양하는 것으로 설명하였다.[37]

리더십 분야에서 오늘날 최고의 '권위자'(guru)라고 할 수 있는 전문가들이 최근에 리더십 행위와 관련한 강조점의 근본적인 변화를 다음과 같은 세 가지로 제시하고 있다: (1) 전략가에서 비전 제시자로의 변화(from strategist to visionary), (2) 명령하는 사람에서 이야기를 들려주는 사람으로의 변화(from commander to storyteller), 그리고 (3) 체제 설계자에서 변화 촉진자와 섬기는 자로의 변화(from systems architect to change agent and servant).[38] 이러한 점들은 평생교육 분야에서 높은 수준에서의 리더십을 수행하는 사람들에게 주로 해당되는 것일 수도 있지만 낮은 단계의 리더들에게도 적용되는 면이 있을 것이다. 특히 섬기는 자로서의 리더십은 평생학습자들을 직접 돕는 수준의 리더들로부터 최고위층에서 평생교육 기관을 이끌고 나가는 리더들에 이르기까지 모두에게 요구되는 새로운 리더십 모델이라고 할 수 있다.

섬기는 자로서의 리더(servant-leader)의 개념은 AT&T 회사의 경영연구 책임자로 있던 그린리프(Robert K. Greenleaf)에 의해서 1970년대부터 경영계에 소개되었는데, 그는 현대 비즈니스계의 임파워먼트 운동(empowerment movement)을 창시한 사람으로 여겨지고 있으며 경영계의 거물급들에게 큰 영향을 끼쳤다. 그는 진정으로 섬기는 리더는 그의 리더십의 결과로 사람들이 더 건강해지고, 더 지혜롭게 되며, 더 자유로워지고, 더 자율적이 되며, 그들 또한 다른 사람들을 더 잘 섬기게 되어야 한다고 하였다.[39] 이러한 이상향은 우리가 기독교 성인사역을 통해 지향하는 목표들에 잘 부합되는 리더십 모델이라고 할 수 있다. 물론 섬기는 자로서의 리더십은 전통적인 사고방식의 리더들에게 있어서는 받아들이기 어려운 변화이겠지만, 오늘날 리더십의 최고 권위자들이 공통적으로 강조하는 것들이 다음과 같은 표현에 집약되어 있다는 사실에 주목해야 할 것이다: "리더십은 사랑을 요구한다.(Leadership requires love.) 최상의 리더들은 섬기는 사람들이다.(The best leaders are servants.) 우리는 다른 사람들에게 베풀어줌으로써 그들을 지도한다.(You lead by giving to others.)"[40]

21세기에 요구되는 바람직한 평생학습 사회를 구축하여 개인과 사회의 건전한 발전을 도모하기 위해서는 평생교육자들이 효과적인 리더십을 발휘해야 한다. 그런데 매우 다양한 역할을 수행해야 하는 평생교육자들에게 주어진 리더십의 과제는 막중한 것이다. 성인들로 하여금 하나님의 백성으로서 이 세상의 빛과 소금의 사명을 올바로 감당하도록 도와주는 기독교 성인사역자들의 책임도 역시 매우 중요하다. 좋은 리더의 형성에는 많은 시간과 노력이 요구된다. 그러나 일단 한 사람의 리더가 형성되고 훈련되어지면 그로부터 얻는 유익은 매우 큰 것이다.[41] 따라서 오늘날 기독교 성인사역 전문가들을 양성하여 제공해주는 신학교육 기관들과 일선 교회들은 그들의 질적 수준을 높이기 위한 투자와 노력을 기울이되, 리더로서의 역할을 수행하기 전부터의 준비(pre-service preparation)와 사후의 지속적인 훈련(in-service training) 프로그램들을 효과적으로 활용해야 할 것이다.[42] 또한 성경과 신학에 대한 훈련에만 집중하여 '내용 전문가'로서의 자질만 갖출 것이 아니라 교육학을 포함한 폭넓은 인문 및 사회과학적 훈련을 통하여 균형 있게 역량을 갖춘 성인사역자들의 준비를 지향해야 할 것이다.[43]

토의를 위한 문제들

1. 본 장에서 다룬 평생교육자의 세 가지 주요 역할의 관점에서 볼 때 오늘날 교회의 성인사역 지도자들의 역할 수행을 어떻게 평가할 수 있는지 이야기해 보라.

2. 기독교 성인사역자의 리더십 개발을 위해서 신학교육 기관, 교회, 그리고 성인사역자 자신들이 해야 할 일들에는 어떤 것들이 있는지 이야기해 보라.

3. 최근에 리더십 전문가들에 의해서 강조된 근본적인 변화들을 근거로 해 볼 때, 교회의 성인사역 지도자들이 앞으로 리더십의 발전을 위해서 노력해야 할 점들이 무엇인지 이야기 해 보라.

참고자료

기영화. 「평생교육 프로그램 개발」. 서울: 학지사, 2001.
노종희 외 6인. "사회교육전문요원 실태분석과 평생교육사 배치기준 및 교육과정 개발연구." 교육부교육정책연구보고서, 1998.
차갑부. 「성인교육방법론」. 서울: 양서원, 1993.
한준상. 「모든 이를 위한 안드라고지」. 서울: 학지사, 2000.
Bennis, Warren. *On Becoming a Leader*. New York: Addison-Wesley, 1989.
Blank, Warren. *The Nine Natural Laws of Leadership*. New York: AMACOM, 1995.
Bolman, Lee G. and Terrence E. Deal. *Leading with Soul: An Uncommon Journey of Spirit*. San Francisco: Jossey-Bass, 1995.
Boone, Edgar J. *Developing Programs in Adult Education*. Englewood Cliffs, New Jersey: Prentice-Hall, Inc., 1997.
Boyett, Joseph H. and Jimmie T. Boyett. *The Guru Guide: The Best Ideas of the Top Management Thinkers*. New York: John Wiley & Sons, Inc., 1998.
Brookfield, Stephen. *Understanding and Facilitating Adult Learning*. San Francisco: Jossey-Bass Publishers, 1986.

Brookfield, Stephen. *Adult Learners, Adult Education and the Community*. New York and London: Teachers College Press, 1983.

Darkenwald, Gordon G. and Sharan B. Merriam. 「성인교육의 이론과 실제」. 백종억 역. 서울: 덕성여자대학 출판부, 1986.

Elias, John L. *The Foundations and Practice of Adult Religious Education*. Malbar, Florida: Robert E. Krieger Publishing Company, 1982.

Greenberg, H. M. *Teaching with Feeling: Compassion and Self-Awareness in the Classroom Today*. New York: Macmillan, 1969.

Greenleaf, Robert K. *The Power of Servant-Leadership*. San Francisco: Berrett-Koehler Publishers, Inc., 1998.

Heimlich, Joe E. and Emmalou Norland. *Developing Teaching Style in Adult Education*. San Francisco: Jossey-Bass Publishers, 1994.

Houle, Cyril O. *The Design of Education*. San Francisco: Jossey-Bass Publishers, 1982.

Knowles, Malcolm S. *The Making of an Adult Educator*. San Francisco: Jossey-Bass Publishers, 1989.

Knox, Allan B. *Enhancing Proficiencies of Continuing Educators*. San Francisco: Jossey-Bass Publishers, 1979.

Lee, Blaine. 「지도력의 원칙」. 장성민 역. 서울: 김영사, 1999.

McKenzie, Leon. *The Religious Education of Adults*. Birmingham, Alabama: Religious Education Press, 1982.

Rifkin, Glenn. "Leadership: Can It Be Learned." *Forbes ASAP* (April 8, 1996): 100-2.

Rogers, Carl R. *On Becoming a Person: A Therapist's View of Psychotherapy*. Boston: Houghton Mifflin Co., 1961.

Schroeder, W. "Typology of Adult Learning Systems." In *Building an Effective Adult Education Enterprise*, ed. J. M. Peters and Associates. San Francisco: Jossey-Bass Publishers, 1980.

Smith, Robert M., George F. Aker, and J. R. Kidd, eds. *Handbook of Adult Education*. New York: Macmillan Publishing Co., Inc., 1970.

Strother, George B. and John P. Klus. *Administration of Continuing Education*. Belmont, California: Wadsworth Publishing Company, 1982.

주(註)

1) Cyril O. Houle, "The Educators of Adults," in Robert M. Smith, George F. Aker and J. R. Kidd, eds., *Handbook of Adult Education* (New York: Macmillan Publishing Co., Inc., 1970), 110.
2) Webster's New International Dictionary.
3) Houle, 111-3.
4) Cyril O. Houle, *The Design of Education* (San Francisco: Jossey-Bass Publishers, 1982), 232.
5) Warren Blank, *The Nine Natural Laws of Leadership* (New York: AMACOM, 1995).
6) Blaine Lee, 「지도력의 원칙」, 장성민 역 (서울: 김영사, 1999), 38, 160.
7) 한준상, 「모든 이를 위한 안드라고지」 (서울: 학지사, 2000), 133-5.
8) Gordon G. Darkenwald and Sharan B. Merriam, 「성인교육의 이론과 실제」, 백종억 역 (서울: 덕성여자대학 출판부, 1986), 23.
9) Malcolm S. Knowles, *The Making of an Adult Educator* (San Francisco: Jossey-Bass Publishers, 1989).
10) Houle, "The Educators of Adults," 113-5.
11) Stephen Brookfield, *Understanding and Facilitating Adult Learning* (San Francisco: Jossey-Bass Publishers, 1986), 123.
12) Houle, *The Design of Education*.
13) Stephen Brookfield, *Adult Learners, Adult Education and the Community* (New York and London: Teachers College Press, 1983), 156-9.
14) Knowles, *The Making of an Adult Educator*.
15) Carl R. Rogers, *On Becoming a Person: A Therapist's View of Psychotherapy* (Boston: Houghton Mifflin Co., 1961).
16) Brookfield, *Adult Learners*, 152-3.
17) 기영화, 「평생교육 프로그램 개발」 (서울: 학지사, 2001), 18.
18) W. Schroeder, "Typology of Adult Learning Systems," in J. M. Peters and Associates, eds., *Building an Effective Adult Education Enterprise* (San Francisco:Jossey-Bass Publishers, 1980).
19) Edgar J. Boone, *Developing Programs in Adult Education* (Englewood Cliffs, New Jersey: Prentice-Hall, Inc., 1997), 3.
20) Ibid., 2.
21) Ibid., 2-3.

22) Ibid., 6-7.
23) Knowles, The Making of an Adult Educator.
24) Knox, Allan B. *Enhancing Proficiencies of Continuing Educators*. San Francisco:Jossey-Bass Publishers, 1979).
25) George B. Strother, and John P. Klus, *Administration of Continuing Education* (Belmont, California: Wadsworth Publishing Company, 1982).
26) 노종희 외 6인, "사회교육전문요원 실태분석과 평생교육사 배치기준 및 교육과정 개발연구," 교육부교육정책연구보고서, 1998), 33.
27) Knox, 25-30.
28) Knowles, *The Making of an Adult Educator*.
29) Glenn Rifkin, "Leadership: Can It Be Learned," *Forbes ASAP* (April 8, 1996): 103-4.
30) Joseph H. Boyett and Jimmie T. Boyett, *The Guru Guide: The Best Ideas of the Top Management Thinkers* (New York: John Wiley & Sons, Inc., 1998), 40.
31) Ibid., 40-3.
32) Lee G. Bolman and Terrence E. Deal, *Leading with Soul: An Uncommon Journey of Spirit*. San Francisco: Jossey-Bass, 1995), 168.
33) Warren Bennis, *On Becoming a Leader* (New York: Addison-Wesley, 1989), 146.
34) H. M. Greenberg, *Teaching with Feeling: Compassion and Self-Awareness in the Classroom Today* (New York: Macmillan, 1969), 20-1.
35) Knox, 25.
36) Joe E. Heimlich and Emmalou Norland, *Developing Teaching Style in Adult Education* (San Francisco: Jossey-Bass Publishers, 1994).
37) Lee, 351-4.
38) Boyett and Boyett, 17-39.
39) Robert K. Greenleaf, *The Power of Servant-Leadership* (San Francisco: Berrett-Koehler Publishers, Inc., 1998), 1.
40) Boyett & Boyett, 16.
41) John L. Elias, *The Foundations and Practice of Adult Religious Education* (Malbar, Florida: Robert E. Krieger Publishing Company, 1982), 200.
43) McKenzie, Leon. *The Religious Education of Adults*. Birmingham, Alabama: Religious Education Press, 1982), 69-74.

제7장
성인발달의 이론적 모델들

ChristianAdultMinistry

성인들을 실제로 교육할 때에는 효과적이고도 효율적인 교육을 위해서 그들의 여러 가지 특성들을 이해하여야 한다. 즉, 성인들의 신체적 또는 생리적인 특성에서부터 심리적, 사회적 및 종교적 특성까지의 전인적인 면을 고려한 교육을 실시해야 하는 문제가 대두되는 것이다. 오늘날 이러한 문제는 포괄적이고도 다각적인 접근을 가능케 하는 발달심리학(developmental psychology)의 연구를 통하여 효과적으로 해결되고 있다. 이러한 발달론적 접근에서는 성인기의 심리적, 생물학적 및 사회문화적 요인들의 상호관계에 관심을 두며 한 개인에게 전반적인 영향을 미치는 제반 사건들과 경험들을 집중적으로 연구한다. 본 장에서는 최근까지의 주요 성인발달 이론들을 살펴봄으로써 기독교 성인사역에 필요한 성인 이해를 위한 이론적 기초를 제공하고자 한다.

I. 성인발달에 대한 연구

1. 인간발달 연구에 작용하는 주요 패러다임들

어떤 현상을 연구하는 일에는 항상 일정한 가정과 전제라는 것이 있다. 그러한 특정한 가정의 범주 안에서 어떤 현상에 대해 논리적으로 설명하려는 노력이 과학적 사실이라는 것이다. 그런데 이들 가정들에 따라서 이 세상을 설명하는 방식 또는 '이론적 모델'들이 다르게 형성된다. 이러한 가정들의 체계를 세계관 또는 패러다임이라고 부르는데 이것은 인간의 발달을 연구하는 데 있어서 매우 중요하게 작용한다.

우선 기계론적 패러다임을 들 수 있는데 이는 인간을 하나의 기계처럼 보는 입장이다. 이러한 입장에서는 인간의 발달을 환경에 대한 반응적 또는 수동적 작용으로 이해하게 된다. 즉, 행동이라는 것은 외적 힘의 결과로서 이 힘은 연쇄적인 사건들을 초래한다는 것이다. 이 패러다임에서는 변화를 질적인 것이 아니라 주로 양적인 것으로 간주하며 복잡한 행동들도 궁극적으로는 단순한 요소들로 분해할 수 있다고 본다.

두 번째로 유기적인 패러다임에서는 인간을 생물학적인 유기체로 설명하며 능동적인 인간발달의 모델을 제시한다. 이 입장에서 본 인간은 능동적인 존재로서 인간의 발달은 환경에 대한 개인의 주도적 대응의 결과라고 본다. 그리고 변화라는 것을 질적인 측면에서 보며 그것은 어떤 이상적인 목표점을 지향하는 것으로 이해한다.

세 번째로 상황적 패러다임에서는 인간을 지속적인 사건이라는 관점에서 설명한다. 이러한 패러다임은 변증법적 발달 모델을 창출하게 되는데, 이 입장에서는 개인이 끊임없이 변화하는 존재로 간주되며 행동은 개인과 환경 사이의 상호작용의 결과로 이해한다. 이 관점에서는 양적 및 질적 변화를 모두 중시하며 어떤 하나의 이상적인 목표점이 아니라 다양한 모양의 발달이 끊임없이 변화하는 개인과 끊임없이 변화하는 상황 사이의 상호작용의 결과로 생성된다고 본다.[1]

이상의 다양한 패러다임은 인간발달에 관한 상이한 이론과 모델을 만들어내는데, 인간발달은 실로 복잡한 것이어서 어느 한 가지 이론으로 충분히 이해하고 설명하기는 어렵다. 그리하여 오늘날에는 이러한 다양한 가정들과 이론들을 통합할 수 있는 이론적 모델을 요구하게 되었는데 그러한 필요를 충족시켜주는 모델이 바로 전생애 발달심리학적 모델이다.

2. 전생애 발달심리학 모델(Life-span Developmetal Psychology)

최근까지만 해도 발달심리학을 연구하는 대다수의 학자들은 성인기 동안에는 변화가 거의 없는 것으로 믿어왔다. 그러나 평균수명이 길어짐에 따라 노년기에 대한 연구를 비롯하여 청년기 그리고 최근에는 중년기까지의 성인기 전체에 대한 연구가 이루어지면서 전통적인 학설들은 점차 바뀌게 되었다. 즉, 인간의 발달이라는 것을 주로 생물학적인 관점에서 청소년기까지의 상승적인 변화로 보던 입장에서 이제는 전 생애에 걸쳐 시간 경과에 따라 나타나는 모든 양적 및 질적 변화를 의미하는 것으로 보게 된 것이다. 그리하여 이미 앞 장에서 논의한 바 있듯이 발달의 개념에는 하강적 변화도 포함시키고 있으며, 따라서 인간의 발달은 일생을 통하여 계속적으로 진행된다는 입장을 취하고 있는 것이다.

오늘날의 이러한 전생애 발달심리학적 관점에서는 인간의 변화에 있어서 시간 경과의 과정에서 전후관계의 중요성을 강조하고 있다. 또한 인간의 발달은 단순하거나 획일화된 양상으로 일어나는 것이 아니라 다양한 방향과 모습으로 나타나는 것으로 보고 있다. 다음의 그림은 인간발달의 이러한 다중방향성을 잘 보여주고 있다.

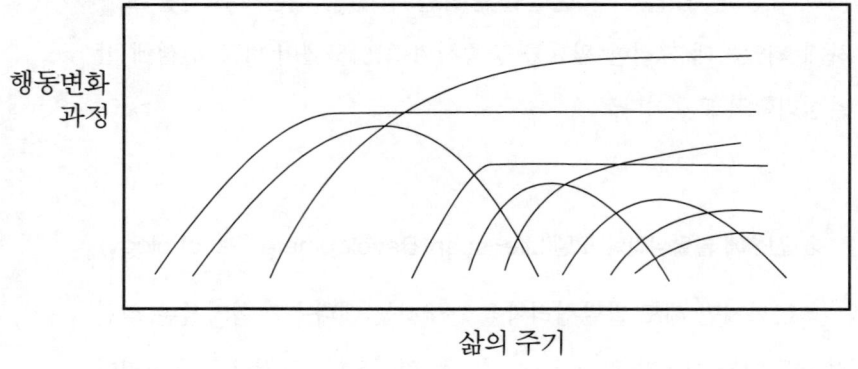

[그림 7-1] 인간발달의 다중방향성(Hultsch & Deutsch, 17)

또한 인간발달에 있어서 유연성을 인정하고 있는데, 이러한 입장에 따르면 일생의 어느 한 시점에서의 발달 장애는 환경 개선 등이나 본인의 의지적 노력 또는 주변 사람들의 후원과 도움 등으로 인하여 극복되거나 좋아질 수 있다. 이러한 유연성(flexibility)은 저연령기 뿐만이 아니라 노년기까지 전 생애에 걸쳐 가능한 것이다. 그리고 오늘날의 발달심리학에서는 인간의 발달과정에 있어서 역사적 및 사회적인 요인들을 중요하게 고려하고 있다. 즉 발달과정에서 인간은 역사적, 사회적 환경에 영향을 주고받는데 인간은 단순히 환경에 반응할 뿐만이 아니라 변화시키기도 한다는 입장이다. 마지막으로 인간의 발달은 복잡하고 다양한 현상이어서 그것을 이해하는 바람직한 방법으로서 다학제적 접근을 통하여 다가가고 있다. 즉, 어떤 특정 학문이 인간발달을 완벽하게 설명할 수는 없으며 따라서 인류학, 생물학, 역사학, 가정학(인간생태학), 심리학, 사회학 등의 다학제적 접근이 필요하다는 것이다.[2]

성인발달을 연구함에 있어서 성인기가 매우 길고 그 안에 아주 다양한 부류의 사람들이 존재하기 때문에 대부분의 학자들은 크게 세 단계로 구분하여 접근하고 있다. 그 분류의 기준은 생활연령에 의한 것으로서 학자마다 다르지만 일반적으로는 청년기 또는 성인전기를 20세에서 40세까지, 중년기 또는 성인중기를 40세에서 60세까지, 그리고 노년기 또는 성인후기를 60세 이상으로 설정하고 있다.

연령이라는 기준은 성인발달을 연구하는 데 보편적으로 사용되고 있는 개념으로서 편리한 점들을 가지고 있지만, 개인차가 많고 또한 연구의 측면에 따라서 설명력이 크게 낮아지기도 하는 단점을 가지고 있기도 하다. 이러한 이유에서 성인발달을 연구할 때는 연령의 종류들을 구분하여 사용하는 경우가 있는데 일반적으로 흔히 연령이라고 할 때는 생활연령(chronological age)을 의미하는 것으로서 이것은 달력에 의한 나이를 가리키는 것이다. 이와는 대조적으로 동년배와 비교하여 얼마나 잘 기능하는가를 의미하는 기능연령(functional age)이라는 개념을 자주 사용하기도 한다. 기능연령에는 몇 가지가 포함되는데 우선 신체적 활력 및 건강 수준을 나타내는 생물학적 연령(biological age), 그리고 환경변화와 스트레스에 대한 적응 능력 정도를 가리키는 심리적 연령(psychological age), 또한 개인이 속한 사회에서 자신의 연령에 적합한 역할을 잘 수행하는 정도를 뜻하는 사회적 연령(social age)이 있어서 어떤 측면의 연구를 하는가에 따라서 그에 적합한 연령 개념을 구별하여 사용하는 것이다.[3]

II. 규범적 위기 모델 이론들

전생애 발달 모델에는 크게 두 가지의 접근이 있다. 우선 규범적 위기 모델에서 본 인간발달에는 내재된 기본 패턴이 있으며 대부분의 사람들이 그것을 따른다고 주장한다. 이러한 입장을 취하는 학자들로서는 하비거스트(Robert J. Havighurst), 에릭슨(Erik H. Erikson) 그리고 레빈슨(Daniel J. Levinson) 등이 있다.

이 관점에서는 성인기를 몇 개의 전형적인 단계들(life stages)로 나누고 각 단계를 그 이전과 이후의 연속적인 관계 속에서 이해하려고 한다. 성인기를 단선적이고 정체적인 상태로 보지 않고 일련의 삶의 단계들의 연속으로 보는 이 관점에서는 각 단계마다 대두되는 특정한 문제들과 적응 과제들, 그리고 그에 대해 한 개인이 반응하는 행동양식이 빚어내는 특징적인 패턴을 주요 개념으로 상정하게 된다. 레빈슨은 이것을 가리켜 "인생구조"(life structures)라고 하였으며[4] 이것은 시작과 끝이 있는 과정으로서 그 사이의 전개 양상이 사람마다 대부분 공통적으로 같게 나타나는 특징이 두드러진다는 점에서 "인생주기"(life cycle)라고도 불리운다. 이것은 구체적으로 한 개인이 여러 가지 사회적 역할들을 통해 사회와 외적으로 관계를 맺는 방식을 말한다.[5]

1. 하비거스트의 발달과제론(Developmental Tasks Theory)

하비거스트는 1950년대에 「인간발달과 교육」[6]이라는 책을 통해서 발달과제론이라는 것을 제시하였다. 그가 규정한 '발달과제'(developmental tasks)란 한 개인의 삶의 각 단계에서 발생하는 해결 과제들을 의미하는 것이다. 구체적으로 이는 한 개인이 자신과 다른 사람들에 의해 정상적이고 성공적인 사람이라고 평가되기 위해서 충족시켜야 할 생리적, 심리적 및 사회문화적 요구들이라고 정의할 수 있다. 어떤 과제들은 가정관리와 같이 외적으로 드러나는 것도 있지만, 이러한 과제와 관련한 개인의 태도, 희망, 생각 등과 같이 내면적인 측면도 있다. 이 과제를 성공적으로 성취하면 만족을 얻으며 그 다음에 오는 과제를 성공적으로 해결하는 데 도움이 되지만 만일 그 과제 성취에 실패하면 불만족을 얻을 뿐만 아니라 그 다음에 이어지는 과제 해결에도 어려움을 겪게 된다.

이러한 발달과제들은 대부분 삶에서 어떤 특정한 일이 발생하였을 때 대두되는 것인데, 이것을 우리는 '인생사건들' (life events)이라고 부른다. 여기에는 누구에게나 보편적으로 일어나는 예측가능한 '규범적 사건' (normative events)과 불규칙하게 발생하여 예측을 할 수 없는 '비규범적 사건' (nonnormative events)이 있다. 규범적 사건에는 생물학적 성숙과 같이 연령에 따른(age-graded) 사건들과 전쟁과 같이 동일한 역사적 경험에 의한(history-graded) 사건들이 있다. 비규범적 사건에는 질병이나 사고와 같은 것들이 속한다.[7]

인생주기라는 관점에서는 이들 발달과제와 여러 종류의 사건들에 대해 한 개인이 적응(adaptation)하는 과정과 방식이 또 하나의 중요한 개념이 된다. 이와 관련하여 긍정적이고 성공적인 적응의 결과로 나타나는 새로운 태도, 지식, 기술 등을 포함하는 성장 또는 성숙(growth, maturity)의 개념도 중요하다. 구체적으로 이는 인생의 과제와 사건들을 통하여 더욱 더 발전된 자아통합성(ego integrity), 인격, 그리고 삶에서의 효율성을 가리키는 개념이다. 이러한 변화는 아동기 때의 타율적이고 일방적인 형성(formation) 과정에 반하여 새로운 차원과 의미의 획득이라는 변형(transformation) 의 개념으로도 설명된다.[8]

이러한 과제로서 하비거스트는 아동기에서부터 성인기에 이르기까지 여러 가지를 제시하였는데, 성인기는 청년, 중년, 노년기로 나누어 다음과 같은 발달과제들을 제시하였다.

1) 청년기

(1) 배우자를 선택하는 일

(2) 배우자와의 원만한 관계를 유지하는 일

(3) 자녀를 낳기 시작하는 일

(4) 자녀를 양육하는 일

(5) 직업을 소유하는 일

(6) 가정을 관리하는 일

(7) 사회적 책임을 수행하는 일

(8) 가까이 친분을 맺을 수 있는 집단을 찾는 일

2) 중년기

(1) 사회적 임무 수행에 참여하는 일

(2) 경제적인 생활 기반을 구축하고 유지하는 일

(3) 십대의 자녀들로 하여금 책임감 있고 행복한 성인으로 성숙하도록 인도해 주는 일

(4) 자신에게 알맞은 여가활동을 개발하는 일

(5) 배우자를 하나의 인격적 존재로 대하는 일

(6) 중년기의 생리적 변화를 받아들이고 그것에 적응하는 일

(7) 연로해 가는 부모에게 적응하는 일

3) 노년기

(1) 쇠퇴해 가는 기력과 건강에 적응하는 일

(2) 은퇴 생활과 줄어든 수입에 적응하는 일

(3) 배우자의 사망에 적응하는 일

(4) 사회적 접촉과 역할이 감소하는 것에 적응하는 일

(5) 만족스러운 생활환경을 마련하는 일

하비거스트에게 있어서 성숙한 성인이 되는 과정이란 성인기에 경험되는 이들 과제를 성취하기 위해서 노력하는 일이라고 할 수 있다. 이 과제들은 사회계층과 문화, 또는 시대에 따라 차이가 있고 달라질 수 있다는 것을 전제로 하고 있어서, 어느 일정한 발달과제들이 모든 경우를 다 설명할 수는 없다. 그러나 기독교 사역에 있어서 우리가 성인들이 일반적으로 성취해야 할 과제들을 잘 알고 있는 것은 그들의 필요에 부응하는 사역을 하기 위한 필수 조건이라는 점에서 이러한 이론적 틀은 매우 중요한 것이다. 실제로 이 발달과제들은 자연스러운 교육적 기회(teachable moments)들을 제공한다는 점에서 교회의 사역에서 매우 중요한 의미를 지니는 것이다.

2. 에릭슨의 심리-사회적 위기론(Psycho-Social Crisis Theory)

에릭슨은 심리-사회적 위기론을 제시하였는데, 그에 의하면 인간에게는 개인의 내적 본능 및 욕구와 외적 문화적, 사회적 요구간의 상호작용으로 인해 심리 사회적 발달이 전 생애를 통해 계속된다. 이것은 전통적인 프로이드의 입장에서 더 나아가 개인과 사회와의 상호

작용에 의한 영향을 고려한 것이다. 에릭슨은 한 개인의 인성은 심리적 및 사회적 관계라는 관점에서 볼 때 각 시기마다 대립되는 두 가지 성향 사이에서 어느 방향으로 가는가 하는 위기의 해결에 따라 좌우된다고 보았다. 그에 의하면 위기(危機, crisis)란 항상 부정적인 것만은 아니며 오히려 인간의 발달을 자극하는 동기가 된다고 하였다. 즉 개개인이 긍정적 혹은 부정적 방향으로 변하는 것에 따라 위기는 성숙의 장애가 되기도 하고 때로는 성숙의 기회가 될 수도 있는 것이다.

그는 인간의 전 생애를 8단계로 구분하고 각 단계마다 이 같은 위기를 조성하는 두 가지 대립적 성향을 제시하였다. 그에 의하면 각 단계의 위기 또는 갈등상황의 해결에 따라 긍정적 혹은 부정적인 발달이 초래된다. 그리고 특정 단계의 과제나 위기가 완전히 해결되지 않고도 다음 단계로 진행할 수 있으나 해결하지 못한 과제나 위기는 그대로 남아서 장애 요소로 작용한다고 보았다. 그는 성인기를 세 단계로 나누고 각 단계에서 다음과 같은 속성들이 대립적으로 나타난다고 하였다: (1) 청년기–친밀감과 고립감; (2) 중년기–생성감과 자아탐닉; (3) 노년기–자아통합과 절망감.

청년기의 긍정적 속성인 친밀감(intimacy)은 다른 사람들과의 의미 있고 지속적인 관계를 가질 수 있는 능력을 말하며, 고립감(isolation)은 그와는 반대적인 속성을 의미한다. 이 친밀감은 확고한 유대감과 동반자 의식에 헌신할 수 있는 능력을 말하며 비록 때로는 희생과 타협이 요구된다 하더라도 그러한 헌신을 유지할 수 있는 윤리적인 힘을 뜻한다.[9] 이는 모든 인간관계에 일반적으로 적용될 수 있는 속성이지만 특히 이성간의 사랑과 결혼을 행복하고 안정된 관계로 유지시킬 수 있는 힘이 된다고 하였다. 이러한 방향으로 발달하지 못하면 그 반대인 고립감의 방향으로 발달하게 되는데 과거에 생긴 불신감이나 피해의식 등이 이러한 상태를 초래하는 원인이 되기도 한다. 이렇게 되면 모든 인간관계가 장애를 입게 되고 사람들과의 의미 있고 만족스러운 관계를 형성하고 즐기지 못하게 되는 것이다.

중년기의 생성감(generativity)이란 자손의 생산과 양육을 포함하여 이 세계가 다른 사람들과 그들의 자손들에게 더욱 살기 좋은 곳이 되도록 하기 위한 모든 생산적이고도 창조적이며 이타적인 활동을 말하며 "자신의 관심을 확장하고 미래에 공헌했다는 느낌"[10]을 말한다. 즉 자신의 창조성과 에너지를 가지고 가치로운 것을 남겨서 다음 세대에게 물려주고자 하는 자세인 것이다. 이러한 생산성이 발달하지 않은 사람은 이기적이고 자아탐닉에 빠져 정체(stagnation)되어 불행하게 된다고 하였다.

노년기에는 자아통합(ego integrity)이 아니면 절망감(despair)의 방향으로 발달하는 위기가 대두된다고 하였다. 자아통합이란 인생의 황혼기에 자신의 일생을 회상해 보면서 회한이나 후회에 싸이지 않고 자기 용납과 만족을 찾으려는 태도를 말한다. 즉 자신의 일생에서 실패와 불행들도 있었지만 지금은 그것을 되돌릴 수 없다는 것을 인정하고 이제는 남아있는 시간을 가장 만족스럽게 보내는 것이 중요하다는 자각을 하는 것이다. 그와 반대로 절망감이란 죽음에 대한 두려움, 자신의 일생에 대한 쓰라린 회한과 원망에 휩싸여 지내는 상태를 말한다. 이와 같은 에릭슨의 이론은 성인기의 발달과정을 심층적인 심리적 속성과 사회적 관계의 차원에서 예리하게 간파하였다는 탁월함이 있다. 기독교적인 관점에서 볼 때도 하나님과의 관계와 사람들과의 관계에 있어서 성숙한 사람과 그렇지 않은 사람들을 에릭슨이 제시한 개념으로 설명할 수 있을 것이다. 그리고 기독교적인 사역은 사람들로 하여금 하나님의 능력에 힘입어 위에서 말한 긍정적인 방향으로 발달하게 하여 삶의 위기들을 극복하게 하고 만족하며 의미 있는 생을 살아가도록 돕는 것이어야 한다.

	1	2	3	4	5	6	7	8
VIII. 노년기								자아통합 대 절망
VII. 성인기							생성감 대 자아탐닉	
VI. 성인전기						친밀감 대 고립감		
V. 청년기 (생식기)					정체감 대 역할혼란			
IV. 잠복기				근면성 대 열등감				
III. 남근기			주도성 대 죄의식					
II. 항문기		자율성 대 수치						
I. 구강기	신뢰 대 불신							

[그림 7-2] 심리-사회적 발달의 8 단계 (Erikson, 1963)

3. 레빈슨의 삶의 구조론(Life Structures theory)

레빈슨은 35세에서 45세에 이르는 남성 40명을 심층면접하고, 자서전 및 문학 작품에 등장한 인물들을 연구하여 삶의 구조론이라는 것을 제시하였는데, 성인들의 삶을 관찰한 결과, 어떤 보편적인 패턴을 발견하였다는 것이다. 그는 인생 주기를 사계절에 비유하여 설명하였는데 아동기와 청소년기를 봄으로, 그리고 성인전기를 여름으로 또한 성인중기와 성인후기를 각각 가을과 겨울에 해당하는 것으로 묘사하였으며 이러한 그의 개념은 *The Seasons of a Man's Life*라는 그의 원 저서명에 잘 나타나 있다.[11] 그가 자신의 이론을 설명하기 위해 제시한 '삶의 구조'라는 것은 "특정 시기에 있어서 개인의 생활의 기초가 되는 유형이나 설계"로서 이것을 구성하는 주요 요소들은 배우자, 자녀, 직장상사, 동료 등과의 관계 그리고 교회, 동호회 등과 같은 중요한 집단이나 사회구조와의 관계라고 하였다.[12]

그에 의하면 대다수 사람들의 인생구조는 일과 가족 관계를 중심으로 하여 형성되는데, 그가 발견한 성인기의 인생구조는 다음과 같은 것이다. 우선 성인전기는 4단계로 나누어지는데, 성인전기 전환기(17-22세), 성인세계 진입기(22-28세), 30세 전환기(28-33세), 정착기(33-40세)로 이루어져 있다고 하였다. 그리고 성인중기도 4단계로 이루어져 있는데, 그것은 생애 중반의 과도기(40-45세), 성인중기 진입기(45-50세), 50세 과도기(50-55세), 성인중기 절정기(55-60세)라고 하였다. 그 이후에는 성인후기 과도기(60-65세)를 거쳐서 본격적인 성인후기가 이어진다고 하였다.

이러한 성인기의 삶의 구조는 몇 가지 특징이 있는 것으로 설명할 수 있는데, 우선 성인기의 생활은 전환기와 안정기가 교대로 나타나는 패턴을 갖고 있다는 것이다. 그리고 전환기는 보통 4-5년 지속되며 이 때에는 기존 생활 구조를 평가하고 새로운 생활양식으로 바꾸는 일이 자주 일어난다. 또한 안정기는 15-18년 정도 지속되며 그 안에서도 몇 개의 작은 안정기와 전환기가 나타난다. 레빈슨에 의하면 인생의 매 시기마다 개인은 만족스런 인생구조를 설계하는 데 있어서 성공의 정도가 다양할 수 있다.

레빈슨이 제시한 성인기의 삶의 구조는 지금까지 제시된 이론 중에서 가장 구체적으로 성인기의 생활패턴을 제시하였다는 가치를 인정받고 있다. 비록 이 패턴이 사회문화적인 차이에 따라 보편적으로 적용하기 어려운 경우가 있겠지만 부분적인 수정을 통하여 얼마든지 여러 종류의 성인들의 삶이 구조를 이해하는 데 사용할 수가 있을 것이다. 사실, 이상의 세 가지 이론들이 삶의 주기 이론이라고 불리는 이유도, 개인적이고 사회문화적인 작은 차이들은 있더라도 이러한 특징들이 어느 정도 일정한 모양을 가지고 반복적으로 되풀이되어 나타나기 때문이다.

레빈슨의 이론에서는 변화와 적응의 과정 또는 시기를 전환기(transition)라고 하여 중요하게 다루게 되는데, 삶의 전환은 일반적으로 다음과 같은 세 가지 방식으로 일어나게 된다: (1) 삶의 한 단계에서부터 다른 단계로 옮겨 감으로, (2) 역할을 변화시킴으로, 그리고 (3) 삶 속에서 발생하는 각종 사건들을 통하여.[13] 이러한 전환은 자녀

출산이나 질병 등과 같이 생물학적인 변화에 의한 것일 수도 있고, 직업이나 가정 생활상의 변화와 같은 사회문화적 요인에 의한 것일 수도 있으며, 때로는 심리적 위기감과 같이 각 사건이 개인에게 주는 의미에 따른 것일 수도 있다.

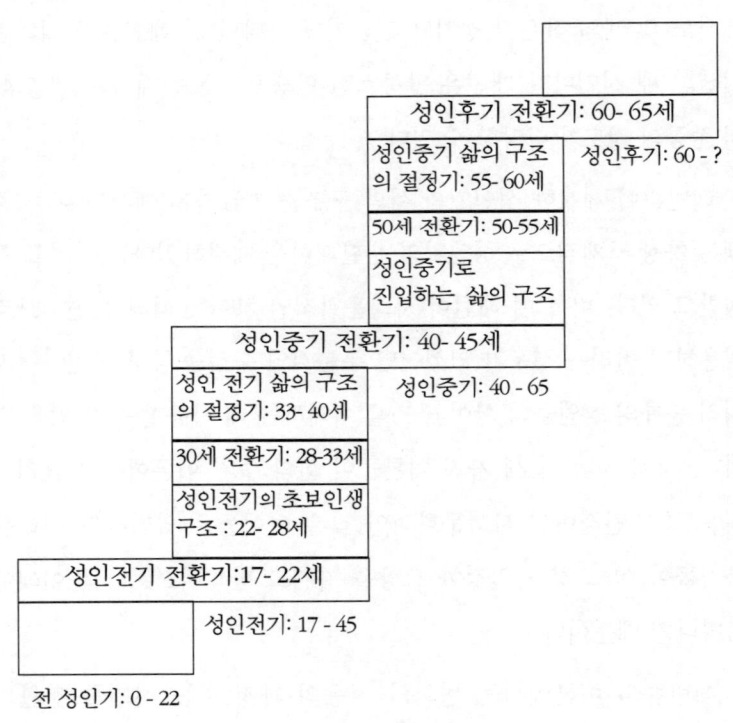

[그림 7-3] 성인기의 삶의 구조 (Levinson, 1978)

III. 사건 발생시기 모델 이론

　이상에서 살펴 본 몇 가지 주요 규범적 위기 모델 이론들은 그 조사대상이 특정한 시대적 및 문화적 요인의 특성을 반영하고 있다는 점을 고려하여 제한적으로 이해하고 활용해야 한다. 또한 조사대상의 개인적 특성, 그리고 개인이 주어진 환경과 어떠한 상호작용을 하는지에 따라 이 이론들의 내용은 그 설명력이 떨어질 수도 있다. 레빈슨의 이론도 남성만을 대상으로 조사했다는 점 때문에 보편성을 인정받지 못하였는데 나중에 그는 여성들을 대상으로 한 후속연구를 하여 자신의 이론을 보완하기도 하였다.[14]

　그리하여 규범적 위기 모델에 대한 검증이 다양한 시대와 문화의 모집단에 대해서도 이루어져야 한다는 의견이 많이 제시되었으며 특히 성인의 경우에 있어서는 연령보다는 성이나 직업 등과 같은 개인적인 변인들을 고려한 연구의 필요성이 제기되었다. 이와 같이 규범적 위기 모델의 약점에 대한 비판적 입장에서 중요하게 제시된 '사건 발생시기 모델'은 뉴가튼(Bernice Neugarten)에 의해서 연구 발표된 것으로서 오늘날 성인발달에 대한 새로운 경향을 보여주고 있다.[15]

　이 이론은 사람들은 인생에서 특정 사건들과 그 사건들이 발생하는 특정한 시기에 반응하여 발달한다고 주장한다. 그리하여 인간의 발달은 정해진 계획에 따른 결과나 위기의 시간표로서가 아니라 개인의 생에서 중요한 사건이 발생하는 시기의 결과라고 한다. 특히 성인기를 생물학적 시간대에서 사회적 시간대로 이동하는 시기로 보는데, 신체적 및 지적 성숙보다는 결혼과 자녀양육, 직업, 이혼, 사별, 은퇴 등의 문제가 성인기의 삶에 더 큰 영향을 준다는 것이다. 뉴가튼은 오늘날에는 전통적인 '적절한' 시간대나 나이의 개념은 점차 줄어들고 있지만 아직도 그에 대한 사회적 기대는 존재하며 사람들은 이 같은 사회적 시간대에 자신들의 중요한 인생사건을 맞추려고 한다고 보았다.

앞에서 하비거스트의 이론을 설명하면서 언급한 "인생사건"들 중에서도, 뉴가튼은 예상했던 시기에 일어나는 규범적 사건들은 일반적으로 무난히 넘어가지만 문제가 되는 것은 예상했던 순서와 리듬을 깨는 사건들임을 강조하였다. 그녀는 또한 인생사건을 개인적 사건과 문화적 사건으로 구분하기도 하였는데, 경제 불황이나 지진, 전쟁 또는 핵원자로나 화학공장의 사고 등과 같은 것을 "문화적 사건"으로 설명하였고, 개인이나 한 가족에게 일어나는 임신, 결혼, 승진 등과 같은 것을 "개인적 사건"으로 설명하였다. 그녀에 의하면 문화적 사건은 개인의 사회적 시간대에 영향을 미친다.

아무튼 사건 발생시기 모델에서 핵심적으로 강조하는 점은 인생의 사건에 대한 개인의 반응이 그 자신의 발달에 중요하게 작용한다는 것이다. 그리고 이러한 개인의 반응은 신체적 건강, 가족의 지원과 같은 중재요인과, 생활사건에 대한 개인의 대처방식, 인생의 단계, 사회역사적 환경 등의 내적, 외적 요인에 따라 영향을 받는다고 하였다. 이러한 입장의 문제점은 성인기의 발달에 있어서 안정보다는 변화를 지나치게 강조하는 점이고, 또한 스트레스의 주된 원인이 삶에서 일어나는 주요 사건이 아니라 나날이 겪는 일상적인 경험 때문일 수도

있다는 점을 간과하고 있다는 것이다.[16]

　이상의 여러 성인발달이론들은 그 설명하는 방식이 다 다르지만 성인기에 대하여 공통적으로 발견한 것이 있다. 콜만(Lucien E. Coleman, Jr.)은 이러한 유사점이 성인기를 이해하는 데 매우 중요한 단서가 된다고 평가하면서, 그 유사점들을 세 가지로 지적하였다. 하나는 세 이론 모두가 성인기를 어떤 정해진 목적지를 향해 가는 고정적인 시기가 아니라 성장과 변화의 많은 가능성을 지니고 있는 역동적 과정으로 본다는 점이다. 또 하나는 성인기의 발달은 인식 가능한 어떤 단계와 순서를 가지고 있다는 점을 공통적으로 발견한 것이다. 그리고 마지막으로는 정상적이고 바람직한 성인기의 발달 모습은 삶에 대한 이해와 대인관계 기술, 자기 이해, 그리고 삶의 문제들에 대한 적응력에 있어서 더욱 성숙하고 증가하는 방향으로 이루어진다는 사실이다.[17] 조단(C. Ferris Jordan)은 성인의 발달과정에 대한 설득력 있는 이론들이 이처럼 다양하다는 것은 그만큼 성인기가 복잡하면서도 역동적인 특징을 가지고 있는 증거라고 하면서, 성인의 발달과정에 대해 통전적인(eclectic) 시각을 가지고 보아야 함을 지적하였다. 그는 또한 이러한 이론들을 가지고 기독교 사역자들이 해야 할 것은, 삶의 단계나 발달과제들 그리고 위기들이 만들어내는 '교육 기회'(teachable moments)들을 잘 포착하여 성령의 인도하심 속에서 그것들을 잘 활용하여 각 사람을 그리스도 안에서 잠재성을 충분히 발휘하도록 도와주는 일이라고 하였다.[18]

이상과 같은 개념들은 교회의 성인사역에 있어서 매우 중요한 의미를 갖는 것으로서, 사역자들에 의해 효과적으로 활용되어야 할 것이다. 성인들에게 사역하는 사람들은 이 시기에 발생하는 각종 주요 발달과제와 삶의 사건들을 활용하여 영적이고 본질적인 변형과 성숙을 도입하고 지원할 수 있어야 한다. 또한 성인들을 위한 교육 활동에서는 이러한 관련 문제들과 직접적인 연관성이 있는 커리큘럼의 구성을 시도해야 할 것이다.

토의를 위한 문제들

1. 인간발달 연구에 전제가 되는 세 가지 패러다임 중에서 성경적 관점을 가장 잘 보여주는 것은 어느 것이라고 생각하며 그 이유는 무엇인가?

2. 규범적 위기 모델에 속하는 세 가지 이론들의 내용에 비추어 자신이나 또는 가족 중의 어느 한 사람의 발달과정을 평가해 보라.

3. 이 장에서 다룬 성인발달 이론들 중에서 기독교 성인사역에 구체적으로 적용할 수 있는 점들을 찾아 이야기해 보라.

참고자료

정옥분. 「성인발달의 이해: 성인, 노인 심리학」. 서울: 학지사, 2000.
Coleman, Lucien E., Jr. *Understanding Today's Adults*. Nashville: Convention Press, 1982.
Erikson, Erik H. *Childhood and Society*. New York: Norton, 1963.
Gangel, Kenneth O. & James C. Wilhoit, eds. *The Christian Educator's Handbook on Adult Education*. Wheaton: Victor Books, 1993.
Havighurst, Robert J. *Human Development and Education*. New York: Longmans, Green and Co., 1953.
Hultsch, David F. & Francine Deutsch. *Adult Development and Aging: A Life-Span Perspective*. New York: McGraw-Hill Book Company, 1981.
Levinson, Daniel J.외 4인. 「여자가 겪는 인생의 사계절」. 김애순 역. 서울: 세종연구원, 1998.
Levinson, Daniel J. *The Seasons of a Woman's Life*. New York: Alfred A. Knopf, Inc., 1996.
Levinson, Daniel J.외 4인. 「남자가 겪는 인생의 사계절」. 김애순 역. 서울: 이화여자대학교 출판부, 1996.
Levinson, Daniel J. et al, *The Seasons of a Man's Life*. New York: Alfred A. Knopf, Inc., 1978.
McKenzie, Leon. *The Religious Education of Adults*. Birmingham: Religious Education Press, 1992.
Neugarten, B. L., ed. *Middle Age and Aging*. Chicago: University of Chicago Press, 1968.
Papalia, D. E.외 2인. 「인간발달, II」. 정옥분 역. 서울: 교육과학사, 1992.
Pifer, A. and L. Bronte, eds. *Our Aging Society: Paradox and Promise*. New York: Norton, 1986.
Stubblefield, Jerry M., ed. & comp. *A Church Ministering to Adults*. Nashville: Broadman Press, 1986.

주(註)

1) David F. Hultsch & Francine Deutsch, *Adult Development and Aging: A Life-*

Span Perspective (New York: McGraw-Hill Book Company, 1981), 9-10.
2) 정옥분, 「성인발달의 이해: 성인, 노인 심리학」 (서울: 학지사, 2000), 15-9.
3) Ibid., 21-3.
4) Daniel J. Levinson외 4인, 「남자가 겪는 인생의 사계절」, 김애순 역 (서울: 이화여자대학교 출판부, 1996), 6.
5) Fred R. Wilson, "Teaching Young Adults," in Kenneth O. Gangel and James C. Wilhoit, eds., *The Christian Educator's Handbook on Adult Education* (Wheaton, Illinois: Victor Books, 1993), 192.
6) Robert J. Havighurst, *Human Development and Education* (New York: Longmans, Green and Co., 1953).
7) D. E. Papalia외 2인, 「인간발달, II」, 정옥분 역 (서울: 교육과학사, 1992), 189-93.
8) Leon McKenzie, *The Religious Education of Adults* (Birmingham: Religious Education Press, 1992), 11-2.
9) Erik H. Erikson, *Childhood and Society* (New York: Norton, 1963), 263.
10) Erik Erikson, "Generativity and Ego Integrity," in B. L. Neugarten, ed., *Middle Age and Aging* (Chicago: University of Chicago Press, 1968), 85.
11) Daniel J. Levinson et al, *The Seasons of a Man's Life* (New York: Alfred A. Knopf, Inc., 1978). 우리나라에서는 「남자가 겪는 인생의 사계절」이라는 제목으로 역간되었다.
12) 정옥분, 36.
13) Wilson, 193.
14) Daniel J. Levinson, *The Seasons of a Woman's Life* (New York: Alfred A. Knopf, Inc., 1996). 우리나라에서는 다음과 같이 역간되었다: 「여자가 겪는 인생의 사계절」, 김애순 역 (서울: 세종연구원, 1998).
15) Bernice L. Neugarten & D. A. Neugarten, "Changing Meaning of Age in the Aging Society," in *Our Aging Society: Paradox and Promise*, eds. A. Pifer and L. Bronte (New York: Norton, 1986).
16) 정옥분, 41-5.
17) Lucien E. Coleman, Jr., *Understanding Today's Adults* (Nashville: Convention Press, 1982), 63-6.
18) C. Ferris Jordan, "Adult Life Structure," in *A Church Ministering to Adults*, ed. & comp. Jerry M. Stubblefield (Nashville: Broadman Press, 1986), 39.

제8장 성인전기 사역

ChristianAdultMinistry

인생에 있어서 성인기는 하나님과 사람들을 섬기며 살아가야 할 시기이다. 미성년기가 우리가 쓰는 인생이라는 책의 서론에 해당한다면, 청장년기 즉, 성인전기는 본론이라고 할 수 있을 것이다. 이 시기는 우리가 노년기에 쓰게 될 결론이 만족스럽고 아름답게 되기 위해 신중하고도 의미있게 매 순간들을 엮어나가야 할 때이다. 그런 점에서 그 본론의 첫 출발이 되는 성인전기는 성인기의 삶의 방향과 철학을 정립하고 필요한 자원과 능력을 마련해 놓는 중요한 단계라고 할 수 있다. 그럼에도 불구하고 오늘날 교회의 현실은 이 시기에 속한 많은 젊은이들이 계속적으로 줄어들고 교회와 하나님으로부터 멀어지고 있으며 그나마 교회의 교제권 속에서 생활하는 젊은이들도 수많은 삶의 갈등과 문제로 인하여 방향감각을 잃고 무기력하게 존재하는 경우가 많다. 이제 교회는 이러한 현상을 타개하고 하나님의 나라를 위하여 우리의 젊은 성인들이 올바른 가치관을 가지고 예수 그리스도의 성숙한 제자로서 일하며 살아갈 수 있도록 도와주어야 한다.

I. 성인전기에 대한 기본 개념들

1. 청년기의 의미

우리나라에서 "청년기"(靑年期)이라는 단어는 전통적으로 성년으로 되어가는 과도기에 있는 사람들을 가리키는 말로 사용되어져 왔다. 그 한 예로서 이 용어에 대한 어느 한 사전의 정의는 "아동에서 성인으로 옮겨지는 기간"[1]이라고 되어 있음을 볼 수 있다. 이러한 용법은 성인(adult)으로 되어가는 과정에 있는 사람들을 가리키는 영어의 'adolescence'에 해당되는 것이다. 이 같은 용법은 이춘재의 「청년심리학」과 같은 자료에서도 볼 수 있는데, 그에 의하면 "청년기는 사춘기의 생리적 변화로 시작되지만 성인의 사회적 지위를 얻게 됨으로써 끝나게 된다"[2]고 하였다. 그런데 한편으로는 위와 같은 의미로는 '청소년'(靑少年)이라는 단어를 사용하고, 이 '청년'이라는 용어는 성년 초기에 도달한 사람 또는 그 시기를 지칭하는 용법도 있다. 흔히 교회에서 '청장년'(靑長年)이라고 할 때에 성인들로서의 청년과 중년층을 포함하여 말하는 것이 그 한 예이다. 아무튼 우리나라에서는 이같이 '청년'이라는 용어가 두 가지 의미로 혼용되고 있는 것이 사실이며 이는 학문적 연구와 현장 사역에 많은 혼란을 주고 있다. 이는 '청년'이라는 것이 미성년과 성년의 요소를 모두 가지고 있기 때문인 것으로 풀이된다.

본 장에서 다루고자 하는 성인으로서의 청년기에 대하여 오늘날 학계에서는 '성인초기'나 '성인전기'(early adulthood)라는 용어를 많이 사용하고 있는데 이는 중고등학교의 사춘기(청소년기)를 지나 성인기에 진입하기 시작하는 때부터 중년기가 시작되기 전까지의 인간발달의 기간을 뜻하는 것이다. 이에 대한 정의의 한 예를 들어보면, "청소년기가 끝나는 시점에서 시작되는 것으로서, 한 개인이 사회적으로 성숙하고 직업적으로 준비가 되어 결혼, 가정 그리고 독립적인 생활의 책임을 질 수 있게 되는 때"[3]라고 한 것을 들 수 있다. 김태연과 장휘숙은 청년기를 초기(11-17세)와 후기(18-21세)로 나누어 취급하였는데, 이 중에서 청년 후기는 본 장에서 다루고자 하는 성인전기의 첫 단계인 '성인전기 전환기'에 해당되는 것이다.[4]

2. 성인전기의 구분

인간발달의 과정을 연구하는 분야에서 성인전기에 대한 관심은 비교적 늦게 나타났다. 구체적으로는 아동기(17세기), 청소년기(20세기 초반), 노년기(20세기 중반)에 대한 연구에 뒤이어서 1970년대에 가서야 비로소 성인전기에 대한 연구가 본격적으로 이루어지기 시작했다. 성인전기가 시작되는 정확한 시기는 말할 수 없지만 대부분의 전문가들은 18세 정도를 일반적인 표준으로서 제시한다. 이 18세라는 시점은 고등학교를 졸업하는 연령과 대략적으로 일치하며, 어떤 나라에서는 법률적으로 성인의 특권과 책임을 부여받는 연령이다.

성인전기의 마감을 어디까지로 해야 하는지의 문제에 대해서는 좀 더 많은 의견의 차이가 있는 듯하다. 비교적 짧게 잡은 경우로서는 하비거스트(Robert J. Havighurst)가 29세로 본 경우와[5] 갠젤(Kenneth O. Gangel)이 35세까지로 설정한 것이 있다.[6] 그러나 요즘 가장 일반적인 것은 40세를 기준으로 하는 것이며 여기에는 에릭슨(Erik H. Erikson)[7]과 레빈슨(Daniel J. Levinson)[8] 등이 포함된다.

우리가 성인전기를 18세에서 40세까지로 설정한다면 이는 매우 긴 기간이라고 할 수 있으며, 따라서 여기에는 다양한 종류의 사람들이 속하게 된다. 이에 대해 갠젤은 성인전기에 속하는 다섯 가지 유형의 사람들로서 다음과 같은 분류를 제시하였다: (1) 미혼의 직장인과 대학생들. (2) 신혼 초기에 있는 사람들. (3) 갓 부모가 된 사람들. (4) 10대의 자녀를 둔 사람들. 그리고 (5) 독신들.[9] 이상의 분류는 대략적으로 연령 증가에 따른 것이기는 하지만 실제로는 일정한 연령과 일치하지 않는 경우도 많이 있으므로 그 점을 고려하여 신축성 있게 이해해야 할 것이다.

성인전기는 또 더 작은 몇 개의 시기로 구분될 수 있다. 사실 18세부터 40세까지를 한 시기로만 취급하는 것은 그 안의 여러 연령별 대상들의 차이점과 다양성을 간과하게 되는 것이다. 따라서 이 시기에 대한 더 정확한 이해를 하기 위해서는 이것을 몇 개의 작은 시기들로 나누어서 다루어야 할 필요가 생기는 것이다. 이 분류 작업을 가장 잘 해 놓은 사람은 레빈슨이며 그에 의하면 성인전기는 다음과 같이 전형적인 네 단계로 진행된다는 것이다: (1) 성인전기 전환기(17-22세), (2) 성인세계 진입기(22-28세), (3) 30세 전환기(28-33세), 그리고 (4) 정착기(33-40세).[10] 이 각각의 시기에 대해서는 나중에 더 자세하게 고찰하게 될 것인데, 우리가 교회에서 흔히 말하는 "청년부" 속에는 대략적으로 볼 때 위의 네 단계 중에서 처음 두 단계가 포함되는 것이지만, 교회에 따라서는 세 번째 단계에 있는 사람들까지 포함시키는 경우도 있다. 이것은 연령보다는 결혼 신분상태를 기준으로 부서별 조직을 할 때 주로 발생하는 현상인 것이다.

3. 성인전기의 주요 발달과제

하비거스트는 성인전기와 관련하여 다음의 8가지 주요 발달과제들을 제시하였는데, 이것은 비록 시대와 문화적인 제한점을 가지고 있기는 하지만 오늘날까지 교회사역을 포함한 제반 전기 성인을 위한 사역에 중요한 자료로 활용될 수 있는 것이다:

(1) 배우자를 선택하는 일

(2) 배우자와의 원만한 관계를 유지하는 일

(3) 자녀를 낳기 시작하는 일

(4) 자녀를 양육하는 일

(5) 직업을 소유하는 일

(6) 가정을 관리하는 일

(7) 사회적 책임을 수행하는 일

(8) 가까이 친분을 맺을 수 있는 집단을 찾는 일[11]

갠젤은 이 목록에 기독교적인 관점에서 다음의 두 가지 과제를 추가하여 제시하였다: (1) 한 지역 교회에서 자신의 "자리"를 찾는 일 그리고 (2) 자신과 가정, 그리고 타인들에 대하여 기독교적인 지도와 훈련의 책임을 맡는 일.[12]

II. 성인전기의 단계별 교회사역

앞에서 언급한 바 있듯이 성인전기를 18세부터 40세까지로 설정한다고 할 때 그것을 여러 개의 작은 시기들로 나누어 살펴보는 것이 바람직하다. 그렇게 할 때 이 시기에 대한 보다 더 정확한 이해가 가능한 것이다. 여기에서는 레빈슨이 분류한 방법을 채택하여 청년기가 전개되는 각 단계별 발달 특징을 살펴보고 그에 따른 교회사역의 방향을 고찰해 보고자 한다.

1. 성인전기 전환기(17세-22세)

이 시기는 한 개인이 태어나서 자라온 출신가정(family of origin)을 중심으로 한 청소년의 삶과 성인세계로의 진입을 연결해 주는 기간이다. 레빈슨은 이 기간을 '성인전기 전환기'(Early Adult Transition)

라고 명명하여 그 과도기적인 성격을 강조하였다.[13] 약 5년간 지속되는 이 시기는 비교적 안정된 두 개의 시기를 연결해 주는 전환기로서, 과거의 삶에서 점진적으로 벗어나게 되지만 새로운 시기는 아직 완전히 출현하지 않아서 매우 불안정하고 애매한 성격을 지니게 된다. 따라서 이 시기에는 양면적인 과제(twin tasks)가 대두된다고 말할 수 있는데, 이는 곧 미성년기로부터의 이탈과 성인세계로의 예비적 진입이라는 두 가지 과제가 동시에 발생함을 뜻한다.

대부분의 사회에서는 이 시기에 놓인 사람들에게 어떤 특정한 의식을 부과하여 그것을 성공적으로 통과했을 때 성인의 신분을 얻었음을 공적으로 주지시키는 문화를 만들어 놓았다. 이를 문화인류학적으로 '통과의례' (rites of passage)라고 부르는데 원시사회에서부터 현대사회에 이르기까지 발달하여 온 각종 성인식들이 여기에 속하는 것이다. 옛날에는 이것이 비교적 단순하고 또 짧은 시간에 이루어졌지만 현대에 와서는 이 전환기가 길어짐에 따라 고등학교 졸업, 대학교 졸업 등 일련의 몇 가지 일들이 어우러져서 성인으로서의 통과의례를 형성하고 있다.[14] 킬패트릭(W. Kilparick)은 이에 대하여 말하기를, 현대의 청소년들은 이같이 연장된 과도기를 거침으로써 보다 더 높은 문화수준으로 인도해 주는 인격과 창의성, 그리고 자율성 등을 개발할 수 있는 장점이 있다고 하였다.[15] 물론 일회적인 성인식을 치루는 경우는 많지만 실제적으로 그러한 한 번의 의식으로 청소년이 성인으로 간주되지는 않는 것이 보통이다. 이 성인식과 관련하여 교회에서도 신앙적인 홀로서기의 책임을 인식시키고 인정하는 의미에서 기독교적인 성인식을 만들어 거행하는 것이 필요할 것이다.

미성년기로부터 이탈하는 것은 점진적인 과정으로서 그 양상은 개인마다 다르게 나타나지만, 자신의 출신가정으로부터 '떠나는' 일은 반드시 이루어져야 한다. 이 '떠남'은 물리적인 분리를 포함할 수도 있지만 반드시 그런 것은 아니고, 다만 심리적이고 정서적인 독립이 더 중요한 '떠남'의 요소이다. 이 분리의 과정은 부모와의 불화, 군입대, 타지에서의 대학진학이나 취업 등이 동기가 되어 시작되는 경우가 많고, 출생순위에 있어서 막내 자녀인 경우에 더 많은 어려움을 겪는 것으로 나타났다.[16] 이 과정에서 청년들이 경험하는 전형적인 현상은 '반대감정 병존현상'(ambivalence)이라는 것으로서, 부모나 기성세대로부터 독립하기를 원하면서도 한편으로는 그들의 보호와 관심을 원하는 것을 말한다.[17] 따라서 교회의 사역자들은 이러한 특징을 잘 고려하여 적절한 도움을 주어야 하며, 청년들의 부모에게도 이러한 점을 잘 이해시키고 적응하도록 도와줄 필요가 있다. 사실 한 개인이 독립적이고 자율적인 성인으로 되는 데는 부모 편에서 적응하고 도와주어야 할 면이 많이 있는 것이다.

청소년기의 삶에서 벗어나면서 동시에 성인세계로 발을 들여놓는 과정에서는 기존의 가치관과 생활 방식, 그리고 대인관계 패턴을 재구조화하는 작업이 포함된다. 이 과정에서 한 개인은 돈과 같은 '성숙의 상징'을 추구하게 되는데, 그것을 통하여 부모와 다른 성인들에게 자신이 더 이상 어린아이가 아님을 증명해 보이려고 하는 것이다. 대학은 이같이 성인세계로 전환해 들어가는 사람들에게 매우 좋은 완충적 환경을 마련해 주는 것으로 평가되는데, 대학 진학을 하지 않는 사람들에게는 대부분 직업을 가짐으로써 이 과정에 적응하려고 한다.

2. 성인세계 진입기(22-28세)

이 시기에는 성인의 세계에 어떻게 하면 굳건한 입지를 구축할 것인지에 대한 문제가 대표적으로 대두된다. 비교적 안정된 이 시기에 한 개인은 그 이전의 성인전기 전환기에 형성된 삶의 구조와 꿈을 시험해 보게 된다. 그 시험의 방법은 어떤 특정한 일을 찾아 그것에 헌신하는 형태로 나타나는데 그 일은 잠정적인 것으로 간주되며 언제라도 바꿀 수 있는 것으로 생각하는 것이 보통이다. 이 때는 또한 직업과 결혼 문제에 있어서도 선택을 하게 되어 성인으로서의 '성숙함'을 이루려고 하는 시기이다. 레빈슨이 조사한 대상자들 중에서는 75퍼센트가 이 시기 이전에 이미 결혼을 하였으며, 최초의 직업을 선택한 것으로 나타났다.[18] 이 시기에는 여러 가지의 가능성을 탐색(explore)해 보는 것과 어느 한 가지를 결정(commit)하는 것 사이의 갈등이 특징적으로 나타난다. 그래서 직업과 결혼에 대해 이미 내린 결정에 대해서 의구심을 갖는 사람들도 있다.

이 때에는 인생의 선배가 되는 남녀 성인과의 개인적이고 밀접한 관계가 형성되는 것이 특징이기도 하다. 이 시기의 성인 초년생들은 자신에게 여러 가지 면에서 모범이 되고 후원을 제공해 주는 사람들을 찾아서 그들과의 각별한 관계를 유지하면서 성숙해 나가려고 하는 것이다. 물론 모든 전기 성인들이 이런 모델들을 확보하고 있는 것은 아니지만 이들의 역할은 전기 성인의 발달에 있어서 매우 중요한 것으로 평가된다. 이렇게 도움을 주는 사람을 가리켜서 '멘토'(mentor, 후견인, 후원인)라고 하는데, 그들의 기능은 크게 다음과 같은 네 가지를 포함하게 된다: (1) 모델이나 모범자로서의 역할을 한다; (2) 전문성을 숙련시키기 위한 교육과 훈련을 제공해 준다; (3) 도움을 받는 대상자가 어떤 특정한 분야에서 자리를 찾고 올라가도록 후원한다; 그리고 (4) 새로운 직업 분야에 들어갈 때 안내자와 후원자의 역할을 한다.[19]

아무튼 이 시기의 대표적인 주요 문제는 결혼과 직업 선택을 통한 성인으로서의 입지 구축임에 틀림없다. 그리하여 쉬히(Gail Sheehy)는 이 시기와 관련하여 특히 결혼 문제에 관심을 두고 연구하였는데, 그 결과, 20대의 주된 목표는 결혼 관계를 안정시키는 것이라는 점을 발견하였다. 또한 대부분의 부부들은 자신과 배우자의 내면적 삶에 대해 잘 모르기 때문에 이 시기는 주로 외면적인 힘에 의해서 영향을 받는다고 하였다.[20] 베일런트(G. C. Vaillant)는 이 시기를 주로 청소년기에 꿈꾸던 직업을 공고히 하는 시기로 특징지었으며,[21] 굴드는 이 시기를 "나는 그 누구의 아기도 아님"을 깨닫는 때로서, 자율적이고 독립적인 삶을 구축하기 위해 몰두하는 것을 주된 특징으로 보았다.[22]

이 시기에 처한 성인들에게 사역할 때는 그들로 하여금 자신의 이상과 함께 경쟁과 성취도, 능력과 경제력, 그리고 성공 등에 대한 현실적 기대들을 신중하게 고려하게 하여 그에 맞는 꿈과 직업관을 갖도록 도와주어야 한다. 또한 그들로 하여금 직업과 가정생활에서 기독교적인 가치관에 입각하여 모범적인 삶을 구축해 놓은 후원자 모델(mentor)을 찾도록 자극을 줄 필요가 있을 것이다. 또 그와 같은 일이 쉽게 일어날 수 있도록 교회 안에서 세대간의 교류와 접촉의 기회를 자주 만들어주는 것도 필요하다. 결혼을 한 성인들에게는 그 이전에 가졌던 낭만적이고 비현실적인 생각에서부터 벗어나서 헌신과 타협, 그리고 희생을 통한 지속적인 관계유지를 할 수 있도록 참된 친밀감의 의미와 기술을 배양하게 해야 한다. 독신 성인들에게는 건전한 성 개념과 우정관, 그리고 자아정체감을 수립할 수 있도록 도와주어야 할 것이다. 그 밖에 이 시기에 처한 성인들과 관련한 문제들로서는 약혼과 결혼, 자녀를 갖는 문제, 임신과 출산으로 인한 변화 그리고 가정과 학교에서의 자녀교육 문제 등이 있고, 교회는 이러한 현실적이고도 중요한 제반 문제들에 대해서 기독교적인 올바른 대처를 할 수 있도록 모든 사역의 방향과 내용을 충실히 해야 한다.

3. 30세 전환기(28-33세)

20대의 대부분의 기간을 어떤 목표를 향하여 열심히 살아오던 성인들은 30세에 가까워지면서 잠시 멈추어 이제까지의 삶을 되돌아보게 된다. 이러한 반성과 평가를 통하여 과거의 목표와 가치관에 대하여 새로운 입장에 놓일 수 있고 이에 따라 잠정적이었던 기존의 생활 구조를 재조정하는 작업을 하게 되는 것이다. 어떤 사람에게 이것은 비교적 평온한 변화가 되기도 하지만, 또 어떤 사람들에게는 많은 심리적 혼란과 위기감을 동반한 고통스러운 전환기가 될 수도 있고, 결과적으로 만족할 만한 삶의 구조를 형성할 수 없을 수도 있는 것이다. 실제로 많은 성인들은 20대에 대두되는 수많은 선택의 문제에 큰 스트레스를 받게 되는데, 그 선택한 것들이 변해야 할 것이라는 사실에

대해서 거의 모르고 있다가 막상 변화의 요구에 직면하게 되면 적잖은 위기감을 경험하게 되는 것이다.[23]

아무튼 이 시기에는 대부분의 성인들이 무언가 자신의 삶에서 변화가 일어나지 않으면, 앞으로는 더욱 더 변화하기 어려운 상황에 고착될지도 모른다는 생각을 하는 경향이 두드러지게 나타나는 것이 특징이다. 이 시기의 성인들이 반성하고 평가하는 삶의 분야는 직업과 그 안에서의 자신의 위치 그리고 가정과 결혼의 문제들이며 여기에서 질서와 안정을 찾기 위해 고심하게 된다. 즉, 자신의 직업과 결혼 배우자, 그리고 기존의 가치관들에 대한 의문을 제기하게 되고, 그 결과, 직업을 바꾸거나, 가정주부가 취업을 하게 되며, 미혼이던 사람은 결혼을 결심하게 되거나, 기혼자는 이혼을 하는 경우도 있고, 또 아이가 없던 부부들이 아이를 갖기로 결정하게 되기도 한다.

이 때의 성인들은 자신의 내적인 욕구에 충실해야겠다는 생각을 강하게 하는 경향이 있으며 이는 기존의 삶의 구조를 부분적으로 변경시키거나 더욱 강화하는 것으로 나타나게 되어 많은 변화와 위기를 가져다준다.[24] 쉬히는 이 시기의 불안정성은 부분적으로는 한 개인의 삶이 너무 제한되어 있고 범위가 좁다고 느끼는 것으로부터 오는 것이라고 하였다. 특히 남자들의 경우에는 직업이나 삶의 다른 영역에서 과거에 해 놓은 선택들이 이제는 자신의 수준과 상황에 맞지 않음을 느끼게 된다고 하였다. 그리고 20대 동안에 시간의 흐름이나 다른 사람들의 목표에 맞추어 살았던 것 때문에 보류해 놓을 수밖에 없었던 자신의 깊은 내면적인 욕구들이 이제 표면화되기 시작한다는 것이다. 쉬히는 이러한 과정에서 다음과 같은 세 가지의 일반적인 반응들이 관찰된다고 하였다: (1) 기존의 목표를 바꾸거나 조정하여 보다 더 현실적인 새로운 목표를 세움, (2) 새로운 결혼 상대자를 찾거나 결혼관계에 대한 자신의 기대를 재형성함 또는 (3) 자신의 관심에 따라 개인적인 삶을 확장시킴.[25]

굴드도 이 시기를 가리켜 "속에 있는 것을 열어젖히는 시기"라고 함으로써 이 때까지 감추어지거나 보류 또는 외면했던 내면적인 감정과 관심, 그리고 목표와 재능들이 발견되는 특징을 강조하였다.[26] 즉, 과거의 생의 목표에 방해가 되거나, 아니면 직업분야에서 자신의 입지를 세우고 독립을 유지하는 데 몰두하느라고 시간과 여념이 없어서 관심을 두지 못했거나 억제해 왔던 내면의 진정한 욕구들이 분출되기 시작한다는 것이다. 굴드는 그것을 처리하고 적응하는 과정에서 성인들은 기존의 개념 중에서 잘못된 것 하나를 분명히 직시해야 한다고 하였는데, 그것은 인생이 단순하고 조정가능하며 (controllable) 우리 내면에는 서로 상충되는 세력이 존재하지 않는다는 오해를 가리키는 것이다.[27] 이 전환기의 갈등들이 원만하게 해결되고 나면 자신에 대한 깊은 수용감이 형성되거나 또는 확신에 찬 삶의 철학과 목표들이 형성된다. 그리고 자신의 능력과 한계에 대한 보다 더 현실적인 인식을 할 수 있게 되고, 삶 속에 존재하는 상반적이고 대립적인 힘들에 대해 깨닫게 된다.

교회의 사역에서는 이 시기를 거쳐 가는 사람들로 하여금 직업, 결혼, 가정 그리고 신앙생활 등의 제반 영역에서 자신들이 처해있는 위치와 모습을 성찰, 분석해 보도록 도와주는 것이 필요하다. 그렇게 할 뿐만 아니라, 새로운 선택과 변화의 가능성들을 알게 하고 행동으로 옮길 수 있도록 실제적인 기회와 안내를 제공하는 것도 필요할 것이다. 그리하여 시간의 흐름과 내면적인 갈등 그리고 삶의 목표들이 대인관계나 직업선택, 그리고 삶과 신앙에 어떻게 영향을 주는지를 성찰하고 분석하게 하여 일관성 있고도 통합된 내면적 자아를 구축해 가도록 유도해야 하는 것이다.

4. 정착기(33-40세)

레빈슨과 쉬히는 공통적으로 성인전기의 끝 무렵에 또 한 번의 안정된 시기가 오는 것을 발견하였다. 레빈슨은 이것을 '자기 본연의 존재가 되는 때'(Becoming One's Own Man)[28]라고 하였고, 쉬히는 '뿌리를 깊고 넓게 내리는 때'(Rooting and Extending)[29]라고 표현하였다. 이 때는 그 앞의 30세 전환기의 고민과 갈등을 통한 삶의 변화와 갱신이 정착되는 시기로서, 그 뿌리가 깊이 내려짐에 따라 한 개인의 일관성 있는 생활양식이 보다 더 분명해지고 의미 있게 되어 간다.

레빈슨에 의하면 이 시기에는 그 이전의 갈등과 방황에서부터 정서적 안정을 찾게 되어, 여러 가지 목표들 중에서 중요한 몇 가지에만 몰두하면서 생활 구조를 그 몇 가지의 중심적인 목표들의 관점에서 형성해 나간다고 하였다. 즉, 이 시기는 삶에서 진정으로 중요한 것이 무엇인지를 진지하게 생각하여, 부수적이고 사소한 것은 포기하고 중요한 것에만 삶의 에너지를 집중하게 되어 확신을 가지고 자신만의 고유한 삶을 추진해 나가는 것이다. 따라서 이 시기에는 과거에 큰 비중을 차지했던 후원자 모델(mentor)에 대한 의존이 거의 없어지고 자기 스스로 성숙한 한 존재로서 서게 되는 것이다.

이 시기의 남자들은 대부분 자신의 집을 장만하는 것과 직장에서의 안정된 위치 구축을 위해 노력하게 되고, 여자들은 자녀를 양육하는 일에 힘을 기울이거나 또는 그와 동시에 가사 이외의 취업을 하기도 한다.[30] 이 시기에는 20대의 낭만적인 생각들이 없어지면서 결혼에 대한 만족도가 감소하는 경향을 나타낸다.

이 시기에 처한 성인들에 대한 사역은 그 이전 시기의 문제들이 계속적으로 대두되기도 하지만, 결혼과 관련하여 발생하는 제반 문제에 특별한 관심을 두어야 할 필요가 있다. 특히 부부간의 갈등과 부조화를 해결하기 위한 도움을 주어야 하며, 이혼이 발생한 경우에 대두되는 내적 치유와 자녀양육 및 경제적 문제 등을 기독교적인 관점에서 실제적으로 다루어야 할 것이다. 또한 재혼에 따른 여러 문제들도 이 시기의 교회사역에 포함시킬 필요가 중대될 것이다.

III. 전기 성인들을 위한 사역방안

전기 성인을 위한 교회의 사역은 교회의 기본적인 기능 수행의 관점에서 이루어져야 하며, 따라서 그 안에 예배, 교제, 교육, 전도, 그리고 봉사의 활동과 목표들이 계획되고 실행되어야 한다. 따라서 우리는 먼저 전기 성인 사역의 전반적인 방향 수립에 대한 원리들을 모색하는 것이 필요하며, 그 다음에 이러한 전체적인 관점에서 교육적 사역의 방안들을 탐색하는 것이 요구된다.

1. 사역의 기본적 방향

전기 성인들을 위해 교회가 사역의 책략을 수립하는 데 필요한 지침으로서 스터블휠드(Jerry M. Stubblefield)는 다음과 같은 사항들을 제시하였다:

(1) 체계적인 성경교육 프로그램을 기본적으로 개발해야 한다.

(2) 신앙생활의 각종 문제들을 중심으로 한 제자도 훈련과, 선교사역에 대한 교육, 그리고 교회음악을 통한 프로그램을 포함시켜야 한다.

(3) 이혼한 성인들과 미혼 독신성인들을 위한 특별 교육의 기회를 제공해야 한다.

(4) 배우자와의 관계와 부모역할의 문제를 중심으로 하는 결혼생활 향상 프로그램을 제공해야 한다.

(5) 재혼을 통해 혼합가족을 이룬 사람들의 필요에 부응하는 프로그램을 제공해야 한다.

(6) 전기 성인들의 자녀를 위한 시설과 프로그램을 잘 준비해서 성인 프로그램에 병행하여 실시해야 한다.[31]

이상은 미국 교회의 문화적 상황에 적합한 프로그램 내용을 담고 있는데, 우리나라 교회의 경우에는 약간의 변용을 하는 것이 좋을 것이다. 미리엄(Sharon Merriam)과 훼로(Trenton Ferro)는 사역의 기본적인 구성과 수행에 관련한 제안들을 다음과 같이 하였다:

(1) 분명한 사역목적과 목표들을 수립하라.

(2) 사역 프로그램의 조직 모델로서는 선포(kerygma), 교제(koinonia), 봉사(diakonia), 교육(didache), 그리고 증거(martyria)의 구조를 사용하라.

(3) 전기 성인들을 하나의 독립된 연령층으로만 고립시키지 말라.

(4) 독신 성인과 전기 성인을 동일시하지 말라.

(5) 그들을 성인으로서 존중하라.

(6) 구체적인 목표를 일정 기간에 다루는 과정이나 워크샵(workshop), 또는 수련회의 형태를 사용하라.[32]

허쉬(Terry Hershey)는 약간 다른 각도에서 다음과 같은 사역지침을 제시하였다:

(1) 책임을 나누어 줌으로써 적극적인 참여를 유도하라.

(2) 그들에게 필요하고 적합한 신앙 문제에 초점을 맞추라.

(3) 소속감을 심어주어서 친밀한 관계를 형성하게 하라.

(4) 지역 사회에까지 파고 들라.

(5) 새로 온 성인들에게 관심을 보여주고 그들에게 프로그램의 소유의식을 갖게 하라.

(6) 전기 성인들의 다양성을 인정하라.

(7) 그들의 필요를 조사하라.[33]

2. 교육 프로그램의 내용과 방법

전기 성인 사역의 근간을 이루는 것은 교육적인 프로그램이어야 하는데, 그것을 구성하는 구체적인 교육 내용이나 주제들을 편성하는 것은 매우 중요한 문제이다. 이 점에 대해서는 이미 앞에서 살펴본 사역의 기본적 방향에 중요한 사항들이 모두 포함되어 있다. 즉, 성인전기 사역에서 다루어야 할 내용은 교회의 기본적인 기능을 모두 망라하는 것이어야 하고 구체적으로는 성서 66권에 나타난 하나님의 계시, 신앙생활의 실제적인 모든 문제들에 대처하고 적응하는 지식과 기술들, 대외적인 관계에서 복음으로 영향력을 행사하여 전반적인 변화를 유도하는 제반 선교활동의 현황과 방법에 대한 연구와 실행, 그리고 음악을 매개체로 한 기독교 신앙의 의미 있는 표현과 교회사역의 지원 방법 등에 대한 교육이 포괄적이면서도 체계적으로 이루어져야 하는 것이다.

특별히 신앙생활의 전반적인 문제들에 관한 신앙생활 훈련 프로그램에서는 초기성인들의 각 발달단계별 필요와 욕구에 따른 커리큘럼의 편성이 매우 중요하며, 이를 위해서는 문헌적인 고찰이나 상식에 의한 계획보다도 실증적인 현장조사를 통하여 보다 더 현장감 있고 살아있는 정보를 얻어내어 교육 프로그램 개발에 활용해야 할 것이다. 윌슨(Fred R. Wilson)은 이와 관련하여 구체적인 내용(주제) 목록을 작성하여 제시하고 있는데, 예를 들면, 대인관계 기술, 가정의 재정관리, 결혼 준비과정, 직업선택, 부부관계 향상을 위한 기술, 부모역할 등의 문제들을 기독교적인 관점에서 올바로 가르쳐야 할 것을 주장하였다.[34]

오늘날의 사회와 교회의 중추적인 위치와 역할을 맡고 있는 성인들의 중요성은 자명한 것이다. 문제는 이렇게 중요한 위치에 있는 성인들에게 어떠한 가치관을 심어주고, 그 잠재능력을 얼마나 개발하느냐에 있는 것이다. 그에 따라 한 사회와 교회는 그 운명이 결정되는 것이기 때문이다. 이렇게 중요한 교회의 성인사역 중에서도, 미성년기를 벗어나면서 하나의 성숙해 가는 성인으로서의 삶을 꾸려나가기 시작하여 성숙한 성인으로 삶의 자리를 잡아가는 전기 성인들에 대한 사역은 그 중요성을 아무리 강조하여도 지나치지 않을 것이다. 그런데 80년대 이후 교회의 젊은이들의 수가 급속도로 줄어들었는데, 아직까지도 많은 교회들이 청년층을 '교회 예산 소비 계층'으로 인식하며 그들의 "영적, 정신적 필요를 채워주며 그들을 양육시키기보다는 일꾼으로 여겨 이곳 저곳에서 일만 시키고 봉사만 하게 하기 때문에 지치고 고갈된 젊은이들은 결국 교회를 떠나게" 되어 '청년다공중'이 나타나게 되는 것이다.[35] 또한 오늘날 교회 안에 있는 젊은 성인들조차 성숙한 그리스도의 제자들로서 제대로 살아가지 못하고 있는 것은 이러한 점에서 매우 심각한 문제이다. 이제 교회는 젊은 성인들에 대한 관심과 투자를 증대시켜서 조만간 우리의 교회와 사회의 핵심적인 위치에 서게 될 그들을 하나님의 말씀으로 올바로 준비시켜주는 것이 시급하다. 그리고 그들을 위한 사역은 교육 내용인 성서적 메시지와 함께 교육 대상자인 전기 성인들의 다양하면서도 전인적인 필요를 균형 있게 강조해야 한다. 그렇게 할 때 하나님의 말씀이 전기 성인들의 전 존재 속에 깊이 스며들어 자연스럽게 성숙한 그리스도의 제자로서 이 땅에서 성공적으로 살아갈 수 있기 때문이다.

토의를 위한 문제들

1. 자신이 속한 교회의 청년 및 대학부의 조직이 어떻게 되어 있는지를 소개하고, 그것을 본 장에서 제시된 청년기의 구분과 비교하여 보라.

2. 레빈슨이 분류한 성인전기의 여러 단계 중에서 현재 자신에게 해당되는 것은 어느 단계인지 말해보고 그의 설명과 자신의 현재 삶의 과정을 비교하며 평가해 보라.

3. 현재 자신의 교회에서 이루어지고 있는 전기 성인사역을 스터블휠드가 제시한 성인전기 사역 지침에 비추어 평가해 보라.

참고자료

김태연, 장휘숙. 「발달심리학」. 서울: 박영사, 1987.
이춘재. 「청년심리학」. 서울: 중앙적성출판사, 1988.
Erikson, Erik H. *Identity and the Life Cycle*. New York: Norton, 1980.
Foltz, Nancy T., ed. *Handbook of Adult Religious Education*. Birmingham, Alabama: Religious Education Press, 1986.
Gangel, Kenneth O. & James C. Wilhoit, eds. *The Christian Educator's Handbook on Adult Education*. Wheaton: Victor Books, 1993.

Gould, Roger L. *Transformations: Growth and Change in Adult Life.* New York: Simon & Schuster, 1978).

Havighurst, Robert J. *Developmental Tasks and Education.* New York: Longmans, Green & Co., 1948.

Hershey, Terry. *Young Adult Ministry.* Loveland, Colorado: Group Books, 1986.

Kilpatrick, W. "Identity, Youth and the Dissolution of Culture," *Adolescence,* 9 (1974): 407-12.

Levinson, Daniel J. *The Seasons of a Man's Life.* New York: Knopf, 1978.

McKenzie, Leon. *The Religious Education of Adults.* Birmingham, Ala.: Religious Education Press, 1992.

Papalia, D. E. 「인간발달, II」. 정옥분 역. 서울: 교육과학사, 1992.

Rogers, Dorothy. *The Adult Years: An Introduction to Aging.* Englewood Cliffs, N. J.: Prentice-Hall, 1979.

Sanner, A. Elwood and A. F. Harper, eds. *Exploring Christian Education.* Kansas City, Missouri: Beacon Hill Press, 1978.

Sheehy, Gail. *Passages: Predictable Crises of Adult Life.* New York: Dutton, 1976.

Stubblefield, Jerry M. *A Church Ministering to Adults.* Nashville: Broadman Press, 1986.

Vaillant, G. C. *Adaptation to Life.* Boston: Little, Brown, 1977.

주(註)

1) 「국어대사전」 (서울: 민중서관, 1991).
2) 이춘재, 「청년심리학」 (서울: 중앙적성출판사, 1988), 3.
3) F. Franklyn Wise, "Christian Education of Adults," in *Exploring Christian Education,* eds. A. Elwood Sanner and A. F. Harper (Kansas City, Missouri: Beacon Hill Press, 1978), p. 286.
4) 김태연, 장휘숙, 「발달심리학」 (서울: 박영사, 1987), 239.
5) Robert J. Havighurst, *Developmental Tasks and Education* (New York: Longmans, Green & Co., 1948).
6) Kenneth O. Gangel, "Teaching Adults in the Church," in *The Christian Educator's Handbook on Teaching,* eds. Kenneth O. Gangel and Howard G. Hendricks (Wheaton, Illinois: Victor Books, 1988), 154.

7) Erik H. Erikson, *Identity and the Life Cycle* (New York: Norton, 1980).
8) Daniel J. Levinson, *The Seasons of a Man's Life* (New York: Knopf, 1978).
9) Gangel, 154.
10) Levinson, ibid.
11) Havighurst, 72-98.
12) Gangel, "Teaching Adults in the Church," 155.
13) Levinson, 71.
14) Dorothy Rogers, *The Adult Years: An Introduction to Aging* (Englewood Cliffs, N. J.: Prentice-Hall, 1979), 24-5.
15) W. Kilpatrick, "Identity, Youth and the Dissolution of Culture," *Adolescence*, 9 (1974): 407-12.
16) Rogers, 26.
17) 김태연, 장휘숙, 279.
18) Levinson, 101-10.
19) Wilson, 195-6.
20) Gail Sheehy, *Passages: Predictable Crises of Adult Life* (New York: Dutton, 1976).
21) G. C. Vaillant, *Adaptation to Life* (Boston: Little, Brown, 1977).
23) Sheehy, 138-41.
24) Rogers, 38-9.
25) Sheehy, 84-9.
26) Gould, 78.
27) Ibid.
28) Levinson, 141.
29) Sheehy, 148.
30) Rogers, 38-9.
31) Jerry M. Stubblefield, *A Church Ministering to Adults* (Nashville: Broadman Press, 1986).
32) Sharon Merriam and Trenton Ferro, "Working with Young Adults," in *Handbook of Adult Religious Education,* ed. Nancy Foltz(Birmingham, Ala.: Religious Education Press, 1986).
33) Terry Hershey, *Young Adult Ministry* (Loveland, Colorado: Group Books, 1986).
34) Wilson, 205-6.
35) 송창근 외 13인, 「성장하는 14교회 청년대학부 부흥 전략」 (서울: 기독신문사, 1998), 119, 233-4.

제9장
성인중기 사역

ChristianAdultMinistry

성인중기, 즉 중년기는 인생의 중간 지점에 해당하는 시기로서 그 이전까지 살아왔던 삶의 발자취를 되돌아보고 앞으로 남은 삶의 결실을 위해 새롭게 준비하여 살아가야 하는 중요한 때이다. 가정과 사회의 모든 분야에서 중추적인 역할을 감당하는 중년 성인들은 교회의 사역에 있어서 주요 자원일 뿐만 아니라, 삶의 여러 가지 문제들을 원만히 해결하고 적응하도록 도와주어야 할 대상들이기도 하다. 흔히 통념적으로 중년기는 중후한 느낌을 주는 안정된 시기라고 이해되고 있지만 사실은 '엄청난 양면성을 지닌 시기'[1]로서 많은 갈등과 스트레스를 야기시키는 시기이다. 그러므로 교회는 이제 중년 성인들을 단순히 교회사역의 유용한 자원으로서 이용만 하지 말고 이제는 중년층에 대해 정확하고도 충분히 이해하려는 노력을 기울여야 한다. 그리고 이들을 보다 더 잘 활용하기 위해서라도 그 같은 노력은 필요한 것이다.

　인간의 발달과정에 대한 과학적인 연구는 주로 아동기와 청소년기 그리고 최근에 와서는 노년기에 초점이 맞추어져 왔다. 중년기에 대한 본격적인 연구는 1960년대 후반에 와서야 이루어졌다. 그래서 중년에 대한 지식은 아직 충분하거나 체계화되어 있는 상태는 아니며, 이 시기를 다루는 연구의 부족으로 인하여 중년기는 인생의 다른 어떤 시기보다도 잘 알려지지 않은 시기이다. 이와 같이 중년기는 여러 면에서 미개척 분야요, 그들을 도와주려는 시도는 아직은 체계적이지 않은 것이 사실이다. 본 장에서는 지금까지 중년 성인들에 대해서 연구된 내용 중에서 중요한 것들을 중심으로 이들에 대한 특성들을 고찰하고 그에 따른 효과적인 교회의 사역 방안들을 제시하고자 한다.

I. 성인중기의 의미

1. 성인중기의 설정

　'성인중기' 혹은 '중년기'는 성인기를 크게 세 시기로 나누었을 때 그 가운데 위치하는 단계로서 영어로는 'middle age,' 또는 'middle adulthood'라고 한다. 이 시기에 처한 성인들을 가리키는 말로는 '중년 성인' 또는 단순히 '중년(층),' 그리고 '중기 성인' 등이 있으며 영어로는 'middle-aged adult,' 'median adult,' 그리고

'middle adult'라는 표현들이 사용된다.

아직까지 중년기의 시기 설정과 관련하여 일반적으로 받아들여지고 있는 연령범위 같은 것은 없다. 그런데 과거에는 일반적으로 중년기의 시작과 끝을 비교적 이르게 설정하였다. 예를 들면, 하비거스트(Robert J. Havighurst)는 중년기를 30세부터 55세까지로 설정하였다.[2] 그러나 오늘날에는 평균수명의 연장으로 인하여, 중년기의 기간 설정이 더 늦춰지고 있는 실정이다. 개스튼(George H. Gaston, III)은 중년기의 시작을 35세에서 40세 사이라고 하였으며,[3] 윤진은 우리나라 사람들의 중년기를 35세에서 시작되는 것으로 취급하였다.[4] 쉬히(Gail Sheehy)도 30대 후반에 중년기의 시작을 알려주는 경험이나 인식이 있게 된다고 하였다.[5] 그 외에도 중년기의 시작을 40세로 보는 학자들도 있는데 여기에는 레빈슨(Daniel J. Levinson)이나 에릭슨(Erik H. Erikson)이 속한다. 중년기의 끝에 대해서도 60세나 64세로 설정하는 경향이 점점 더 많아지고 있다.

그런데 중년 성인들 자신들은 이러한 나이보다도 삶의 상황 속에서의 자신의 위치를 기준으로 생각한다. 삶의 상황 속에서의 위치란 주로 자신의 신체, 직업 그리고 가정에서의 위치를 말하는데, 문제는 각 개인마다 이러한 영역에서 경험하고 느끼는 자신의 위치가 아주 다양하고 개인차가 많기 때문에 중년 성인의 사역에 있어서 이것을 유일한 기준으로 삼을 수는 없다는 것이다. 특히 자신의 신체적 노화와 건강에 대하여 느끼는 바는 개인차가 매우 심하기 때문에 보편적인 기준이 되기는 어렵다. 그래서 오늘날 중년기의 설정 기준으로서 많이 채택하고 있는 것은 가정과 직업에서의 위치이며 더 구체적으로는 가정과 직업의 안정화를 이룩한 시점부터 은퇴까지를 말한다. 이러한 관점에서 윌리스(Wesley R. Willis)는 중년기를 성인기의 중간 3분의 1에 해당하는 "30대 후반부터 50대 후반까지"[6]로 설정하였는데, 이는 우리나라 사람들에게도 적합한 기준으로 보인다.

중년기를 어떻게 설정하든지 그것은 보통 20년에서 25년에 이르는 긴 기간에 걸쳐 있게 되기 때문에, 그 전체를 다시 여러 개의 작은 특징적 기간 또는 단계들로 구분하는 것이 바람직한데, 실제로 최근의 학자들에 의해서 이러한 접근이 이루어지고 있다. 예를 들면 삶의 구조 이론을 제시한 레빈슨은 중년기를 네 개의 단계로 나누었는데, 그것은 생애 중반의 과도기(Mid-Life Transition, 40-45세), 성인중기 진입기(Entering Middle Adulthood, 45-50세), 50세 과도기(Age Fifty Transition, 50-55세), 그리고 성인중기 절정기(Culmination of Middle Adulthood, 55-60세)이다.[7] 피터슨(Gilbert A. Peterson)은 중년기를 두 개의 시기로 구분하여, 35세부터 49세까지를 초기 중년(younger middle-aged), 그리고 50세부터 64세까지를 후기 중년기(older middle-aged)라고 하였다.[8]

2. 성인중기의 단계별 특징

성인중기를 세분한 것 중에는 역시 레빈슨의 분류가 가장 구체적이다. 물론 그의 분류는 연구 대상의 부류와 규모 때문에 일반화되기는 어려운 점이 있지만, 중년기의 삶이 전개되는 과정을 최초로 자세하게 분류하여 학계에 크게 공헌한 점은 널리 인정되고 있다. 그의 분류에서 먼저 중년기 과도기는 40세부터 5년 정도에 걸친 시기로서 청년기를 중년기로 연결해 주는 시기이면서 한 사람의 일생에서 절반(mid-life)에 해당하는 시점으로서의 큰 전환기적 성격을 가지고 있다. 이 시기에는 과거의 삶과 가치관에 대한 재평가와 분석이 이루어지는데, 레빈슨은 이 단계를 가리켜서 자신의 내면에서의 큰 갈등과 또한 외부 세계와의 갈등이 일어나는 시기라고 하였다. 즉, 그때까지의 자신의 삶에 대해서 이룩해 놓은 것을 되돌아보고, 앞으로 자신과 주변의 중요한 다른 사람들을 위해서 진정으로 하고자 하는 것이 무엇인지를 찾고자 노력하는 때이다.

그 다음에는 대략 45세가 되면 중년기에 본격적으로 진입하여 중년 성인으로서의 안정된 삶을 활발히 살아가게 된다. 이 때에는 그 앞의 과도기에서 시도한 변화와 조정들이 삶에 만족을 주게 되는데, 많은 사람들에게 있어서 이 시기는 전 생애 중에서 가장 풍요롭고 생산적인 때가 되는 것이다. 그리고 나서 50세를 전후하여 다시 한번 약간의 변화와 전환이 일어나는 때가 오게 되는데 이것을 '50세 과도기'라고 한다. 레빈슨의 연구에 의하면 대부분의 사람들은 40세의 중년기 과도기나 50세 과도기에 해당하는 시기에 적어도 경미한 위기감을 경험하게 된다고 하였다. 중년기의 마지막 단계는 성인중기 절정기로서 중년기를 마감하면서 비교적 안정된 삶을 살며 생의 활기를 다시 찾고 삶의 질적 향상과 풍성함을 경험할 수 있는 때이다.

3. 인구 구조에서의 중년층

중년기에 대한 연구는 다른 연령층에 비하여 가장 늦게 시작되었지만 오늘날 중년기에 대한 관심은 급속도로 커지고 있다. 이것은 그동안 미개척 분야로 있던 영역이라서 연구해야 할 문제들이 많이 있는 이유도 있지만, 인구 구조의 변화에 따른 자연적인 결과라고도 할 수 있다. 즉, 중년층 인구는 이전의 그 어느 때보다도 더 많다는 것이다. 미국의 경우에는 2,000년부터 전체 인구에서 중년층이 가장 많은 인구를 차지하고 있으며, 1995년을 기준으로 한 우리나라의 인구 통계를 보아도 35세 이상 60세 미만의 인구는 전체 인구의 30.2%를 차지하고 있는 가장 큰 집단임을 알 수 있다.[9] 이것은 곧 교회 안에도 중년층의 사람들이 이만큼의 비중을 차지한다는 것을 뜻하며, 이에 따라서 중년층을 위한 사역의 필요성은 과거의 어느 때보다도 더 커지고 있다고 말할 수 있다.

중년층의 인구가 이렇게 급증하는 것은 '베이비 붐 세대'(Baby Boomers) 때문이다. 세계 제 2차대전이 끝난 후인 1946년부터 1964년까지 엄청난 수로 태어난 사람들을 가리키는 이 말은 앞으로 21세기에 사회와 교회가 중년층과 또 나아가서는 노년층에 대한 관심을 많이 기울여야 함을 의미한다. 35세부터 60세를 중년기라고 전제한다면, 이 베이비 붐 세대의 최고령층은 이미 1980년대 초에 중년기에 진입하였고 그들의 최저 연령층은 다음 세기의 4분의 1이 되는 시점인 2024년경에 중년기를 벗어나 노년기로 들어가게 될 것이다. 또 그 때 가서 평균수명의 계속적인 연장 등의 요인에 의하여 중년기의 기간이 뒤로 더 연장될 가능성도 있다. 그러므로 지금부터 적어도 25년 내지 30년 동안은 사회와 교회가 모두 중년층에 대한 관심과 투자를 집중적으로 해야 할 필요가 있다.

이들에 대한 교회의 사역이 효과적으로 이루어지기 위해서는 이들만이 지니고 있는 독특한 특성들을 잘 이해하고 그에 적합한 사역을 해야 한다. 베이비 붐 세대의 첫 주자들이 이미 중년층에 진입하였고 앞으로 10년 이내에 그 이전 세대들이 노년기로 옮겨가게 되면, 중년층은 모두 이 베이비 붐 세대로 이루어지게 될 것이다. 이들의 규모뿐만 아니라 이들이 지닌 독특한 가치관과 생활양식들은 교회의 사역에 큰 도전을 주게 될 것이다. 베이비 붐 세대도 30년에 걸쳐 있는 다양한 사람들이기 때문에 쉽게 하나의 범주로 묶어서 그 특성을 일반화시키기는 어렵지만, 대체적으로 다른 세대들과 차이가 나는 특성에 의해서 구분될 수 있다.

앤더슨(Leith C. Anderson)은 베이비 붐 세대의 특성을 다음과 같이 여섯 가지로 제시하였다.[10] 첫째는, 조직에 대한 충성심이 낮다는 점이다. 그 이전 세대들은 조직에 대한 강한 충성심을 나타내지만 베이비 붐 세대는 조직보다는 자신에 대한 유익을 더 우선적으로 고려하는 경향이 많다는 것이다. 둘째는, 유동적이라는 점이다. 조직에 대한 헌신도가 낮고 개인적인 필요 충족에 강한 집착을 보이는 현상은 곧 어느 한 가지나 한 곳에 오래 머물지 않고 자주 움직여 다닌다는 것을 의미하기도 한다. 이 같은 특성은 교회 출석에서 가장 잘 나타나는데, 이들은 시간이 흐르면서 여러 교회를 옮겨 다니기도 하고 어떤 때는 일정한 출석 교회를 정하지 않고 이 교회, 저 교회를 떠돌아다니는 경우도 있다. 셋째는 이들이 높은 기대감을 가지고 있다는 것이다. 즉, 자신들은 최상의 것을 누릴 자격이 있다고 생각하며, 값을 지불하고서라도 그러한 질 높은 것을 원한다는 점이다. 따라서 교회의 시설이나 프로그램의 질도 좋은 것만을 뚜렷하게 선호한다는 것이다. 넷째는 단기적 헌신이다. 이는 어떤 것이 자신의 필요를 제대로 충족시켜주지 못할 때는 그것과의 관계를 쉽게 단절하는 경향을 말한다. 비록 가정에 대한 이들의 관심도와 헌신도는 높지만, 이것도 그러한 관계가 자기 자신의 필요 충족이라는 관점에서 유익할 때에만 그러하다는 것이다. 그 다음 특성은 다원성이다. 이는 베이비붐 세대들이 다양성과 선택 가능성을 선호한다는 것이며 그렇기 때문에 자신들도 남에게 그러한 것을 배려하고 제공하려고 한다는 것이다. 마지막 특성은 모순에 대한 수용성이 높다는 점이다. 베이비붐 세대는 서로 상충되는 가치관을 동시에 가지고 있는 경우가 많다는 것이다. 예를 들면, 성경을 믿는다고 주장은 하면서도 그 가르침대로 일관성있게 실천을 하지 않는다든지, 교회 생활을 하면서도 교회의 가르침은 받아들이려고 하지 않는 경향이 많다는 것이다.

II. 성인중기의 주요 특성들

1. 변화와 위기의 시기

중년기를 보는 관점들은 이 시기가 갖는 위기성의 여부에 대한 입장 차이에 따라 크게 두 진영으로 나누어진다. 한편에서는 중년기의 많은 전환기적 사건들이 위기를 초래하는 것이 보편적인 사실이라고 본다. 그러나 다른 한편에서는 중년기의 전환기적 성격은 인정하지만 위기의 발생에 대해서는 부정적으로 보는 것이다.

중년기의 위기성을 주장하는 전문가들은 주로 임상 심리학자들이나 정신과 의사들인데, 아무래도 중년기에 대한 일반적인 통념은 위기성을 인정하는 쪽에 가깝다고 할 수 있다. 실제로 많은 사람들이 '중년의 위기'(mid-life crisis)라는 말을 일상생활에서 사용하고 있으며 이와 같은 개념을 다루는 서적들도 많이 나오고 있다. 예를 들면 「중년기 위기를 극복하라」,[11] 또는 「중년의 위기를 이렇게 극복하십시오」[12]라는 것을 들 수 있다.

중년기가 갖는 보편적 위기성의 증거로서는 여러 가지가 제시되고 있다. 예를 들면, 중년기에 부부 관계가 권태로워지고 외도나 별거 또는 이혼의 문제가 심각하게 나타난다는 것이나, 정신질환으로 인한 전문적인 진료를 받는 사례가 급증한다는 것이다. 또한 고혈압이나 심장질환 등의 심각한 건강 문제가 이 시기에 주로 나타나고 자살율이 증가하는 것도 중년기의 위기적 속성의 증거라고 할 수 있다. 이러한 위기는 40대에 주로 많이 발생한다는 것이 이 입장에 있는 사람들의 공통된 주장인데, 전문가들에 의하면 남성들은 40세에 이르게 되면 청소년기의 '질풍 노도'(sturm und drang)와 같은 변화와 불안정을 다시 한번 겪게 된다고 한다.[13] 중년기가 청소년기와 비슷한 또 하나의 특성은 자아정체감의 위기(identity crisis)가 나타난다는 것이다. 이것은 중년에 이르러서 '내가 누구인가? 나는 어디로 가고 있는가? 삶이란 무엇인가?' 라는 중요한 질문들을 던지고 그에 대한 답을 찾기에 고심하는 현상을 가리키는 것이다.

또한 굴드(Roger Gould)의 연구에 의하면 40세에서 43세의 시기가 불안정한 때로서, 과거의 삶에 대한 반성과 분석을 하면서 자아와 가치관 그리고 삶 자체에 대한 실존적 회의가 생기며 시간이 조여드는 것을 점점 더 인식하면서 조용한 절망감이 생기게 된다고 하였다.[14] 레빈슨도 40세에서 45세의 시기를 생애 중반의 과도기로 명명하였는데, 그는 굴드와 마찬가지로 과거의 삶에 대한 반성과 분석을 이 시기의 특징으로 관찰하였으며 80퍼센트의 사람들이 이 시기에 보통에서 극심한 정도의 위기를 경험한 것으로 보고하였다.[15]

그런데 중년기의 위기성은 이렇게 그 초기 과도기에만 나타나는 것은 아니고 중년기의 전 시기에 걸쳐서 나타나는 것으로 관찰되었다. 그래서 개스튼 같은 사람은 중년기 전체를 가리켜 아마 전 생애 중에서 가장 어려운 단계라고 하면서 다음과 같이 말하였다:

> 중년기는 편히 정착하는 때가 아니다. 중년기라는 화폭을 단순히 한 사람이 그 동안 일한 대가를 즐기는 계절로 그리려는 이론가들은 이 시기의 역동적인 특성을 파악하지 못하고 있는 것이다. 삶의 안락함과 안정을 풍부하게 누리고 사는 혜택 받은 중년층 조차도 이 시기를 거쳐가는 모든 사람들에게 삶이 던지는 내면적인 딜레마에 직면하게 된다. 중년기야말로 "끊임없이 달려가야 하는" 시기인 것이다.[16]

중년기의 위기적 특성을 부인하는 입장에 있는 사람들은 대부분의 사람들이 삶에 대해서 가지고 있는 인식이 위기의 연속으로서의 삶이 아니라 통합된 전체로서의 삶이라는 점을 강조한다. 예를 들면, 뉴가아튼(Bernice L. Neugarten)은 삶의 전개 과정은 위기가 아닌 시기(timing)가 중요한 요인으로 작용하는 것이라고 하면서, 오직 소수의 사람들만이 위기를 경험하며 그것도 어떤 일이 삶의 과정이 지닌 리듬을 깨트리는, 예측치 못한 때에 발생하기 때문이라고 하였다.[17] 이 입장에 속하는 어느 한 연구에 의하면 중년기에 느끼는 위기적 스트레스는 개인의 인성과 밀접한 상관관계가 있다는 것이다. 즉, 중년기의 위기는 청소년기와 청년기에 잘 적응하지 못했던 사람이 중년이 되어서도 동일한 문제를 지니는 것이지, 반드시 중년기에 고정적으로 나타나는 보편적인 위기의 결과는 아니라는 것이다.[18] 또 다른 연구에 의하면 중년층의 모든 사람들, 또는 대부분의 중년 성인들이, 위기를 경험하는 것은 아니라고 주장되었다. 그런데 실제로 어떤 성인들은 위기를 경험하면서도 설문조사에 응답할 때는 부정적인 반응을 나타내 보이기를 꺼려하거나 또는 조사자가 원하는 것을 만족시키기 위해서, 자신의 위기를 숨기는 경향이 있는 것으로 나타났다.[19]

이상과 같이 대립되는 두 가지 입장을 조화시킬 수 있는 만족할만한 설명은 아직 없다. 다만 이 중년기가 변화와 전환이라는 것으로 특징 지워지는 시기임에는 틀림이 없는 것이다. 그러나 '위기' 라는 것을 꼭 부정적으로만 정의하지 않고, 넓게 보아서, 스트레스가 발생하는 모든 시기라고 한다면, 중년기는 위기의 시기인 것이 분명하다. 실제로 위기에 대해서 이 같은 개념 이해를 전제로 하여 이론을 전개한 학자들도 많은데, 그들에 의하면 위기란 한 개인이 스트레스에 영향을 받아 적응 또는 부적응의 방향으로 나아가게 되는 '결정적인 갈등의 시점'(crucial point of tension)[20]에 도달하게 되는 때라는 것이다. 즉, 위기는 반드시 부정적인 것만은 아니며 오히려 긍정적인 결과를 초래할 수도 있는 것이다. 우리말의 '위기'(危機)의 뜻도 사실은 '위험한 기회'라는 것이어서 이와 같은 의미를 내포하고 있는 것이다. 인간의 발달을 이러한 위기의 관점에서 보는 학자들이 많은데, 이들에 의하면 "인간의 삶 전체는 그것이 펼쳐지도록 만드는 위기의 연속으로 이루어져 있고 그 위기들은 인간 삶의 과정 안에 본래부터 깃들어 있는 새로운 도전들에 부응하기 위한 필요에서부터 나오는 것"[21]이다. 이러한 입장을 대표하는 학자는 에릭슨으로서, 그는 위기란 삶에서의 변화가 경험되는 통로이며 이것을 통해서 인간은 성숙한다고 하였다.[22]

인간은 생의 한 중간 지점에 도달하게 되면 여러 가지 생리적, 심리적 및 사회적 변화들을 경험하게 되는 것이 보편적인 현상이다. 이 변화들은 작든, 크든, 한 개인에게 스트레스를 유발시킨다. 어떤 경우에 이 스트레스는 한 개인으로 하여금 비논리적이거나 비생산적인 방식으로 행동하도록 만들기도 하는데 이는 그 개인이 일반적인 의미에서의 위기를 경험한 것이다. 이와는 반대로 어떤 스트레스를 통해서 한 개인이 더 강인해지고, 더 성숙하고, 자신과 삶을 더 잘 이해하며 적응해 나간다면 이 또한 발달심리학적인 의미에서의 위기를 경험한 것이다. 중년기의 삶에서 일반적으로 발생하는 변화, 또는 삶의 전환이란, 자신의 신체 변화나 가정 및 직업과 관련한 변화들이 많고 그것들이 주는 스트레스의 정도도 큰 것이어서 어떤 의미에서든지 위기를 경험할 가능성은 매우 높은 것이다.

아무튼 위기라는 것을 일반 통념적인 개념으로 생각한다면, 중년기의 여러 변화들은 어떤 사람에게는 위기를 가져다 주기도 하지만 어떤 사람에게는 그렇지 않은 것이 현실이다. 사실상 이 문제는 문화에 따라서도 차이가 있는 것으로 관찰되었는데, 중년기 위기라는 것은 산업화가 많이 이루어져 있고 물질적으로 풍요로운 시대와 문화권에서 보편적으로 나타나며 어떤 문화권에서는 거의 찾아볼 수 없다는 것이다. 따라서 이 문제에 대한 관심의 초점은 위기의 발생 여부가 아니라 중년기에 보편적으로 일어나는 여러 가지 중요한 사건들이 각 개인에게 어떠한 영향을 미치며, 개인의 인성, 사건의 발생시기 등의 주요 관련 요인들이 어떻게 작용을 하는지에 맞추어져야 할 것이다.

2. 신체적 변화

신체적인 노화는 모든 노화 과정의 기본적인 측면이다. 신체적인 노화란 생리적 능력이 쇠퇴하여 궁극적으로는 사고나 질병 및 모든 환경적 스트레스의 영향을 증대시키고 강화시키는 결과를 초래하는 현상을 말한다. 이 같은 현상은 주로 노년기의 현상으로 이해되지만 중년기에 벌써 그 증상들이 나타나고 감지되기 시작한다. 특히 남성들에게 있어서는 중년기를 알려주는 가장 뚜렷한 요인이 신체적 변화이다. 중년기의 신체적 변화는 개인차가 심하지만 일반적으로 나타나는 현상들은 다음과 같다.

우선 중년기에는 신장이 줄어들고 근력이 약화된다. 신장은 보통 10대나 20대에 그 최대치에 이르고 그 후로는 조금씩 작아지는데, 중년기에 이르러서는 그 결과가 눈에 띄게 나타나는 것이다. 근력은 보통 25세에서 30세 사이에 절정에 달하고 그 후에는 점진적으로 약화되며 이것은 팔보다는 다리와 허리 근육에서 더 빨리 나타난다. 그런데 규칙적인 운동을 통하여 이러한 근력의 쇠퇴를 예방하거나 회복할 수 있다.[23]

중년기에 두드러지게 나타나는 신체적 변화 중의 또 하나는 시력의 기능이 감소하는 것이다. 눈의 렌즈가 탄력성을 점점 잃어가면서 사물에 대한 초점을 맞추는 기능이 떨어지게 되고, 렌즈는 또한 점점 더 투명해짐에 따라서 빛이 들어올 때 심한 산란 현상을 일으켜 눈부심에 대한 적응력이 점점 낮아지게 된다. 그 외에도 어둠에 대한 적응력이 감소하며 시야의 폭도 좁아지게 되는데, 이러한 시력상의 변화는 40세부터 점진적으로 나타나기 시작하여 50세가 되면 현저하게 두드러진다. 그래서 50대에 이르게 되면 대부분의 사람들이 글을 읽는 데 필요한 교정용 안경을 사용하게 되지만, 이 같은 시력의 변화로 인하여 일상생활이 크게 저해를 받지는 않는다.

청력의 감소도 중년기에 두드러지게 나타난다. 인간은 나이를 먹으면서 공통적으로 고주파 음에 대한 청력이 손실되는 것으로 알려졌는데, 이러한 현상은 빠르게는 10대 초반부터 시작된다고 한다. 중년기에는 진동수가 1,000 이상인 고음은 그 음량을 크게 하지 않으면 정확히 듣기가 어려워지며 이러한 현상은 특히 남성에게서 현저하게 나타난다. 남성들의 이러한 청력 손실 현상은 일터를 포함한 일상생활에서 청력에 손상을 입히는 소리에 많이 노출되면서 살기 때문인 것으로 보이는데, 아무튼 중년기의 이러한 청력 손실은 일상생활에 크게 영향을 주지는 않는 것으로 알려져 있다.

중년기의 신체적 변화 중의 또 하나는 외모의 변화이다. 특히 체중은 20대에서부터 증가하기 시작하여 50대까지 지속되는데, 여성의 경우에는 그 증가 속도가 더 빠르다. 체중 증가에 따른 지방질의 분포는 고르게 되지 않고 몸의 중앙부에 몰리게 되어 전체적인 체형이 맵시를 잃게 된다. 피부도 탄력성을 잃게 되며 주름이 늘고 반점들이 생기게 되며 흰 머리카락이 늘어나게 된다. 이러한 현상은 피부의 수분 감소로 인한 건조화, 그리고 피부 노폐물의 축적으로 인한 영양 공급의 장애, 그리고 몸의 조직 세포를 이루는 두 가지 단백질인 콜라겐(collagen)과 엘라스틴(elastin)의 교차연결(cross-linking) 현상으로 인한 피부의 경직화, 그리고 햇빛에 장기간 노출되어 생기는 결과로 밝혀졌다. 물론 이러한 현상들이 중년기에 시작되거나 중년기에 끝나는 것은 아니고 오랜 기간 동안 점진적으로 진행되는 것이지만, 이러한 변화에 대해 가장 민감하게 느끼는 것은 중년기인 것이다.

이러한 변화는 정신적인 면에 영향을 주게 되는데 예를 들면, 특별히 아픈 곳이 없음에도 불구하고 아프다고 불평하는 현상을 볼 수 있다. 이것은 그때까지 유지해 왔던 좋은 건강 상태를 계속해서 유지하고자 하는 갈망과 노력이 발현되는 것으로 볼 수 있다. 평상시에 자신감과 만족을 신체적인 외형에서 많이 찾고 느껴온 사람에게는 이러한 부정적인 신체 변화로 인하여 쉽게 좌절하며, 이 문제를 해결하기 위하여 가발, 염색약, 식이요법, 성형 수술, 의상 등의 수단을 많이 사용하게 된다. 그러나 신체적 외모에 큰 가치를 두지 않고 살아온 사람은 이 같은 변화에 정신적으로 크게 영향을 받지 않으며 비교적 오래 동안 자신이 젊었다고 느끼며 사는 경향이 있다. 대다수의 중년 성인들은 자신의 건강을 비교적 양호한 것으로 느끼고 있는 것으로 조사되었다. 중년기에 들어서서 이같이 신체의 변화에 대해 점점 더 민감해지는 경향(body monitoring)이 있는데, 어떤 사람들은 자신의 건강에 대해 지나치게 염려하여 정신적인 불안감과 우울증이 수반되는 건강염려증(hypochondria)을 보이기도 하며 이러한 현상은 여성보다는 남성에게서 더 흔히 나타난다고 한다.[24]

45세 이후에는 심장병과 고혈압, 그리고 신경통 등의 질병이 증가하기 시작한다. 남성의 경우에 더 많이 나타나는 만성질환은 심장병, 시력 장애, 천식 그리고 등과 척추 이상이며 여성의 경우에는 신경통과 류머티스 그리고 신경정신계 질환이 더 많이 발생한다. 특히 심장 질환은 중년기에 남성의 사망과 장애의 가장 주된 요인이 되고 있으며 흡연, 고혈압, 당뇨, 동물성 콜레스테롤의 과다 섭취, 비만증 등이 원인으로 알려져 있다. 39세부터 59세까지의 남성을 대상으로 조사한 연구에 의하면 공격적이고, 경쟁적이며, 의욕적이면서, 끊임없이 일하는 유형의 사람일수록 혈액 순환계의 이상을 일으킬 확률이 높은 것으로 나타났다. 중년기의 건강 문제 중에는 또한 뼈의 밀도가 낮아져서 키가 작아지고 등이 굽어지며 골절이 잘 되는 골다공증이 있다. 골 밀도의 감소는 10년에 6내지 8퍼센트로 알려져 있는데, 이것을 유발시키는 요인으로는 활동 부족, 칼슘 부족, 흡연, 고단백 식품과

카페인의 과다 섭취 등이 있다. 특히 여성의 경우에 골다공증의 문제가 더 심각한데 폐경 이후에는 여성 호르몬의 감소로 인하여 이러한 증상이 더 현저하다.[25]

중년기의 신체 및 건강의 변화와 관련하여 '갱년기'(climacteric)라는 말이 많이 사용된다. 일반적으로 이것은 여성의 폐경과 관련하여 생각되지만, 갱년기는 생식기능과 관련한 신체적 및 정서적 증상들을 포함하는 넓은 개념으로서, 이것은 남성에게도 해당되는 것이다. 여성의 폐경은 50세를 전후하여 점진적으로 일어나며 이는 여성 호르몬인 에스트로겐(estrogen)의 분비를 감소시키는 결과를 초래한다. 그리하여 남성 호르몬인 안드로겐(androgen)의 활동을 중화시키는 역할을 하지 못하게 됨에 따라 여성의 목소리가 낮아지고 얼굴에 털이 많아지게 된다. 그리고 여성의 재생산 기능은 상실되며 부수적으로 나타나는 증상들로서는 두통, 유방통, 골반통, 현기증, 관절통, 안면 홍조, 호흡 곤란, 식은 땀, 그리고 가슴의 두근거림 등이 있다. 이런 증상이 나타나는 정도는 개인에 따라 차이가 많으며 오직 10퍼센트 정도의 여성들만이 이것으로 인한 고통을 경험하는 것으로 알려져 있다. 폐경은 성적 활동에 부정적인 영향을 주지는 않는 것으로 조사되었으며, 폐경에 대한 반응은 사람에 따라 긍정적 혹은 부정적으로 나타나는 상반성이 존재한다.[26]

남성의 갱년기에는 여성의 폐경과 같은 뚜렷한 생물학적 변화는 없다. 남성의 생식기능의 변화는 매우 점진적으로 일어나는데, 실제로 25세에서 60세 사이에 남성의 정자 생산 능력은 단지 30퍼센트만

이 감소할 뿐이며 80세에도 20대의 절반 수준의 정자 생산 능력을 유지한다. 그러나 정액을 생산하는 전립선의 기능 쇠퇴와 성기의 혈관들의 기능 쇠퇴와 조직의 경직으로 인하여 성적 기능 수행이 영향을 받게 된다.

3. 심리적 변화

중년기에 일반적으로 나타나는 심리적 변화 중에는 우선 자신의 삶에 대한 반성과 분석을 하게 된다는 점이 있다. 즉, 지금까지의 삶을 되돌아보면서 자신이 이루어 놓은 것에 대한 평가를 하며 과연 자신이 원했던 것을 제대로 성취하였는지, 그리고 가치 있는 삶을 살아왔는지를 반성한다는 것이다. 젊은 시절에는 여러 가지 선택을 하며 살게 되는데 여기에는 직업, 배우자, 인간관계, 가치관 그리고 성취하고자 하는 목표들이 포함된다. 이러한 선택을 함에 따라 자신의 어떤 부분들은 유보되거나 억압되며 또는 발견되지 않은 채로 살아가게 되는데, 중년기에는 이러한 것들에 대해 다시 생각을 하게 되는 것이다.

자신의 삶에 대한 평가와 반성은 경우에 따라서는 매우 고통스러운 일이 될 수도 있다. 그래서 이와 같은 일을 회피하는 경우도 많다. 그러나 긍정적인 발달을 보이는 경우라면, 이러한 정신적 자기반성의 과정을 거치면서 필요한 조정과 적응을 하려고 노력하게 된다. 아무튼 이 과정은 앞으로의 삶의 구조와 방향에 중대한 영향을 미치는 것인데 레빈슨은 그것의 위기적 속성을 다음과 같이 말하였다:

그들의 삶의 모든 면들에 대한 물음이 던져지고, 그것의 결과로 나타나는 것에 대해 그들은 매우 두려워하게 된다. 왜냐하면 그 분석의 결과는 자신과 다른 사람들의 잘못을 여지없이 드러내 보여주기 때문이다. 그들은 이제 더 이상 이전처럼 계속 살아갈 수 없고, 새로운 길을 선택하든지 아니면 옛 것을 바꿀 시간을 필요로 하게 된다…. 이러한 종류의 깊은 재평가는 냉철하고 지적인 과정이 될 수가 없다. 여기에는 반드시 정서적인 소용돌이와 절망감, 그리고 어디로 가야할지를 모르거나 전혀 움직일 수 없다는 무력감 같은 것이 있게 마련이다…. 모든 진실 된 자기반성은 고통스러운 것이다. 왜냐하면 이것은 그 이전까지의 삶의 기초가 되어 왔던 환상과 관심들에 대해 도전하기 때문이다.[27]

이러한 평가와 반성에 대한 반응은 여러 가지로 나타나게 된다. 특히 레빈슨은 생애 중반의 과도기에 주로 일어나는 이러한 반성과 그에 대한 반응은 한 개인의 성인 초기의 삶의 구조와 과정에 따라 다르게 나타난다는 것을 발견하였다.[28] 이것은 크게 두 가지로 나타나는데, 하나는 새로운 선택을 하는 것이고, 또 다른 하나는 과거의 선택을 새로운 구조 속에서 계속 유지하는 것이다. 직업을 바꾸고, 학교에 다시 들어가며, 사는 곳을 옮기는 등의 행위들은 이러한 반성의 결과로 삶의 새로운 방향과 목표 및 가치관을 추구하고자 하는 노력인 것이다.

이처럼 중년기에는 그 이전의 시기에서 추구하던 것과는 다른 활동과 역할을 시도하게 되는데, 여기에는 남녀의 성에 따른 차이가 있는 것으로 조사되었다. 남성은 일로부터의 집착에서 점점 벗어나 대인관계에 더 큰 가치와 관심을 두게 되고, 여성은 다른 사람들, 특히 가족에 대한 봉사에서부터 점점 더 자아의 표출을 강하게 하게 된다는 것이다. 심리적으로 볼 때 남성은 적극성과 지배욕이 점점 줄어들고 미래보다는 현재에 더 많은 관심을 갖게 되는 것으로 관찰되었다. 그리고 남성들은 가족에 대한 관심이 높아지고 가족에 대한 양육과 보살핌의 노력을 그 이전보다 더 많이 기울이는 경향을 나타낸다. 삶의 철학의 관점에서 보면 남성들은 더욱 현실적이 된다고 할 수 있는데, 이는 삶의 목표와 실제 성취도 사이의 간격을 좁히는 결과를 초래하는 것이다. 이에 반해서, 여성들은 적극성과 지배욕이 더 강해지는 경향을 나타낸다. 자녀 양육의 책임이 어느 정도 완수된 시기이기 때문에 가족에 대한 여성의 관심은 점점 줄어들게 되며, 그 대신 그 동안 유보되거나 억압되어 왔던 자아실현의 욕망이 커지면서 실제로 그것을 이루기 위한 자기표현이 더 적극성을 띠게 되는 것이다.[29] 중년기의 또 하나의 중요한 심리적 변화와 특징은 시간에 대한 전망(time perspective)이 바뀐다는 것이다. 이것은 젊었을 때는 해마다 자신이 단순히 나이를 한 살씩 더 먹고 성숙하는 것으로 인식하지만, 중년기에 도달하여 인생의 마지막 종점이 보이기 시작할 때부터는 죽음으로부터 거꾸로 시간을 계산하여 살아갈 기간이 점점 더 줄어드는 것으로 인식하는 경향을 말한다. 이는 인생의 유한성에 대해 인식하게 되는 것으로서 "무한한 시간과 공간 속에 있는 한 개인의 삶의 왜소함에 대한 실존적 고뇌"[30]를 느끼는 것이기도 하다. 그렇다고 해서 모든 중년 성인들이 새롭게 삶을 시작하기에 이미 늦어버렸다는 절망감을 갖는 것은 아니다. 오히려 대부분의 사람들은 여전히 재 갱신과 새 출발의 기회와 시간이 있음을 느끼는데 아무튼 그러한 새 출발을 더 이상 늦출만한 시간적 여유가 없음을 자각하게 된다.

시간전망의 변화와 밀접한 관련이 있는 중년기의 중요한 심리적 변화 중의 또 다른 하나는 죽음에 대한 개인화이다. 즉, 사람들은 남아 있는 시간이 제한되어 있으며 자신들은 죽게 되며 현재 하고 있는 일들은 완성되지 못한 채로 남아있게 될 것이라는 점을 자각한다는 것이다. 또한 이것과 함께 자신에 대한 인식과 인간 존재의 고독성에 대한 인식이 증가하게 된다. 물론 죽음에 대해서는 그 이전에 어렸을 때나 젊었을 때도 생각을 하지만 중년기에 느끼는 죽음에 대한 인식은 질적으로 달라서, 생애 최초로 죽음의 필연성이라는 것이 실존적 현실, 또는 심리적 현실로 대두된다. 자신의 신체적 기능 쇠퇴나 주변인들의 죽음 등이 이 같은 인식을 불러일으키게 되는데 한 예로, 중년층에 대한 면담에서 나타난 다음과 같은 반응을 볼 수 있다:

> 그는 다음과 말하였다. "그때까지는 삶이란 것이, 멀찌감치 지평선만 보일 뿐, 마치 끝이 없는 오르막길처럼 보였습니다. 그런데 갑자기 내가 그 오르막길의 꼭대기에 와 있음을 느꼈지요. 거기에서는 내리막길만이 눈앞에 펼쳐져 있었는데 그 길의 끝이 눈에 보이기 시작했습니다. 물론 그 길의 끝이라는 것은 꽤 멀리 떨어져 있는 것이기는 했지만, 아무튼 이제 죽음이라는 것이 내 인생길의 끝에 있는 것이 눈에 보이기 시작했다는 것입니다."[31]

자신의 죽음의 필연성과 임박성을 느낀다는 것은 매우 두렵고 위협적인 일로서 중년기의 위기는 근본적으로 이것으로부터 초래한다고도 볼 수 있다. 실제로 삶에 따라서는 이러한 실존적인 두려움과 외로움에 휩싸여서 삶을 살아가거나 또는 자포자기하는 자세로 방종하며 살아가는 경우도 있다. 그러나 이 실존적 위기는 반드시 정면으로 직면하여 해결되어야 하며 그렇게 할 때 이것은 오히려 긍정적인 방향으로 영향을 줄 수가 있다. 즉, 한 개인이 삶의 유한성을 직면하고 그것을 받아들이게 되면서 이제까지 꿈꾸어 왔던 것의 허상을 깨트리고 보다 더 현실적인 삶의 목표를 세울 수 있게 되는 것이다. 신앙의 발달단계 이론으로 세계적인 명성을 얻고 있는 파울러(James W. Fowler)는 자신의 죽음에 대해 두렵고도 고독한 실존적 깨달음을 했던 경험을 하였는데, 이것을 통해서는 그는 인생에 대한 많은 것을 깨달았으며 특히 신앙의 중요성을 인식하게 되었다고 한다. 그는 이 경험에 대하여 다음과 같이 말하고 있다:

> 추운 겨울, 아직 어두운 새벽 4시에 갑자기 나는 놀람과 두려움으로 인해 잠에서 깨어났다. 나는 문득 내가 언젠가는 죽을 것이라는 사실을 깨달았다…. 내 몸과 정신 그리고 지금까지 살아왔고 또 살아 있는 이 신화적 존재, 남편이요, 아버지요, 교사요, 아들이요, 친구인 그 존재가 더 이상 존재하지 않게 될 것이라는 것이다. 엄청난 힘으로 나를 추진하던 생명의 조수가 멈출 것이며, 나, 그토록 내게 당연시되는 이 내가 지상에 더 이상 존재하지 않게 될 것이다. 어떤 기이한 격리감이 나를 엄습해 온다. 내 곁에서 잠들어 있는 나의 아내가 도저히 도달할 수 없는 먼 거리에 있는 것처럼 보인다…. 나의 연구, 나의 직업적인 동료들, 나의 야망, 나의 꿈, 내가 몰두해 온 프로젝트들이 허구처럼 느껴진다. "현실생활"이 갑자기 덧없는 꿈처럼 느껴진다. 죽음의 확실성에 의해서 엄습해 온 이 순간의 기이한 고독감 속에서 나는 인생의 참된 사실들을 깨달았다.[32]

4. 신앙의 발달

지금까지 살펴본 것은 중년기의 신체적 및 사회심리학적 특성이었는데, 이것은 중년기의 신앙발달과 매우 밀접한 관계가 있다. 파울러는 신앙의 발달단계를 설명하면서 각 단계를 에릭슨이나 레빈슨이 구분한 인간의 각 발달단계에 대응되는 것으로 보았다. 성인기의 경우만을 보면, 파울러의 마지막 세 단계의 신앙 유형은 대체적으로 성인 초기, 중기 그리고 후기에 순서적으로 나타난다는 것이다. 이것은 중년기 이후에 '결합적 신앙'(conjunctive faith)이 발달한다는 것인데 이 신앙은 사물을 흑백논리나 이분법적으로 보지 않고 모든 면을 통합적이고 유기적인 차원에서 보는 신앙을 가리킨다.[33]

이러한 신앙은 고통스럽고 어려운 삶의 환경과 경험을 통해서 고통과 상실의 의미를 깨닫고, 실패와 슬픔도 삶의 필연적인 부분이라는 것을 진정으로 알 때에 생긴다고 하였다. 그리하여 이 신앙은 인생의 모순과 역설, 긴장과 신비, 다양성 등을 수용하는 능력을 가지고 있는데, 이 같은 신앙은 최소한 30세 이후에 생길 수 있으며, 생긴다면 주로 중년기에 나타난다는 것이다.[34] 사실, 자신의 삶에 대한 진지한 반성과 분석이 일어나며 죽음에 대한 실제적 인식을 통하여 삶에 대한 의미를 터득하게 되는 중년기야말로 이 같은 유형의 신앙이 발달할 수 있는 적절한 시기라고 할 수 있다. 이 같은 신앙의 발달은 중년기의 심리적 변화와도 관련이 있는 듯하다. 즉, 중년기에는 일반적으로 성격이 온화하게 되는(mellowing) 경향이 두드러지게 나타난다는 것이다. 이는 곧 자신과 타인에 대한 수용성이 더 커짐을 의미하며, 이 세상의 복잡성과 삶의 신비성에 대한 통찰력이 커짐을 뜻하는 것이다. 그리고 삶의 모호성에 대해서도 더 많이 용납하게 되기도 한다.

III. 성인중기의 과제와 교회사역

1. 성인중기의 발달과제

모든 사회와 문화마다 그 구성원들이 마땅히 가지고 있어야 할 지식이나 능력에 대한 기대가 있다. 이것은 인간의 생물학적 발달단계와 사회적 역할에 따라 사람마다, 또는 삶의 각 단계마다, 해결해야할 '과제'로서 주어지는 것이다. 인간이 성숙하고 변화하는 과정을 이러한 과제들을 중심으로 생각해 보는 것은 매우 유용한 일인데, 이것을 발달과제(developmental tasks)라고 한다. 중년 성인들에 대해서도 이러한 발달과제를 설정하고, 과연 사람들이 이것들을 어떻게 성취하는지를 살펴봄으로써 그들의 발달과정상의 특징을 파악하고, 그리하여 그 과정에 도움이 되는 길을 찾을 수가 있는 것이다.

하비거스트는 중년 성인들이 성취해야 할 발달과제들을 다음과 같이 제시하였다:

(1) 국민과 지역사회인으로서의 사회적 임무 수행에 참여하는 일

(2) 경제적인 생활 기반을 구축하고 유지하는 일

(3) 십대의 자녀들로 하여금 책임감 있고 행복한 성인으로 성숙하도록 인도해 주는 일

(4) 자신에게 알맞는 여가활동을 개발하는 일

(5) 배우자를 하나의 인격적 존재로 대하는 일

(6) 중년기의 생리적 변화를 받아들이고 그것에 적응하는 일

(7) 연로해 가는 부모에게 적응하는 일.[35]

이상의 발달과제들은 사회문화적 제한성이 있기는 하지만 우리나라의 중년층도 이와 같은 발달과제들을 가지고 있다고 할 수 있다. 다만 우리나라 특유의 사회문화적 상황에 알맞게 이것을 적용해야 할 필요는 있을 것이다.

펙(Robert C. Peck)은 약간 다른 각도에서 중년기의 발달과제들을 논하였다. 그는 네 가지의 과제를 제시하였는데, 첫째는 신체적 힘과 매력보다는 정신적인 지혜를 더 가치있게 여기게 되어야 한다는 것이다. 즉, 중년이 되면 나이를 먹음에 따라 신체적 기력이 쇠퇴해 가는 것을 받아들이고 자신의 경험을 활용하여 살아가는 법을 터득해야 한다는 것이다. 그는 '지혜'(wisdom)를 가리켜 "지적인 감각과 상상력을 통해서 볼 수 있는 여러 가지 방안들 중에서 효과적인 선택을 하는 능력"이라고 하였는데, 신체적인 힘에서부터 지혜로의 전환을 하지 못하는 사람들은 부정적인 정서를 갖게 된다고 하였다. 둘째로, 남녀 관계를 성적인 것으로 보는 것에서 사교적인 것(socializing)으로 보는 변화가 있어야 한다는 점이다. 즉, 중년기에는 사람들을 하나의 인격체와 동반자로 새롭게 인식할 수 있어야 한다는 것이다. 이것은 하비거스트가 제시한 발달과제 중에서 배우자를 하나의 인격체로 대하는 일에 상응하는 것이라고 할 수 있다. 셋째로는, 정서적인 에너지를 옛 것으로부터 새로운 사람들과, 활동들과, 역할 쪽으로 전환할 수 있어야 한다는 것이다. 중년기 중에는 자녀들이 성숙하여 부모와 가정을 떠나게 되고 중년 성인들 자신의 부모들이나 친지들이 사망하게 된다. 이러한 변화들이 생김에 따라 중년 성인들에게는 대인관계와 일상생활의 범주가 더 폭이 넓혀져야 할 필요가 있고 그래야만 삶의 의미와 만족을 경험할 수 있다는 것이다. 마지막으로, 정신적인 유연성이 가장 중심적인 개인 특성이 되어야 한다는 것이다. 즉, 경험을 활용하되 그것을 행동과 사고의 절대적인 기준으로 경직되게 적용하는 것이 아니라 하나의 참고 자료로서 융통성 있게 사용할 줄 아는 능력이 갖추어져야 한다는 것이다.[36]

비칙(Ruth Beechick)은 그리스도인들을 위한 영적 발달과제 개념을 제시하였다. 그는 주로 미성년기의 영적 발달과제들을 구체적으로 설정하였고, 성인기를 세부적으로 분류하지 않은 채 다음의 세 가지 영적 발달과제들을 제시하였다: (1) 자신의 지속적인 성장과 배움에 대하여 책임을 지는 일, (2) 하나님과 다른 사람들에 대한 성경적인 책임을 지는 일, 그리고 (3) 하나님을 중심으로 하여 통일성 있고 목적있는 삶을 살아가는 일.[37] 이상의 영적 발달과제들은 청년기에 그 기초가 마련되고 중년기에는 계속 심화되며 개인화되는 방향으로 추구되어야 할 것이다.

에릭슨은 중년기의 발달과제를 사회-심리학적인 관점에서 제시하였고, 이 시기에 두 가지 대립되는 속성이 대두된다는 점에서 '위기적 과제론'을 주창하였다. 그가 중년기의 대립적 성향으로 제시한 것은 '생산성'(generativity)과 '정체성'(停滯性, stagnation)이다. 생산성은 생성감이라고도 할 수 있으며, 이는 "자신의 관심을 확장하고 미래에 공헌했다는 느낌"[38]을 말한다. 그에 의하면, 성숙한 중년은 자신이 만들어내는 것에 의해 성취감을 느껴야 하고, 자신이 필요한 존재라는 것을 느껴야 하는데, 이 같은 것이 긍정적인 방향으로 표출되는 것이 생산성이라는 것이다. 이 생산성은 다음 세대를 탄생시키고 그들을 양육하고자 하는 깊은 욕구에 의해서 나타난다고 하였는데, 일차적으로 이것은 자녀를 낳고 기르는 것을 통해서 실현된다는 것이다. 그러나 에릭슨이 말하는 생산성은 이러한 차원을 넘어서서 모든 생산적이고 이타적인 행위들이 포함된다. 즉, 자식을 낳지 않은 사람이라도 다른 방법으로 얼마든지 이러한 욕구를 충족할 수 있고 이러한 속성을 발현하며 성숙할 수 있다는 것이다. 예를 들면, 직업을 통한 성취나 지역사회에의 참여를 통한 것이 그것이다. 즉, 다른 사람들의 자녀들을 위해 일하거나 그들에게 보다 더 나은 세상을 만들어 주려고 노력함으로써 다음 세대를 돌보고 인도하는 '부모같은' (parental) 존재로서 일을 할 수 있는 것이다.

이 생산성의 속성이 이루어내는 가장 핵심적인 것은 한 개인의 창조성과 에너지를 활용하여 무엇인가 지속시킬 만한 가치가 있는 정신적 및 비정신적 유산을 남겨서 물려주는 데 있다. 이 생산성의 과제를 성공적으로 성취한 중년 성인은 "사회적 및 심리적으로 수용성이 큰 사람들이나 충분한 정보와 지식을 갖고 있는 사람들에게서 볼 수 있는 축적된 지혜를 나타내는데, 이 사람들은 자신을 내어주고자 하고, 좋은 영향력을 미치려고 하며, 다른 사람들과의 대인 관계에 있어서 예측가능하며 생산적인 사람들이다."[39] 그 반대로, 이러한 생산성의 속성과 삶의 양식을 발달시키는 데 실패한 사람은 성격이 불모화되어 이기적이고 자아탐닉적인 속성 속에 빠지게 된다. 즉, 자신의 에너지와 힘이 다른 사람의 유익을 위해서 흘러나가지 않고 그 자신 안에 '정체' 되어 결국은 자기를 파괴하는 것으로 부패한다는 것이다. 성인중기를 거쳐가면서 수시로 경험되는 이 정체감은 때로는 긍정적인 효과도 있어서 자신의 약점과 파괴성과 실수들을 깨닫게 만들어주고 다른 사람들의 고통을 이해하며 그들에게 사랑을 베풀 수 있게 된다. 그러나 만일 이 모든 과정을 통하여 궁극적으로 진정한 생산성을 이룩하지 못하는 사람은 자기만족이 없고 성숙감을 느끼지 못하는 삶, 즉 '사망의 그림자' 속에서 살아가게 된다.[40]

중년 성인들이 온전한 의미에서의 생산성을 성취하기 위해서는 다음 세대를 이끌고 나갈 젊은 성인들을 어린아이와 같이 취급하거나 통제하지 말고, 책임과 권한을 나누어 가지며 그들의 자율성과 참여와, 권위를 길러주는 자세가 필요하다. 교회에서도 중년층들이 젊은 층들에게 지도자적인 역할과 직분을 넘겨주지 않으려는 경향이 있으며 이것이 뜻대로 안 될 때는 교회일에 냉담한 무관심을 보이거나 다른 갈등을 야기시킨다. 따라서 교회 안에서 중년층들이 중간 세대로서 다른 여러 세대들의 구심점이 되어 책임과 권한을 나누어 가지도록 지도하지 않으면 교인들은 무의식 중에 정체와 자아탐닉의 상태에 빠질 수 있다.

중년기에 이 생산성을 이루어내는 중요한 통로 중의 하나는 다른 사람들에 대한 공급과 양육을 통한 것인데 이는 일차적으로 가족들을 중심으로 이루어지게 된다. 하비거스트도 중년기의 발달과제로서 십대 자녀들을 책임있고 행복한 성인으로 양육하는 일과, 연로해 가는 부모에게 적응하는 일을 제시하였다. 그런데 문제는 이 과정에서 많은 중년 성인들이 십대의 자녀와 연로해 가는 부모들 사이에 '끼어서'(caught) 지나친 부담감과 중압감을 느낀다. 물론 중년의 성인들은 정신적으로나 경제적 및 사회적으로 다른 사람들을 돌보고 이끌어 나가야 할 위치에 있고 또한 그러한 자원과 힘을 가지고 있는 연령층이다. 그러나 그러한 일의 부담이 너무 과중하여 많은 중년 성인들이 심한 정신적 스트레스를 느끼는 것으로 나타났다. 중년 성인에 대한 이러한 요구는 가정 안에서 뿐만 아니라 직장이나 사회 모든 면에서도 한꺼번에 집중되기 때문에 자신이 진정으로 원하는 것을 추구하지 못하는 현상이 생기고 이것이 중년기의 위기를 초래하는 하나의 중요한 요인이 되는 것이다. 칠만(C. S. Chilman)은 중년기의 이러한 점에 대하여 다음과 같이 말하였다:

> 중년층 부모의 입장에서 보면 그야말로 3세대의 중간에 끼여 있는 것처럼 보인다. 즉, 한 쪽으로는, 점점 더 복잡해지고 돈이 많이 들며 기존의 생활을 흐트러뜨리는 욕구들을 표출하며 성인의 세계에 들어가려고 몸부림치는 십대의 자녀와, 또 다른 한 쪽으로는, 성인 세계에서의 자신의 기존 위치에서 떠나지 않으려고 몸부림치면서 점점 더 많은 문제와 욕구들을 나타내는 조부모 사이에 끼여 있는 것이다. 자신의 발달단계에 의해서 위협을 받고 있다고 느끼고 있을 중년 성인은 위와 아래 세대의 가족들이 자신의 것과 비슷하면서도 경쟁적인 욕구를 가지고 있다는 것에 의해서 더 위협을 느끼게 되는 것이다.[41]

사회적인 측면에서 볼 때도 중년 성인들의 이러한 중간 세대적 위치가 중요한 의미를 갖는다. 중년 성인들은 사회를 이끌고 나가는 중추적인 계층으로서 '사회에 대한 감시자' (watchdogs of society)로서의 역할을 해야 하는데, 모든 것을 급진적으로 바꾸기를 원하며 참을성이 부족한 젊은 성인들과 극히 보수적이며 비참여적인 노년층 사이에서 '중간 조정자' (moderator)의 역할을 감당해야 하는 것이다.[42]

노부모들이 사망하고 자녀들이 독립하여 집을 떠나게 되어 이른바 '텅 빈 둥지' (empty nest) 시기가 오면 가정에서 중년 성인들이 중간층으로서 갖는 부담감은 대폭 줄어들게 된다. 즉, 배우자를 찾고 안정된 직업을 갖기 위한 힘든 경주가 어느 정도 마무리되고 자녀들도 더이상 많은 돌봄이 필요치 않은 때가 되기 시작하면 비로소 삶을 즐길 수 있는 여유가 생기게 된다.[43] 하비거스트가 제시한 과제 중에서 각 개인에게 알맞은 여가활동을 개발하는 것도 이러한 맥락에서 이해할 수 있는 것이다. 그러나 오늘날 많은 가정은 '다시 채워진 둥지' (refilled nest)의 문제를 경험하고 있기 때문에 중년층의 이 부담감은 꽤 오랜 기간 동안 지속되기도 한다. 즉, 대학을 졸업했거나 군에서 제대하고 돌아와 아직 경제적으로 독립하지 못한 자녀들이나, 심지어는 이혼으로 인하여 다시 부모 곁으로 돌아와서 사는 자녀들 때문에, 중년의 부모들은 적지 않은 스트레스를 경험한다는 것이다.

2. 중년 성인들을 위한 교회사역의 방향

중년기를 거쳐가고 있는 성인들에 대한 교회의 사역은 이제까지 살펴본 바 있는 그들의 특성과 주요 과제들을 올바로 이해하는 것으로부터 출발해야 할 것이다. 왜냐하면 어느 연령층에 대한 사역이든지 그 연령층에 대한 올바른 이해가 우선되어야만 효과적인 사역이 가능하기 때문이다. 중년기는 삶의 후반부에 진입하였음을 깨닫게 됨으로 '가르침을 받기에 적합한 때'(teachable moment)가 되는데, 이러한 '학습준비도'(learning readiness)를 효과적으로 활용하기 위해서 교회의 사역자들은 중년 성인들의 발달과정상의 특성과 학습과정에서의 특성을 잘 이해해야 한다.[44] 특별히 중년 성인들에 대해서는 다른 연령층에 비해서 연구의 역사와 분량이 적기 때문에 이 점이 미흡하게 될 가능성이 많다. 따라서 중년기에 관해서 현재까지 이루어진 연구들을 깊이 있게 고찰하여 교회의 사역에 적절한 응용을 하는 것이 매우 중요하다. 그리고 이러한 과정에서 전인적인 이해의 노력도 아주 중요하다. 중년 성인들에 대한 사역의 궁극적인 목표는 그들의 영적인 구원과 성숙이지만 그것을 위해서는 다른 모든 측면에서의 사역이 필요하기 때문이다.

중년기에 대한 올바른 이해는 사역을 제공하는 교회의 입장에서 뿐만 아니라 중년 성인들 자신들에게도 필요한 것이다. 중년기의 문제들을 해결하고 만족스러운 삶을 영위해 나가야 할 사람들은 중년 성인들 자신이기 때문이다. 따라서 교회의 사역은 중년기의 특성과 문제들에 대한 체계적인 교육의 형태를 통하여 접근해야 할 필요가 있다. 이미 살펴본 대로 중년기는 커다란 전환과 변화가 수반되는 위기적인 때이며 이것은 많은 스트레스와 긴장을 야기시킨다. 만일 이것이 제대로 해소되지 않으면 중년기의 전반적인 삶에 큰 장애요인이 된다. 인간의 삶에서 아주 작은 변화라 하더라도 그것에 대한 적응을 하는 데는 신체적 및 정신적 에너지가 소모되는데, 여러 가지 변화들에 대한 효과적인 적응을 하기 위해서는 자신에게 그러한 변화가 일어나는 이유를 이해하고 또한 그에 대한 적절한 반응이 무엇인지를 알고 있을 때 올바른 선택과 적응을 할 수 있다. 사람들이 중년기에 자신의 죽음의 불가피성을 직면하게 되면 커다란 심리적 스트레스가 생기게 되며 이것은 자신이 가지고 있던 의미와 가치, 그리고 활동과 관계에 대해 다시 생각하게 만들어주는데 이러한 과정에서 배움은 많은 스트레스를 경감시켜준다.

월리스는 중년 성인들에 대한 교회의 교육적 사역을 위한 몇 가지 지침들을 제시하였는데[45] 그 중의 첫번째는 성경교육의 강화이다. 교회는 교육적 사역을 통해서 성인들로 하여금 중년기에 일어나는 보편적인 사건들을 이해할 뿐만 아니라, 하나님의 뜻에 근거하여 올바른 행동을 취할 수 있도록 도와주는 것이 필요하다. 오늘날은 상대주의적인 생각이 사람들의 모든 사고 영역에 자리잡고 있으며 절대 진리에 대한 부정과 개인적인 의견과 느낌이 지배적인 시대인데, 그러한 현대를 살아가고 있는 중년 성인들에게 성경에 대한 확고하고 정확한 교육이 절실하게 요구된다. 사실, 선택의 기로에서 고민하며 방황하는 중년 성인들에게 있어서 성경의 영원한 진리에 근거하여 삶을 영위해 나가도록 도와주는 일은 매우 중요하다. 이러한 성경교육은 체계적이고 깊이 있는 설교뿐만이 아니라 삶의 문제들을 구체적으로 나누는 소그룹 성경학습을 통해서 이루어져야 하며 이를 위해서는 성인들을 위한 성경교육 프로그램이 정착되어야 할 것이다.

둘째로는, 중년 성인들의 실재적 필요에 부응하는 교육을 제공해야 한다는 것이다. 교회가 사역해야 할 성인들은 항상 외부환경과 상호작용을 하면서 중요한 삶의 변화의 사건들과 대면하고 있는 사람들이다. 그리고 영적인 존재로서의 인간은 신체적, 심리적 및 사회적인 면을 총괄하는 전인적 존재로서, 한 인간의 영적 혹은 신앙 발달이라는 것은 이 모든 것의 총체적인 작용의 결과인 것이다. 따라서 그들의 학습내용은 삶에서 직면하고 있는 제반 문제들을 중심으로 한 것이어야 한다. 즉, 교회는 "발달과업에 맞는 성인학습 집단화와 과업 중심의 프로그램 개발 및 교수-학습 방법과 과정을 설계하고 성인들을 참여시켜야"[46]하는 것이다. 이러한 관점에서 볼 때 현재 교회에서 행하여지고 있는 설교나 각종 교육 프로그램들은 문제점들이 많다고 할 수 있다. 이 점에 대해서 맥켄지는 기존의 교회 체제가 신학적 개념들의 전달만을 강조하고 성인들의 삶의 상황에 효과적으로 민감한 대응을 하지 못해 왔음을 지적하였다.[47] 실제로 성인들이 교회의 사역 프로그램에 저조한 참여도를 보이는 이유 중의 하나는 프로그램의 부적합성(irrelevancy)인 것을 생각해 볼 때,[48] 중년 성인들의 실재적 필요를 중심으로 한 교육 프로그램의 제공은 매우 중요한 것이다.

셋째로, 중년 성인들을 위한 교육은 그들의 의견을 참고하여 수립되고 제공되어야 한다는 것이다. 이것은 주로 학습의 필요를 파악하는 면에서 적용해야 할 지침으로서, 그들이 원하는 것이 무엇인지를 구체적으로 물어서 그것을 충족시키기 위한 교육을 제공해야 한다는 것이다. 특히 오늘날 중년층의 다수를 차지하고 있는 베이비 붐 세대들은 자신의 의견을 나타내고 그것이 반영되기를 원하는 성향이 강하기 때문에 교회의 교육에서도 이러한 특성을 고려하는 것이 필요하다. 따라서 중년 성인들의 필요에 대하여 교회 지도자들이 일방적으로 판단하여 교육 프로그램을 설계하고 제공하는 것보다는 공식 및 비공식적인 여러 통로를 사용하여 그들이 진정으로 원하는 것이 무엇인지를 정확히 파악하는 것이 필요한 것이다.

넷째로는, 그들에게 선택의 폭을 넓게 주는 것이 좋다는 것이다. 중년 성인들은 아동과는 달리 높은 자율성을 가지고 있기 때문에 이와 같은 특성을 고려한다면 학습에서 능동적인 참여자로서 주도적인 역할을 감당하게 하는 것이 바람직하다. 즉, 그들을 '위한' 교육에서 그들과 '함께' 하는 교육이 되어야 하며, 이는 학습의 내용과 목표 및 방법 등을 선택하는 면에서 구체적으로 이루어져야 한다는 것이다. 다만 오랜 기간 동안 수동적인 자세로 학습에 임하는 것이 습관화되어 있는 경우가 많기 때문에 그것을 극복하기 위해서는 많은 시간과 적절한 유도가 필요하다. 그리하여 궁극적으로는 지도자의 역할이 성인들의 학습을 주도하는 것이 아니라 학습보조자(learning facilitator)로서 도와주고 인도해 주는 것이 바람직한 것이다.

다섯째로, 이들에게 적합한 방법을 사용해야 한다는 것이다. 아무리 학습 내용과 목표가 좋아도 그것을 다루는 방법이 적절하지 않으면 좋은 효과를 거둘 수 없는 것이다. 특히 성인들에 대한 교육에 있어서 교회는 그들이 아동이 아니기 때문에 강의를 통하여 모든 내용을 전달하는 것이 바람직하다는 생각이 많은데, 이것은 시정되어야 한다. 물론 성인들이 아동들에 비해서 강의법을 수용할 수 있는 폭은 넓지만, 강의 위주의 방법만을 사용하는 것은 결코 효과적인 성인교육의 방법이 아니다. 중년 성인들은 비교적 많은 삶의 경험을 가지고 있고 그것은 학습의 중요한 자원이 된다. 따라서 자신들의 경험을 폭넓게 나누며 모든 문제에 대해 비평적 성찰을 할 수 있는 토론과 문답, 그리고 각종 창의적인 방법이 다양하게 사용되는 것이 바람직하다. 그리고 중년 성인들의 높은 자율성을 최대한 활용하여 자율적인 학습이나 개별지도 학습을 많이 사용하는 것이 필요하다.

마지막으로, 질적으로 수준 높은 교육을 제공해야 한다는 것이다. 오늘날 중년층의 대다수를 차지하고 있는 베이비 붐 세대는 그 이전의 세대들과는 달라서 무엇이든지 질적 수준이 높은 것을 기대하고 또 요구하는 경향이 있다. 그리하여 어느 교육 프로그램이 자신들의 필요에 초점을 맞춘 것이라 할지라도 그것이 질적으로 만족할 만한 것이 아니면 참여에 소극적이거나 아예 포기하는 경향이 이들에게는 높다. 이러한 점은 어떤 프로그램의 홍보에도 적용되는데, 즉 모든 프로그램에 대한 홍보와 광고의 수준도 높아야만 이들을 끌어들일 수 있다는 것이다.

이상과 같은 교육적 접근 외에도 중년 성인들을 위한 사역에는 목회적인 돌봄과 상담적 접근도 필요하다. 중년 성인들이 경험하게 되는 수많은 변화와 그에 따른 스트레스는 위기적 순간들을 만들어내는데 이에 교회는 적절한 돌봄과 상담을 통하여 사역할 필요가 있는 것이다. 개스튼은 이를 위해서 먼저 교회 전체에 수용적이고 희망적인 분위기가 조성되어 있는 것이 필요하다고 하면서 여기에는 담임목회자의 역할이 가장 중요하다고 하였다. 즉, 교회가 하나의 폐쇄적인 교제권이 아니라, 상처받고 고통 받는 사람들을 따뜻하게 받아들이고 하나님의 복음과 사랑으로 진정한 생산성을 발휘하는 공동체가 되어야 한다는 것이다. 특히 어떤 문제를 안고 있는 사람들은 주도적으로 도움을 찾으려고 하지 않는 경우가 많기 때문에 교회는 적극성과 인내심을 가지고 사람들의 문제에 반영적 경청(reflective listening)을 하는 자세가 필요하다고 하였다. 개스튼은 중년기의 삶이 만들어내는 가장 보편적인 심리적 문제로서 분노, 염려, 슬픔 그리고 죄의식을 들었는데, 이 같은 정서적 문제들을 다룸에 있어서 성경말씀과 기도를 수반한 적절한 듣기와 질문, 해결방안들의 조사, 감정수용, 충고와 조언, 도전 등의 방법을 사용할 것을 제안하였다.[49]

결론적으로 말해서, 교회의 이 모든 사역적 노력들은 중년 성인들의 성숙한 신앙 형성을 궁극적인 목표로 하는 것이어야 한다. 중년기에 수많은 변화와 스트레스를 경험하며 그것에 적응하고 대처하려는 노력을 하는 과정은 궁극적으로는 성장과 성숙을 가져다주는데, 기독교적인 관점에서 볼 때 이것은 영적인 성숙의 기회라고 할 수 있다. 특별히 자신의 유한성을 인식하면서 삶의 의미와 가치, 관계 그리고 활동들을 반성하게 되고, 남아있는 시간 동안 가장 가치 있고 의미 있는 삶을 살아보려고 하는 것은 영적 성숙을 위한 노력이라고 볼 수 있는 것이다. 개스튼은 이 점에 대하여 말하기를, 중년기에 사람들이 직면하게 되는 핵심적인 문제는 "믿음의 삶을 살기로 결단하는 것"이라고 하면서 그것은 "자신이 누구이며, 삶에서 과연 어떤 일을 해야 하며, 그리고 삶을 통해서 무엇을 남기기를 원하는지를 결정하려는 몸부림"이라고 하였다.[50] 중년기의 삶의 목표로서 일반 학자들이 제시하는 바, 진실성(authenticity)이나 생산성(generativity), 또는 책임성(responsibility)이라는 것들은 예수 그리스도 안에 나타난 하나님에 대한 올바른 믿음과 그 분의 뜻을 따라 살아가는 성숙한 신앙의 삶 속에서 그 진정한 의미와 모습을 찾을 수 있는 것이다. 즉, 예수 그리스도의 대속적 희생의 은혜를 믿음으로 받아들여 그리스도 안에서 새로운 생명으로 태어나고, 그의 성숙한 제자로서 삶의 제반 문제들을 복음의 빛 안에서 바라보며 해결하고, 다음 세대의 사람들에게 그와 같은 참된 영적 유산을 물려주기 위해 자신을 내어주는 성숙한 믿음의 중년을 목표로 하여 교회는 사역적 노력을 기울여야 하는 것이다.

이것을 효과적으로 하기 위해서 교회는 중년 성인들과 그들에 대한 사역의 중요성을 인식하고, 그들의 특성과 과제에 대한 올바른 이해를 해야 한다. 그리고 그들의 실재적 필요에 부응하는 사역을 하되, 수준 높은 질적 및 양적 자원의 투자가 이루어져야 하며, 모든 사역의 초점이 참된 의미에서의 성숙한 신앙생활을 영위하도록 도와주는 것에 맞추어져야 할 것이다. 그렇게 할 때 중년층이 주도적인 역할을 하고 있는 교회와, 가정 그리고 사회 전체의 오늘과 내일이 건강하게 유지되고 발전될 수 있을 것이다.

토의를 위한 문제들

1. 중년의 위기성에 대한 상반된 입장을 간단히 설명해보고, 자신은 어떤 입장에 서 있는지를 말해보라.

2. 에릭슨이 제시한 중년기의 긍정적 발달 모습인 생산성이 교회생활에서는 어떻게 나타날 수 있는지에 대하여 이야기해 보라.

3. 중년 성인들을 위한 교회사역의 방향으로 제시된 것 여섯 가지를 간단히 설명해 보고 그 중에서 현재 자신의 교회에서 가장 많은 개선이 필요한 사항에 대하여 이야기해 보라.

참고자료

김재은. "성인 연령층 이해."「신학과 세계」, 10호 (1984): 302-24.
「동아연감」. 서울: 동아일보사, 1996.
윤진.「성인, 노인 심리학」. 서울: 중앙적성출판사, 1985.
Anderson, Leith C. "A Senior Pastor's Perspective on Baby Boomers." *Christian Education Journal*, 11 (Autumn 1990): 69-78.
Baltes, P. B. & O. G. Brim, Jr., eds. *Life-Span Development and Behavior*, vol. 3. New York: Academic Press, 1980.
Beechick, Ruth. *Teaching Juniors: Both heart and Head*. Denver: Accent Books, 1981.
Chilman, C. S. "Families in Development at Mid-stage of the Family Life Cycle." *Family Coordinator*, 17 (1968): 297-312.
Conway, Jim.「중년기 위기를 극복하라」. 권명달 역. 서울: 보이스사, 1981.
Erikson, Erik H. "Identity and the Life Cycle: Selected Papers." *Psychological Issues*, 1(1959), 50-100.
Foltz, Nancy T., ed. *Handbook of Adult Religious Education*. Birmingham, Alabama: Religious Education Press, 1986.

Fowler, James W. 「신앙의 발달단계」. 사미자 역. 서울: 대한예수교장로회출판국, 1987.

Fowler, James W. & Sam Keen. *Life Maps: Conversations on the Journey of Faith*. Waco: Word, Incorporated, 1978.

Gangel, Kenneth O. & James C. Wilhoit, eds. *The Christian Educator's Handbook on Adult Education*. Wheaton: Victor Books, 1993.

Gould, Roger L. "The Phases of Adult Life: A Study in Developmental Psychology." *American Journal of Psychiatry*, 129 (1972): 521-31.

Eichorn, H., et al, eds. *Present and Past in Middle Life*. New York: Academic Press, 1981.

Havighurst, Robert J. *Developmental Tasks and Education*, 2nd ed. New York: David McKay, 1970.

Havighurst, Robert J. *Human Development and Education*. New York: Longmans, Green and Co., 1953.

Hightower, James E., Jr., ed. *Caring for Folks from Birth to Death*. Nashville: Broadman Press, 1985.

Hultsch, David F. & Francine Deutsch. *Adult Development and Aging: A Life-Span Perspective*. New York: McGraw-Hill Book Company, 1981.

Jaques, E. "Death and the Mid-Life Crisis." *International Journal of Psychoanalysis*, 46 (1965): 502-14.

Levinson, Daniel J. et al. *The Seasons of a Man's Life*. New York: Knopf, 1978.

McKenzie, Leon. *The Religious Education of Adults*. Birmingham, Ala.: Religious Education Press, 1992.

Neugarten, Bernice L. "Dynamics of Transition of Middle Age to Old Age." *Journal of Geriatric Psychiatry*, 4 (1970): 71-87.

Neugarten, B. L., ed. *Middle Age and Aging*. Chicago: University of Chicago Press, 1968.

Norman, W. H. & T. J. Scaramella, eds. *Midlife: Developmental and Clinical Issues*. New York: Brunner/Mazel Publishers, 1980.

Peterson, Gilbert A., ed., *The Christian Education of Adults*. Chicago: Moody Press, 1984.

Robinson, Haddon W. 「중년의 위기를 이렇게 극복하십시오」. 박명희 역. 서울: 나침반사, n. d.

Rogers, Dorothy. *The Adult Years: An Introduction to Aging*. Englewood

Cliffs, N. J.: Prentice-Hall, 1979.

Sheehy, Gail. *Passages: Predictable Crises of Adult Life*. New York: Dutton, 1976.

Stubblefield, Jerry M. *A Church Ministering to Adults*. Nashville: Broadman Press, 1986.

Vaillant, George E. & Charles C. McArthur. "Natural History of Male Psychological Health: The Adult Life Cycle from Eighteen to Fifty." *Seminars in Psychiatry*, 4 (1972): 415-27.

주(註)

1) Jerry M. Stubblefield, "Middle Adult Years," in Jerry M. Stubblefield, ed. & comp., *A Church Ministering to Adults* (Nashville: Broadman Press, 1986), 70.
2) Robert J. Havighurst, *Developmental Tasks and Education*, 2nd ed. (New York: David McKay, 1970), 5.
3) George H. Gaston, III, "The Middle Years: On the Go!" in *Caring for Folks from Birth to Death*, ed. James E. Hightower, Jr. (Nashville: Broadman Press, 1985), 91.
4) 윤진, 「성인, 노인 심리」 (서울: 중앙적성출판사, 1985), 46.
5) Gail Sheehy, *Passages: Predictable Crises of Adult Life* (New York: Dutton, 1976), 242.
6) Wesley R. Willis, "Teaching Middle Adults," in Kenneth O. Gangel and James C. Wilhoit, eds., *The Christian Educator's Handbook on Adult Education* (Wheaton, Illinois: Victor Books/SP Publications, 1993), 212.
7) Daniel J. Levinson et al, *The Seasons of a Man's Life* (New York: Knopf, 1978), 56.
8) Gilbert A. Peterson, ed., *The Christian Education of Adults* (Chicago: Moody Press, 1984), 51.
9) 「동아연감」 (서울: 동아일보사, 1996), 495.
10) Leith C. Anderson, "A Senior Pastor's Perspective on Baby Boomers," *Christian Education Journal*, 11 (Autumn 1990), 69-78.
11) Jim Conway, 「중년기 위기를 극복하라」, 권명달 역 (서울: 보이스사, 1981). 원제는 *Men in Mid-Life Crisis*이다.
12) Haddon W. Robinson, 「중년의 위기를 이렇게 극복하십시오」, 박명희 역(서울: 나침반사, n. d.). 원제는 *Mid-Life*이다.
13) George E. Vaillant & Charles C. McArthur, "Natural History of Male

Psychological Health: The Adult Life Cycle from Eighteen to Fifty," *Seminars in Psychiatry*, 4 (1972), 423.

14) Roger Gould, "The Phases of Adult Life: A Study in Developmental Psychology," *American Journal of Psychiatry*, 129 (1972), 526-30.

15) Levinson, 199.

16) Gaston, 91.

17) Bernice L. Neugarten, "Dynamics of Transition of Middle Age to Old Age," *Journal of Geriatric Psychiatry*, 4 (1970), 79-87, cited by Hultsch, 291.

18) Paul T. Costa, Jr. & Robert R. McCrae, "Still Stable After All These Years: Personality as a Key to Some Issues in Aging," in *Life-Span Development and Behavior*, vol. 3, eds. P. B. Baltes & O. G. Brim, Jr. (New York: Academic Press, 1980), cited by Hultsch, 291.

19) M. P. Farrell & S. D. Rosenberg, *Men at Midlife* (Boston: Auburn House, 1981), 208.

20) J. Marmor, "The Crisis of Middle Age," *Psychiatric Digest*, 18 (1968), 17.

21) T. Lidz, "The Life Cycle: Introduction," in *American Handbook of Psychiatry*, vol. 2, ed. S. Arieti (New York: Basic Books, 1974), 243.

22) Erik H. Erikson, "Identity and the Life Cycle: Selected Papers," *Psychological Issues*, 1 (1959), 53-4.

23) Dorothy Rogers, *The Adult Years: An Introduction to Aging*, 3rd edition (Englewood Cliffs, N. J.: Prentice-Hall, 1986), 104.

24) Ibid., 109.

25) Ibid., 106-7.

26) 윤진, 180.

27) Levinson, 199.

28) Ibid., 200-8.

29) Rogers, 94.

30) T. Lidz, "Phases of Adult Life: An Overview," in W. H. Norman & T. J. Scaramella, eds., *Midlife: Developmental and Clinical Issues* (New York: Brunner/Mazel Publishers, 1980), 29.

31) E. Jacques, "Death and the Mid-Life Crisis," *International Journal of Psychoanalysis*, 46 (1965), 506.

32) James W. Fowler, 「신앙의 발달단계」, 사미자 역 (서울: 대한예수교장로회총회출판국, 1987), 17-8.

33) Ibid., 295-96.

34) James W. Fowler & Sam Keen, *Life Maps: Conversations on the Journey of Faith* (Waco: Word, Incorporated, 1978), 80-1.

35) Robert J. Havighurst, *Human Development and Education* (New York: Longmans, Green and Co., 1953), 270-2. Robert C. Peck, "Psychological Developments in the Second Half of Life," in B. L. Neugarten, ed., *Middle Age and Aging* (Chicago: University of Chicago Press, 1968), 88-90.

37) Ruth Beechick, *Teaching Juniors: Both heart and Head* (Denver: Accent Books, 1981), 24-5.

38) Erik Erikson, "Generativity and Ego Integrity," in B. L. Neugarten, ed., *Middle Age and Aging* (Chicago: University of Chicago Press, 1968), 85.

39) N. Haan, "Common Dimensions of Personality: Early Adolescence to Middle Life," in D. H. Eichorn et al, eds., *Present and Past in Middle Life* (New York: Academic Press, 1981), 150-1.

40) David F. Hultsch & Francine Deutsch, *Adult Development and Aging: A Life-Span Perspective* (New York: McGraw-Hill Book Company, 1981), 294.

41) C. S. Chilman, "Families in Development at Mid-stage of the Family Life Cycle," *Family Coordinator*, 17 (1968), 307.

42) Rogers, 90.

43) Hultsch & Deutsch, 295.

44) R. E. Y. Wickett, "Working with Middle-Aged Adults." In Nancy T. Foltz, ed., *Handbook of Adult Religious Education* (Birmingham, Alabama: Religious Education Press, 1986), 83.

45) Willis, 216-21.

46) 김재은, "성인 연령층 이해," 「신학과 세계」, 10호 (1984), 322.

47) Leon McKenzie, *The Religious Education of Adults.* (Birmingham, Ala.: Religious Education Press, 1992), 79.

48) R. Michael Harton, "Importance of Adult Christian Education," in Jerry M. Stubblefield, ed. & comp., *A Church Ministering to Adults* (Nashville: Broadman Press, 1986), 13.

49) Gaston, 105-18.

50) Ibid., 95.

제10장
성인후기 사역

ChristianAdultMinistry

오늘날에는 성인후기, 즉 노년기에 대한 관심이 전 세계적으로 기울여지고 있다. 그것을 보여주는 한 예로, UN이 1999년을 "세계 노인의 해"로 정해 놓은 것을 들 수 있다. 지금 교회 밖의 사회에서는 이미 오래 전부터 노인문제에 관하여 많은 관심을 가지고 인적 및 물적 투자를 해 오고 있다. 그런데 교회는 그 동안의 사역에서 노인들에게 충분한 관심을 기울이지 않았다. 이제는 교회의 사역이 이러한 면에서 올바른 방향으로 교정되어야 할 것이다. 교회의 사명 중에서 복음으로 사람들에게 사역하는 일은 출생 이후의 유아기부터 사망에 이르는 노년기까지의 전 생애(the whole life-span)에 걸친 모든 사람들이 포함되어야 한다. 그런데 대부분 지금까지의 교회사역은 노인들을 그 관심의 중심에서 제외시킨 채 이루어져 왔다. 이것은 사람의 태어나고 죽는 것을, 그리고 그 사이의 모든 과정을, 중히 여기시는 하나님의 뜻에서 멀어진 것이 아닐 수 없다.

오늘날에는 사회적으로 노인인구가 많아지면서 교회 구성원의 구조도 노령화 되어가고 있다. 2002년 현재 우리나라의 65세 이상의 노인인구는 전체 인구의 거의 8퍼센트에 달하고 있다. 이러한 사회적 현실은 곧 노인층에 대한 교회사역의 비중이 점점 더 커져야 함을 암시하고 있는 것이다. 또한 모든 것이 세분화되고 전문화되는 현대 사회에서 교회가 효과적으로 사역을 감당하기 위해서는 이제 노인사역을 하나의 독자적인 사역분야로서 접근해야 할 뿐만 아니라 고도의 전문성을 가지고 효율적인 사역을 해야 할 시점에 와 있다. 이러한 배경에서 본 장에서는 먼저 노인사역을 효과적으로 하기 위해서 필요한 기본적인 개념들을 정리해보고자 한다. 그리고 나서 노인들의 주요 특성들을 살펴보고, 끝으로 교회가 지향해야 할 노인사역의 방향을 제시해 보고자 한다.

I. 성인후기 사역에 필요한 기본 개념들

1. 노인의 정의

노인이나 노년기를 정의하는 일은 쉽지 않다. 매스튼(T. B. Maston)은 그 이유를 세 가지로 말하고 있다. 첫째로는, '노년기의 상대성'인데 이는 늙었다고 인정되는 나이가 직업에 따라서 상대적으로 차이가 나는 것을 말한다. 둘째로는, '판단하는 입장의 상대성' 으로서 각 연령층의 사람들이 늙는 것을 서로 다르게 판단한다는 것이다. 마지막으로는, 사람들이 지닌 개인적인 특성들이 매우 다양하기 때문에 일정한 기준을 가지고 노인이나 노년기를 정의하는 것이 어렵다는 것이다.[1]

인간을 생물학적, 심리적 및 사회적 측면으로 이루어진 전인적 존재로 본다면, 노인에 대한 정의도 이러한 포괄적인 측면에서의 접근을 하는 것이 바람직할 것이다. 그와 같은 관점에서 노인을 정의한 것의 한 예로서, "생리적 및 신체적 기능의 감퇴와 더불어 심리적인 변화가 일어나서 개인의 자기 유지 기능과 사회적 기능이 약화되어 있는 사람"[2]이라고 정의한 것을 들 수 있다. 그러나 이러한 정의도 엄밀성이 부족하다는 점과, 노인을 부정적인 시각으로만 보고 있다는 점, 그리고 모든 연령층의 사람에게서 이러한 특성을 찾아볼 수 있다는 점 등의 이유로 인해서 만족할 만한 정의가 될 수는 없다.

이렇게 본다면, 사실상 노인에 대한 완벽한 정의는 불가능하다고 할 수 있는데, 그렇기 때문에 연령을 기준으로 하여 노인을 정의하는 방법이 가장 무난하다. 매스튼도 노인에 대한 정의로서 "가장 적당하고 가능한 방법은 생활연령(chronological age)에 의해"[3] 하는 것이라고 하였고, 실제로 연령적 정의가 가장 보편적으로 사용되고 있는 방법이라고 하였다. 이 점에 관하여 커어(Horace L. Kerr)도 말하기를, "연령 외에는 노년기에 처해 있는 사람들에게 제대로 적용할 수 있는 공통분모가 없다"고 하였는데, 다만 단서를 붙이기를, 연령이라는 것도 어떤 사람이 몇 해 동안을 살았는지를 알려주는 것일 뿐이라고 하였다.[4] 아무튼 교회의 노인사역에 있어서도 특정한 연령 이상의 사람들을 노인사역의 대상으로 규정하는 것이 필요하며, 그러한 연령적 기준을 출발점으로 해서 우리는 노인들의 신체적, 심리적, 그리고 사회적인 일반적 특성들을 보완적인 기준으로 하는 종합적인 접근이 있어야 할 것이다.

노년기의 출발점으로 삼는 연령에 대해서도 여러 가지 다양한 입장이 있다. 현재 우리나라의 경우에, 노인복지법이나 생활보호대상 노인 규정 등에서는 65세 이상을, 그리고 노인교실 운영지침이나 대한노인회 규정에서는 60세를 노인의 기준으로 삼고 있다.[5] 그런데 노인연령 기준의 이러한 다양성은 각종 법률이나 단체의 목적상 존재할 수밖에 없고, 또한 시대나 문화에 따라서도 변화하고 차이가 나게 마련인 것이다. 우리나라의 경우에는 전통적인 회갑의 풍습이나 오늘날의 평균수명 등을 고려해 볼 때 60세를 노인연령의 시작으로 삼는 것이 바람직하다고 볼 수 있다. 대다수의 학자들도 60세를 노년기의 시작으로 간주하고 있는데,[6] 커어의 경우에도 "자신의 주된 일(major vocation)로부터 은퇴한 사람들"을 노인으로 간주하는 사회학적인 입장을 취하면서도, 연령적으로는 60세를 가장 바람직한 기준으로 제시하였다.[7]

그런데 이미 지적하였듯이 노인들은 매우 다양하고 이질적인 집단이어서 60세나 65세 이상의 모든 사람들을 하나의 부류로만 취급하는 것은 바람직하지 않다. 특히 오늘날과 같이 평균수명이 날로 증가하는 상황에서는 노인 집단이 꽤 폭넓은 연령층으로 구성되기 때문에 이를 세분하여 접근하는 것은 더욱 필요하다. 이 점에 관해서 매스튼도 말하기를 '젊은 노인'(young old)과 '늙은 노인'(old old) 등의 구분이 필요함을 지적하였다.[8] 더 구체적인 구분으로는 노인층을 3분하여 '전기 노년기'(early-late maturity, 65-70세), '중기 노년기'(middle-late maturity, 70-75세), 그리고 '후기 노년기'(late-late maturity, 75세 이상)로 나누기도 한다.[9] 또한 각 단계의 간격을 이 보다 더 넓게 설정하여 전기 노인(young-old)을 65-74세, 중기 노인(middle-old)을 75-84세, 그리고 후기 노인(old-old)을 85세 이상으로 구분하기도 한다.[10]

2. 노인에 대한 지칭

노인에 대한 지칭의 문제도 하나로 통일하기 어려운 것으로 보인다. 우리말의 '노인'은 '늙은 사람'을 뜻하는 것인데, 이것이 점차 부정적인 느낌을 주는 말로 인식되어 왔다. 교회나 사회기관들이 노인들을 대상으로 하는 교육 프로그램을 제공하면서 '노인대학'이나 '노인교실' 등의 표현을 쓰다가 점차 '경로대학'이라는 말로 바꾼 것이 그러한 정서를 보여주는 하나의 사례일 것이다. 그러나 엄밀하게 본다면, '경로대학'이라는 표현은 젊은 사람들에게 경로사상을 불어 넣어 주는 프로그램이라는 의미가 있는 것이기 때문에 이는 틀린 것이라고 할 수 있다. 노인들을 위한 교육 프로그램이라면 '노인대학'이나 '노인교실'이 맞는 표현인 것이다. 아무튼 '늙는다'는 말이 주는 부정적인 느낌 때문에 '노인' 이라는 말까지 기피되고 있는 것이 현실적인 경향이다. 얼마 전 우리나라 사회복지협의회에서는 노인에 대한 '고급화' 된 호칭을 공모한 결과, "노인의 사회적 경륜과 연륜에 대한 존경과 감사의 뜻을 내포" 하고 있는 '어르신' 이라는 말을 채택하기도 하였다.[11] 그러나 이 '어르신' 이라는 표현은 노인들을 직접적으로 대하여 부를 때는 사용할 수 있지만 노인들을 객관적으로 지칭할 때는 적합하지 않은 표현법이다.

영어권에서도 이러한 지칭의 문제는 논란이 되어 왔다. 처음에는 '늙었다' 는 뜻의 'old' 라는 말을 사용하여 'old age' 나 'old people' 이라는 표현 등을 사용하였다. 그러나 '늙었다' 는 것은 절대화하여 말할 수 있는 성질의 것이 아니고, 또 이러한 표현은 부정적인 느낌을 주기 때문에 문제가 있었다. 이에 대한 반대적인 입장에서 노년기를 긍정적으로 표현하려는 노력으로서 'golden age' 또는 'golden agers' 와 같은 표현이 등장하였다. 특히 이것은 미국에서 노인문제에 대한 국가적인 관심과 투자가 본격적으로 이루어지기 시작한 1950년대에 전형적으로 사용되던 표현이었다.[12] 그러나 이것 역시 노년기를 지나치게 미화함으로써 오히려 부정적인 요소를 감추려는 의도를 드러내는 결과를 초래한다는 문제가 있었다. 그래서 요즘에는 누구나 다 나이를 먹지만 그 중에서도 상대적으로 나이가 더 많은 사람들이라는 점을 나타내기 위해서 비교급을 사용하여 'older adults/persons' 라는 상대적 표현을 많이 쓰고 있다. 특히 노인과 노년기에 대한 학문적인 취급에서는 이러한 표현을 가장 많이 사용하고 있다.

이 밖에도 일상생활에서 많이 쓰이고 있는 말은 'senior adults/citizens' (선배 또는 원로 성인/시민들)이나 'the elderly' (연장자)라는 표현이다. 그런데 'the elderly'는 아무래도 나이가 많이 들었다는 느낌을 주는 말이기 때문에 이보다는 'senior adults/citizens' 라는 표현이 더 선호되고 있다고 할 수 있다. 이 표현은 노인들을 지칭하면서도 그들을 존중해주는 뜻을 가지고 있는데 현재 영어권의 기독교 사역 분야에서는 이 표현이 가장 많이 사용되고 있다.

3. 노인사역의 당위성

교회가 노인사역을 중요하게 인식해야 하는 이유 중에서도 가장 우선적인 이유는 노인들이 하나님의 형상을 따라 지음을 받은 존엄한 존재라는 사실이다(창 1:27). 사람은 일생 동안 그 안에 하나님의 형상을 지니고 살아가는 것이며, 인간으로서의 이 기본적인 가치와 존엄성은 외모나 지위 또는 능력 등의 비본질적 요인 때문에 무시되거나 침해되어서는 안 된다. 예수님께서도 분명히 나이나 성, 혹은 지위 등에 상관없이 사람들을 대하시고 사역하셨다(마 12:50; 요 6:37). 모든 인간이 하나님의 형상을 따라 창조되었음을 믿고 가르치는 교회는 그 누구보다도 더 이러한 자세를 지켜야 할 것이다. 특히 사람들이 나이를 먹을수록 "하나님의 형상"에 더욱 더 가까워진다고 할 수 있으므로 교회는 다른 사람들보다도 노인들을 더 존중해야 하는 것이다. 커어는 이 점에 대하여 다음과 같이 잘 말하였다:

영적으로나 정신적으로 볼 때, 노인들은 젊은 사람들보다 하나님의 형상을 더 닮는다고 수 있다. 왜냐하면 더 오래 살아온 삶에서 얻어진 다양한 경험들을 통해서 하나님을 더 잘 이해하고 수용할 수 있기 때문이다. 하나님은 그가 창조하신 모든 피조물에 대한 목적을 가지고 계신다. 그의 약속은 나이에 의해서 제한되지 않는다. 사람은 하나님께 속하는 일로부터 은퇴하는 일은 없는 것이다.[13]

노인사역의 또 하나의 중요성은 성경에서 노인들을 중시하고 또한 그들을 공경하고 섬기라는 명령을 우리들에게 주고 있다는 점에서 찾을 수 있다. 구약성경에서는 노령과 장수함을 하나님의 축복으로 간주하였고(왕상 3:14), 노인들은 존경과 인정을 받을만한 가치가 있는 사람들로서 여겨졌다. 예를 들면, "너는 센 머리 앞에 일어서고 노인의 얼굴을 공경하며 네 하나님을 경외하라 나는 여호와니라"(레 19:32)는 말씀에서 우리는 그 사실을 발견할 수 있다. 매스튼은 이 구절에 대하여 언급하기를, 노인들 앞에서 일어서는 행위는 문화적인 것일 수 있지만 그 행위가 의미하는 존경심은 결코 문화적인 것이 아니라 하나님의 명령이라고 지적하였다.[14] 출애굽기 20장 12절에서는 부모에 대한 공경이 십계명 중 하나의 명령으로서 나타나 있다. 이 명령은 부모들이 젊었을 때나 혹은 늙었을 때나 항상 지켜져야 하는 것이며, 부모가 연로해졌을 때는 오히려 더욱 더 잘 지켜야 할 명령이다. 잠언 23장 22절에서도 "네 늙은 어미를 경히 여기지 말찌니라"고 가르치고 있음을 볼 수 있다.

노인사역의 또 하나의 중요성은 교회와 그리스도인들에게 주어진 윤리적 책임에서 찾을 수 있다. 우선 사회정의의 실현이라는 차원에서 볼 때 오늘날 노인들이 당하고 있는 많은 고통들이 이 풍요로운 사회에서 구조적인 악과 부조리, 그리고 부당함이 빚어낸 결과라는 사실은 교회와 그리스도인들이 노인문제 해결에 적극적으로 관여해야 함을 일깨워주고 있다. 또한 기독교의 윤리는 희생과 사랑을 바탕으로 한 것으로서, 부당하게 취급되어진 결과는 아니더라도 다른 사람들에 비해 더 불우하고 무력한 사람들이 있다면 그들을 우선적으로 돌보아야 한다. 그렇다면 아무래도 노인들은 다른 연령층의 사람들에 비하여 환경과 상황의 영향으로 피해를 입고 어려움에 처하게 될 확률이 더 높은 사람들로서 교회와 그리스도인들은 그들에 대한 돌봄과 봉사를 중요하게 수행해야 할 윤리적인 책임이 있는 것이다(딤전 5:9). 실제로 미성년층은 대부분 그들의 성년 부모나 보호자들이 일차적으로 도움을 주고 있지만, 노인들은 미성년이 아닌 성인으로 간주되기 때문에 정작 필요한 도움을 주위 사람들로부터 잘 받지 못하는 경우가 많다. 교회가 모든 사람들의 모든 필요를 다 충족시킬 수는 없지만, 부당하게 취급을 받는 사람들, 특히 노인들의 입장에 서서 그들을 이익을 위해 힘써 주는 것은 하나님의 무조건적인 사랑을 실천하는 그리스도의 신앙공동체로서 마땅히 해야 할 바이다.[15] 유수현도 '교회는 아동과 청소년들에게 관심과 투자를 하는 만큼 노인들에게도 배려를 하고 있는가?' 라는 질문에 회의적인 시각을 가지고 있음을 밝히면서, 노인들에 대한 관심과 투자는 다른 연령집단에 비해 뒤떨어져 있음을 지적하였다.[16]

우리 모두는 또한 오늘날 노인이 된 사람들의 공로에 대한 보답의 의무를 가지고 있기 때문에 노인사역을 중요시해야 한다. 오늘날 우리가 누리고 있는 물질적 및 정신적 풍요로움은 저절로 생긴 것이 아니라 우리의 선배들이 수고하고 노력하고 희생하면서 이룩하여 우리에게 물려준 것으로서 우리는 그들의 공로와 은혜에 보답하는 행위로서 그들의 필요를 채워주는 일에 깊은 관심을 가지고 실천해야 하는 것이다. 성경에서는 주로 부모의 은혜에 보답하는 문제를 다루고 있는데, 구약성경에서는 늙은 아버지에 대해 지극한 효심을 보여 준 요셉의 이야기에서 그것을 찾아볼 수 있다(창 43-45장). 신약성경에서는 고르반의 전통을 빙자하여 부모를 공경하라는 하나님의 명령을 저버린 바리새인들을 책망하신 예수님의 모습을 찾아볼 수 있다(막 7:9-13). 그리고 바울의 다음과 같은 권면에서도 부모에 대한 보은의 당위성을 볼 수 있다: "어떤 과부에게 자녀나 손자들이 있거든 저희로 먼저 자기 집에서 효를 행하여 부모에게 보답하기를 배우게 하라. 이것이 하나님 앞에 받으실 만한 것이니라."(딤전 5:4) 그런데 성경에서 강조하고 있는 바, 부모의 은혜에 대한 보답의 의무는 가족 관계를 초월하여 앞선 세대와 그 다음 세대 사이에서도 적용되어야 할 교훈인 것이다.

또한 노인사역의 중요성은 노인들이 제공할 수 있는 유익과 가치가 많다는 점에서도 찾을 수 있다. 우리는 보통 잘못된 기준으로 판단하여 노인들의 가치와 유용성을 과소평가하지만, 사실상 노인들은 체험적 지혜의 축적자로서 그들 당대의 사회를 이끌어 온 주인공일 뿐만 아니라 다음 시대의 창조를 위한 안내자로서 꼭 필요한 존재들이다. 콜만(Lucien E. Coleman, Jr.)은 노인들의 이러한 가치와 잠재력에 대하여 "아직 개발되지 않은 능력의 저장고"(a reservoir of untapped power)¹⁷⁾라고 표현하였다. 따라서 우리는 그들이 특유한 지혜와 능력을 의미 있게 발휘하게 하는 사역을 통하여 그들 스스로도 자신들이 쓸모 있고 유용한 존재라는 긍정적인 자아상 속에서 보람 있는 삶을 살아가게 하면서 우리 가정과 사회의 유익과 발전을 위해서도 좋은 자원으로서 활용해야 할 것이다. 교회의 사역을 위한 노인들의 이러한 잠재력에 대하여 지적한 다음의 내용은 노인사역을 함에 있어서 명심해야 할 것이다.

> 우리들의 교회 안에는 너무 일찍 선반에 올려 놓여진 노인들이 정말 너무도 많다. 그들 중 많은 사람들은 아직 기력이 왕성하며, 그들은 주님과 교회를 위해 그 어느 때보다도 바칠 시간을 더 많이 가지고 있다. 또한 그들 중의 많은 사람들은 사람들의 깊은 필요에 효과적으로 사역할 수 있는 영적 성숙함을 지니고 있다. 많은 교회의 경우에 있어서 그들은 효과적인 지도력과 사역에 사용될 수 있는, 아직 마개를 따지 않은 최대의 힘의 근원이다.¹⁸⁾

마지막으로 노인사역의 중요성은 그들의 숫자적 증가가 만들어내고 있는 사회적 현상에서 찾을 수 있다. 평균수명의 연장과 경제적 및 의학적 수준향상으로 인한 세계적인 인구 고령화 현상에 따라 우리나라도 이미 전체 인구의 8%에 달하는 사람들이 65세 이상의 고령자이고 이와 같은 노인인구의 증가는 앞으로도 계속 빠른 속도로 일어날 것이 예측되고 있다. UN에서는 각 나라의 인구구조에서 65세 이상의 인구가 차지하는 비율이 4% 미만인 나라를 '청년국가'(young nation), 4 - 7% 나라를 '중년국가'(mature nation), 그리고 7% 이상인 나라를 '노년국가'(aged nation)라고 분류한 바 있다.¹⁹⁾ 우리나라는

2002년 현재 65세 이상인 사람의 비율이 7.9%로서 이미 노년국가가 되어 있다. 그리고 이 노년인구의 비율은 2020년에 가서는 13%가 넘어 고령화 국가가 될 것으로 예상되고 있다.[20] 이렇게 급증하고 있는 노인층은 정치적으로나 경제적으로 사회가 결코 무시할 수 없는 집단이 되어가고 있으며 이는 종교적인 측면에서도 마찬가지인 것이다. 이제 노인층은 그 어떤 다른 연령층보다도 더 많은 인적 및 물적 자원을 동원하여 사역해야 할 집단으로서 등장하고 있는 것이다. 특히 노인인구의 급증은 사회적으로 긍정적인 측면도 있지만 가정생활, 주거문제, 의료문제 등의 여러 분야에 있어서 해결해야 할 많은 문제점들을 수반하고 있기 때문에 노인과 관련한 사역은 매우 시급하고 중요한 것이다.

II. 성인후기의 주요 특성

1. 신체적 변화와 기능의 감퇴

넓은 의미에서 '노화'(aging)란 "생명이 잉태되는 순간부터 시작되어 사망의 순간까지 계속되는 발달과정"[21]으로서, 이것은 생물학적인 측면뿐만 아니라, 심리적, 사회적, 그리고 영적인 측면까지 포함하는 개념이다. 그런데, 좁은 의미에서의 노화는 주로 생물학적인 측면만을 지칭하는데, 예를 들면, "사람들이 일생을 살아가는 동안에 생물학적으로 성숙된 인간들에게 일어나는 모든 규칙적인 변화"[22]라든지, 또는

"개인의 생존율을 감소시키는 유해한 모든 변화들"[23]이라는 정의가 이러한 관점에서 나온 것이다. 일반적으로 노화라는 말이 사용되는 것은 이렇게 좁은 의미에서이고, 그래서 이 말은 부정적인 뜻을 내포하고 있는 것이다. 스트렐러(Bernard L. Strehler)도 인간의 전 생애를 3단계로 구분하여 성장기(maturation)와 성숙기(maturity)에 이어지는 단계를 노화기(aging)라고 하였으며, 노화과정의 한 특성으로서 유해성, 즉 신체의 기능에 부정적인 효과를 미치는 속성을 말하였다.[24]

이러한 좁은 의미에서의 노화의 현상은 주로 우리가 노년기라고 분류하는 연령층에게서 나타나는 것이라고 할 수 있으며, 따라서 노년기의 주요 특성으로서 우리는 우선 신체적 기능의 감퇴 또는 노쇠를 들 수 있는 것이다. 물론 이러한 신체적 기능의 감퇴는 엄격히 말하자면, 노년기보다 훨씬 더 앞서서 시작되는 것으로서, 그것이 일상생활에서 감지되고 부정적인 영향을 미치는 것이 노년기일 뿐이다. 그러므로 대부분의 학자들이 노년기의 시작을 60세로 말하지만 생리적으로는 그보다 앞서서 이미 노년기는 시작되는 것으로 볼 수 있다. 이 생물학적 노화의 원인은 아직 완전하게 밝혀지지 않았지만, 대체로 유전적 원인과 비유전적 원인, 그리고 생리학적 원인들이 관련되어 있는 것으로 알려져 있다.[25]

신체적 변화 중에서 가장 눈에 두드러지게 나타나는 것은 외모의 변화이다. 그 중에서도 피부와 머리카락의 변화는 "노화를 알리는 첫 번째 변화"[26]이다. 구체적으로 말하자면, 피부가 점점 메마르고 탄력성을 잃게 되며 주름과 반점들이 생기게 되며, 머리카락의 색이 회색으로 변하고 머리털이 많이 빠지는 현상이 나타난다. 또한 피하 조직의 손실과 피부의 신경세포 수가 감소함에 따라 체온을 일정하게 유지하는 능력과 온도를 감지하는 능력이 떨어진다. 그 다음에는 신체의 골격구조가 변하는데 이는 뼈의 조직이 점점 더 성기게 되어 가벼워지고 약해지면서 등과 허리와 무릎이 굽어져 자세가 구부정하게 되며 키가 작아지는 현상을 만들어낸다. 또한 관절부위의 연결 조직이 탄력성을 잃으면서 유연성이 떨어지거나 신경통이 증가하게 된다. 그리고 대뇌의 기능이 감소하면서 결정속도가 느려지게 되고 이것은 몸의 조절과 놀림을 점점 더 둔하게 만든다. 이러한 현상은 나이를 먹으면서 아랫배가 나오는 것과 함께 노인들의 외모에서 매력을 떨어뜨리는 요인이 되는데, 이 모든 외모상의 변화는 일상생활의 기능을 크게 저하시키는 것보다 심리적 및 대인관계적인 면에서 더 큰 영향을 주는 것으로 보고되었다.[27]

   노년기에 나타나는 또 하나의 신체적 노화 현상은 신체적 에너지의 저하이다. 이것은 혈액이나 기타의 각종 기관들이 체내에 산소와 양분을 공급하고 노폐물을 제거하는 능력이 떨어짐에 따라 나타나는 현상이다. 그 결과로 몸의 근육들이 활용할 수 있는 에너지가 감소하는 것이며 여기에 더하여 근육섬유들이 감소하면서 신체가 행할 수 있는 일의 양이 줄어들며 근육의 피로로부터 회복하는 데 걸리는 시간도 점점 더 길어지는 현상이 나타나는 것이다. 노인이 되면 '기운이 없어지고' 쉽게 피로해지는 것이 이 같은 이유 때문에 생기는 것이라고 할 수 있다.

노년기에는 각종 감각기관의 쇠퇴도 일어난다. 그 중에서도 가장 현저한 변화는 시각에서 나타나는데 40세에서 50세 사이에 발생하여 60세쯤에 안정되는 노안 또는 원시안 현상이 그것으로서, 가까운 물체에 초점을 잘 맞출 수가 없어서 '눈이 흐려지는' 경험을 하게 되는 것이다. 또한 깊이나 색깔을 감지하는 능력이 떨어지고, 빛의 밝기가 갑자기 변하는 상황에 잘 적응하지 못하며, 눈부신 빛에 약하고 어두운 곳에서 잘 보지 못하는 등의 문제도 나타난다. 청력의 저하도 일어나는데 여성보다는 남성에게서 더 일반적으로 나타나며 저음보다는 고음에 대한 감지력이 더 떨어지는 것으로 보고되었다.[28]

각종 기관들의 변화도 일어나는데, 우선 심장의 경우에는 박동능력이 떨어지며 뿜어내는 혈액의 양이 줄어든다. 이러한 변화는 혈관의 탄력성 감소와 혈구들의 기능 저하와 함께 노년기에 많은 건강상의 문제를 유발하는데, 65세 이후의 가장 흔한 사망 원인은 혈액순환계의 기능 저하에 기인한 것으로 알려져 있다. 폐활량도 점차로 감소하는데 이는 늑골근육의 약화와 폐의 탄력성 감소 때문이다. 치아와 잇몸의 약화 및 질병, 위 근육 약화로 인한 연동활동 약화, 그리고 소화액 감소 등으로 인하여 소화능력이 감소하며 노인들 공통의 질병인 변비가 많이 발생한다. 또한 콩팥의 여과율이 낮아지면서 빈번한 배뇨현상이 나타나는데, 특히 남자들은 전립선비대증 때문에 이런 증상에 더 많이 시달리는 것으로 알려졌다.

이상의 신체적 기능의 쇠퇴는 노년기에 많은 건강 문제를 유발시키지만, 젊었을 때부터 적절한 관리를 해 온 사람들에게는 일상생활의 여러 기능들을 수행하는 데 큰 문제가 되지 않는다. 아무튼 노인들의 경우에 신체적 노화로 인한 건강문제가 제일의 관심사인 사실을 고려해 볼 때,[29] 교회의 노인사역에 있어서도 이 영역의 특성과 필요를 올바로 이해하고 적절한 대응책을 제공해 주는 일은 매우 중요하다.

2. 사회적 접촉과 역할의 감소

노년기에 나타나는 사회적 측면의 특성은 대인관계의 접촉이 줄어들고 기존의 역할들이 감소한다는 것이다. 노년기를 특징지어 주는 이 현상은 주로 직업에서의 은퇴와 가족들과의 분리를 통해 두드러지게 나타난다. 노년기의 이러한 특징과 현상에 대해서 크게 두 가지의 설명이 제시되었다. 첫째로, 분리설 또는 유리설(disengagement theory)이라는 이론에 의하면 노인과 사회가 서로에게서 점진적으로 접촉과 관계를 줄여나가면서 분리되는 것이 노화의 과정에서 일어나는 자연스러운 현상이라는 것이다. 이 과정은 노인에 의해서 시작될 수도 있고 타인들에 의해서 시작될 수도 있어서 "상호적 이탈"의 성격을 지니고 있다고 하였다. 노인들이 사회적 접촉과 일로부터 벗어나는 것은 죽음이 필연적이기 때문인데, 노인들은 사회적 관계들과 사회적 기능들을 벗어버림으로써 죽음을 준비한다는 것이다. 그 과정에서 노인들은 사회적 관계에 몰두했던 자아로부터 자기 자신에 대한 몰두로 옮겨가게 된다는 것이다. 둘째로, 참여설 또는 활동설(involvement theory)에서는 그 반대적인 것을 주장하고 있는데, 노년기에 사회적 접촉과 역할이 줄어드는 것은 사회가 일방적으로 그렇게 하는 것이며 노인들 자신이 원해서 그렇게 되는 것은 아니라는 것이다. 이 이론을 주장하는 사람들은 대부분의 노인들이 다른 사람들과 어울리고 싶어하는 본성이 있으며 계속 사회와 집단의 일에 참여하며 활동적으로 삶을 살기를 원한다는 것이다.[30] 특히 활동적이던 사람들은 노인이 된 후에 젊은 사람들로부터 격리되고 소외되는 것이 매우 큰 스트레스가 된다.

그러나 사회적 접촉과 역할로부터 점진적으로 이탈하는 것과 계속 활동을 유지하는 것은 개인의 상황과 욕구에 따라 선택될 수 있는 것이고 이 두 가지 모두 다 긍정적인 측면을 가지고 있는 것이다. 아무튼 노인들이 가정과 직장에서 지위와 역할을 상실하고 '의미 있는 타인'(significant others)들과의 접촉과 관계가 줄어드는 것은 자신감과 자존감의 상실과 함께 노인들에게 큰 심리적 스트레스를 준다. 특히 제도적 강압이나 타의에 의해서 어떤 역할로부터 물러나게 되거나 빈번한 대인적 접촉에서 멀어지게 되는 경우에는 자연적으로 소외감이 생기게 되는 것이며, 현실적으로는 태반의 노인들이 이 같은 심리적인 문제를 안고 있다. 실제로 가정과 직장에서의 역할상실은 노인들에게 심리적 소외감과 고독감을 가져다주는 주된 요인이 되며 때로 이것은 노년기의 가장 대표적인 정신질환인 우울증(depression)을 유발하기도 한다. 사실, 역할이란 한 사람의 자아개념의 기초인데, 이러한 역할들이 줄어드는 것은 결국 자아개념과 사회적 정체감의 침식을 유발하는 것이다. 노년기의 역할 상실은 다른 연령층의 경우와 달라서 다른 역할들로 대치하는 것이 쉽지 않고, 또한 노인으로서 해야 할 역할이 분명하게 정해져 있지 않은 이른바 '역할의 모호성' 때문에 이 문제는 노인사역에서 매우 중요하게 다루어야 할 사항이다.

3. 소극적 성향의 증가

사람이 어떤 대상이나 상황에 대해 얼마나 자기 자신을 적극적으로 관여시키고 참여하는가의 문제를 자아에너지(ego energy) 투입이라고 한다. 그런데 노년기에 이를수록 이 자아에너지 투입이 소극적이고 그 강도가 점차 감소되는 것이 일반적이다. 즉, 어떤 상황이나 대상에게 자신의 감정과 주관적 생각을 적극적으로 개입시키지 않으려고 하며, 자신의 생각을 주장하는 일에 지구력과 적극성이 약해질 뿐만 아니라 새로운 일에 도전하기를 주저한다는 것이다. 따라서 어떤 문제에 적응하는 방식이 능동적이지 않고 매우 수동적으로 되며, 때로는 무사안일하거나 방임적이 되고 또는 신비롭고 막연한 것에 기대하는 경향을 보인다는 것이다. 이것과 관련하여 노인들은 사물의 판단과 활동방향을 외부보다는 내부로 돌리는 내향적 행동양식을 많이 나타내게 되는데, 이러한 현상들이 생기는 주된 이유는 노화되면서 신체적 기능과 인지 능력이 감퇴되기 때문이며, 또한 사회적 역할과 활동이 약화되고 줄어들기 때문이다. 이 점에 있어서는 약간의 성별 차이가 나타난다. 즉, 노인들 중에서도 남자들은 여자노인들에 비해서 상대적으로 이 같은 변화가 더 뚜렷하게 나타난다는 것이다. 다시 말해서 남자노인들은 점점 더 수동적이고 온화하게 되어 가는 반면에, 여자노인들은 오히려 권위동기와 지배동기 등의 적극적인 속성들이 강해진다는 것이다.[31]

또 하나의 소극적 성향은 경직성이다. 모든 사물은 움직이던 방향으로 계속 움직이려는 관성적 특성을 가지고 있다. 인간들도 이 같은 속성을 나타내는데, 어떤 문제 해결과 적응에 있어서 다양하고 융통성 있는 사고와 접근을 하지 못하고, 과거에 살아오던 대로의 방식을 고수하려는 성향이 있는 것이다. 이러한 경직성의 성향은 노인들에게서 크게 증가하는 것으로 발견된다. 노인들이 학습능력이나 지능검사에서 저조한 수준을 나타내는 것은 이 같은 경직성의 증가에 의한 부분이 상당히 많은 것으로 알려지고 있다.

또한 노인들에게서는 행동의 조심성도 증가하는 것을 볼 수 있다. 실제로 노인들은 어떤 일을 처리하는 속도보다 정확성에 더 많은 신경을 쓰며, 정답을 말하려는 것보다는 틀린 답을 하지 않으려는 것에 더 많은 주의를 기울이는 경향이 있다. 이렇게 조심성이 높아지는 원인으로서는 신체의 기능 감퇴로 인한 자연적인 결과라고 보는 입장과, 매사에 정확을 기하고 체면을 손상시키지 않으려는 동기에서 비롯되는 것으로 보는 입장이 있다.[32] 아무튼 노인들에게서 볼 수 있는 이 같은 조심성의 증가는 어떤 일을 새로 시작하거나 문제를 해결하는 경우에 그 결과에 대한 분명한 자신감과 보장이 있지 않는 한 망설이거나 포기하는 현상들로 나타난다.

4. 과거지향적 성향의 증가

노인들은 과거에 대한 회상에 집착하는 성향을 강하게 나타내는 것이 일반적이다. 과거에 대한 추억은 긴 시간을 살아온 노인들로 하여금 자신의 삶의 실재와 접하게 하고, 또한 현재와 미래에 보다 더 잘 적응하도록 힘을 주는 역할을 한다. 따라서 노인들에게 있어서 과거에 대한 회상과 추억은 삶의 본질이요, 아마 어떤 노인들에게는 그것이 현실보다도 더 실재적인 것으로 자리잡기도 한다는 것을 우리는 이해해야 할 필요가 있다. 물론 이것이 지나쳐서 어떤 노인들은 현실로부터 아주 동떨어져서 과거 속에 파묻혀 살기도 한다. 그러나 대부분의 노인들에게 과거에 대한 회상은, 비록 그것이 다소 미화되고 과장되는 경우가 있기는 하지만, 그들에게 큰 위로와 힘을 공급해 주는 것이 사실이다. 이러한 성향은 실제적으로 자신에게 친근한 사물에 대해 강한 집착을 보이는 것들로 나타나기도 한다. 즉, 노인들은 자신이 오랜 동안 가까이 하였던 물건, 장소, 사람들에 대해서 강한 애착을 나타내는 것이다.

과거의 생에 대한 이 같은 회상과 반성을 통하여 노인들은 자신들의 과거의 성공과 실패들로부터, 그리고 갖가지 다양한 삶의 사건과 경험들로부터 어떤 의미를 찾아내려고 하는 것이다. 이는 자신의 한평생을 정리해야 할 단계에 와 있음을 깨닫고 생의 잘잘못들을 평가해 보며, 남은 생애와 죽음을 준비하는 작업인 것이다. 이 작업에서 어떤 사람들은 후회와 원망과 절망에 빠지기도 하고, 그 반대로 어떤 노인들은 자신의 삶을 있는 그대로 수용하고 거기에서 어떤 의미를 찾으려고 하며 남은 생애를 긍정적으로 영위해 나가려는 자세를 수립하기도 한다. 심리학자 에릭슨(Erik Erikson)은 이 같은 두 가지의 대조적인 상태를 가리켜 각각 '절망'(despair)과 '자아통합'(ego integrity)이라고 하였다. 그는 자아통합을 이룬 노인들의 특성은 자신의 삶이 어떠했든지 그에 대한 궁극적인 책임이 다른 어떤 사람이나 환경이 아닌 자기 자신에게 있음을 인정하는 것이고, 그에 따라 부모 등을 비롯한 다른 사람들에 대한 미움이나 오해 등을 풀고, 용서하고 용납하며, 이루어지지 않은 꿈과 희망에 대해서 불필요하게 연연해 하거나 아쉬워하지 않고, 쓰라린 감정의 응어리들을 가지지 않는 것이라고 하였다.

III. 성인후기의 인지적 능력의 문제

1. 지능의 변화

노년기와 관련된 인지 능력의 문제는 주로 지능과 기억력을 중심으로 연구되어 왔다. 우선 오늘날 지능은 여러 가지 요인들의 복합체로 이해하고 있는데, 크게 두 가지로 구분하여 유동성 지능(fluid intelligence)과 결정성 지능(crystallized intelligence)으로 설명할 수 있다. 유동성 지능은 중추신경계의 효율적인 기능에 의존하는 기본적인 인지능력으로서 교육이나 경험에 의존하지 않는 '훈련되지 않은' 능력이다. 결정성 지능은 교육과 경험에 주로 의존하는 인지능력으로서 언어이해력, 어휘력, 추론능력과 같이 학습되거나 '훈련된' 능력을 가리킨다. 지금까지 연령과 지능의 관계에 대해서 밝혀진 일반적인 사실들은 연령이 증가함에 따라 유동성 지능은 감소하지만 결정성 지능은 안정적이거나 증가한다는 것이다. 연령 증가에 따라 유동성 지능이 감소하는 이유는 나이가 들면서 수행속도가 떨어지고, 또한 비언어적 기술을 점점 덜 사용하기 때문인 것으로 보고 있다.[33]

연령 증가에 따라 지적 능력이 감소한다는 일반적인 생각은 연구방법상의 오류에서 기인한 측면도 있다. 즉, 한 시점에서 여러 연령층의 지능을 검사하여 비교하는 횡단연구(cross-sectional study)에서는 각 세대간의 성장 환경이나 역사적인 경험의 차이 등에 의하여 고연령층이 저연령층보다 지능 검사의 점수가 낮게 나타날 수 있다는 것이다. 이러한 것을 출생동시집단효과(cohort effect)라고 하며 실제로 최근에 출생한 사람들은 부모나 조부모 세대보다 교육의 양과 질에 있어서 더 나은 조건을 가지고 있기 때문에 이러한 단면적인 검사에서 더 좋은 결과를 나타낼 수 있는 것이다. 이 점을 해결하기 위하여 같은 집단의 사람들을 계속 추적하면서 지능의 변화를 조사하는 종단적 연구(longitudinal study)를 실시해 보면 지적 능력이 중년 후기나 노년 초기에 감소하는 것으로 나타나며 그 감소도 점진적이다. 결정성 지능에 해당하는 부분은 오히려 중년기와 노년기까지 계속적으로 상승하는 것을 보여준다. 물론 이러한 연구 방법에는 연구결과에 부정적인 영향을 주는 사람들이 중도에 많이 탈락하는 선택적 탈락(selective dropout)이라는 것이 작용하여 부정확한 결과를 초래하는 측면이 있다. 또한 같은 집단의 사람들이 동일한 검사에 익숙해지면서 더 좋은 결과를 나타내는 연습효과(practice effect)라는 요인도 작용할 수 있다.

그리하여 이 두 가지 방법을 병행하여 종합적인 고려를 시도하는 순차적 연구법을 도입하게 되었는데, 그러한 과학적인 연구들을 통하여 얻어진 몇 가지 결론은 다음과 같다: (1) 변화의 다차원성으로서, 모든 지적 능력에서 연령과 관련된 일정한 패턴은 없다, (2) 지적 능력의 변화에서는 개인차가 다양하게 나타난다, (3) 노년기의 지적 능력 감소의 정도에 환경적 및 문화적 요인이 작용한다.[34]

이와 같은 다양성과 개인차 및 상황적 요인의 영향들 중에서도 노년기의 지적 능력에 관련된 주된 요인들로서는 우선 교육수준을 들 수 있다. 즉, 나이가 많은 옛 시대의 사람일수록 최근의 사람들보다 교육적 여건이 불리했던 환경에서 살아왔고 그래서 연령과 교육수준 사이에는 역상관관계가 있는 것이다. 따라서 연령 증가에 따른 지능의 감소는 사실상 교육수준의 영향이라고 볼 수 있는 것이다. 또 하나의 요인은 직업수준이다. 즉, 직업상 활발하게 사고하고 문제해결 능력을 발휘해야 하는 노인들은 지능의 쇠퇴가 적게, 그리고 느리게 일어난다는 것이다. 그 외에도 지능 검사에 대한 불안 수준이 노인들에게서는 상대적으로 더 높기 때문에 이것이 점수에 부정적인 영향을 미치게 되며, 또한 건강상태나 생활양식의 차이도 노년기의 지적 능력에 영향을 주는 요인들이다.

2. 기억력의 변화

연령이 증가하면서 기억력이 감퇴하는 것은 성인기의 생활 속에서 대부분 직접 경험할 수 있는 현상이다. 노년기의 인지변화 중에서 가장 심각한 것이 기억력의 감퇴로 알려져 있는데, 이로 인하여 노인들이 매우 좌절감을 느끼며 따라서 노인들이 학습상황이나 검사상황에서 자신감을 상실하게 되어 결과적으로 수행에 부정적 영향을 미치게 된다. 이러한 현상이 일어나는 정확한 이유에 대해서는 기억능력과 관련된 세 가지 요인 즉, 부호화(encloding), 저장(storage), 그리고 인출(retrieval)의 관점에서 연구가 이루어져 왔다.

어떤 정보를 적절히 조직하여 부호화해 놓는 일은 저장과 인출을 용이하게 만들어준다. 그런데 연구에 의하면, 성인들은 연령이 증가하면서 부호화를 세밀하게 하지 않고 넓게 요약된 형태로 정보를 처리하는 것으로 알려졌다. 특히 노인들이 효과적인 부호화를 잘 하지 못하는 것으로 나타났는데, 만일 노인들의 경우라도 조직적인 방법을 지시받을 경우에는 더 나은 부호화 수행도를 보이는 것으로 나타났다. 이에 비해서 젊은이들은 그런 지시의 유무에 상관 없이 자발적으로 그러한 조직적 방법을 사용하여 정보들을 부호화하는 것으로 나타났다.

저장과 관련한 연구 결과들을 보면, 우선 감각기억에 있어서 노인의 시각기억은 연령에 따른 차이가 거의 없고, 청각기억에 관한 연구는 거의 이루어지지 않았다. 아무튼 노인들은 시력과 청력의 감퇴로 인하여 어떤 것을 지각하는 능력이나 속도는 줄어들지만 일단 지각한 것은 젊은 성인들과 마찬가지로 좋은 감각기억을 나타낸다. 단기기억의 경우에는 연령에 따른 감소가 있지만 노년 초기까지의 감소는 적은 편이어서 일상생활을 하는 데 큰 문제는 없으며, 그 차이도 반응시간이 느려지는 것에 기인한 것이 상당 부분을 차지한다. 장기

기억에 있어서는 연령 증가에 따른 감퇴가 매우 크게 나타난다. 그리고 그 원인은 부호화 과정과 인출과정 모두에 있는 것으로 보고 있다. 인출 과정은 나이가 많아짐에 따라 현저하게 느려진다. 정보처리 모델에 의하면 노년기로 갈수록 처리해야 할 정보의 양의 많아지기 때문에 그것의 처리 시간도 더 많이 요구되는 것으로 설명된다.[35] 그런데 재인(recognition) 능력에서는 약간의 차이가 있고 회상(recall) 능력에 있어서 더 큰 차이가 나타난다. 이러한 인출 능력의 감소는 부호화가 조직적으로 되지 않은 채 정보가 저장되었거나 또는 새로운 정보가 오래 저장된 다른 정보와 충돌하기 때문에 발생하는 것으로 여겨진다.

이상에서 살펴 본 노인의 기억능력 변화는 본질적으로 정보처리의 과정과 효율성의 문제인데 이것의 감소에는 몇 가지 요인들이 작용하는 것으로 알려져 있다. 우선 정보처리의 효율성 감소는 약물의 지속적인 복용이나 지적 자극의 감소와 같은 환경적 요인에 의해서 발생하기도 한다. 또한 전반적인 정보처리 능력의 변화에 의한 것이기도 한데, 예를 들면 집중력의 저하와 기억재료의 조직 능력 저하, 그리고 비효율적인 정보인출 방법 등의 문제로 인하여 기억력이 감퇴하기도 한다. 그리고 생물학적인 요인도 작용하는데, 이는 뇌와 신체의 노화와 관련이 있는 것이다. 노년기에 있어서 정보처리 능력의 증가를 위한 방안으로서는 탐구적인 태도의 함양, 심신의 단련 및 선택과 책임의 훈련, 그리고 사전에 계획하는 일 등이 제시되었다.[36]

IV. 성인후기 사역의 방향

1. 노인사역의 중요성에 대한 전 교회적인 인식과 분위기 조성이 필요하다.

교회의 모든 사역이 마땅히 그래야 하지만 이 노인사역도 전 회중의 이해와 관심, 그리고 지지와 참여가 있어야 성공적으로 수행될 수 있다. 그러한 분위기 조성을 위해서는 가장 우선적인 것은 역시 목회자의 인식전환이라고 할 수 있다. 왜냐하면 노인사역을 포함한 교회의 모든 사역은 회중을 지도하는 담임목회자와 그를 돕는 모든 전문사역자들에 의해서 크게 영향을 받기 때문이다. 사실상 노인들은 교회의 사역에서 그 대상자나 주체로서 주된 관심을 받지 못해왔고 거의 대부분 외면되고 방치되어 왔다. 그리고 이 사역분야가 교회의 지도층에 의해서 그 필요성이 제대로 인식되지 못하고 있다는 것이 노인사역을 위해 극복해야 할 첫 번째 장애물이다.

물론 근래에는 노인사역에 힘쓰는 교회들이 날로 늘어나고 있지만 아직도 전반적인 상황은 매우 미약한 실정이다. 이제는 교회의 목회사역이 경제력과 활동력이 강한 청장년층을 중심으로 하여 이루어지는 것에서 벗어나서, 날로 증가하고 있는 교회 안팎의 노인들을 주요 대상자에 포함시키고자 하는 목회자들의 인식전환이 시급히 요청된다. 특히 노인들은 목회사역의 대상일 뿐만 아니라 목회사역의 훌륭한 동반자요 자원이 될 수 있다는 긍정적이고 올바른 평가와 인식이 목회자들에게 정립되어야 할 것이다. 사실상 노인들의 시간적 여유와 성실한 자세, 그리고 오랜 세월을 통해 쌓은 지식과 지혜는 목회사역에 많은 유익을 줄 수 있는 것이다.

　이러한 지도층의 올바른 인식을 바탕으로 하여 그 다음에는 노인이나 노인 문제에 대하여 올바른 가치관을 갖도록 전 회중을 교육하는 일이 필요하다. 오늘날 우리 사회는 바람직한 인간상과 사회상을 추구함에 있어서 지나치게 젊음지향적인(youth-oriented) 경향을 나타내고 있다. 그리하여 젊은 나이나 젊게 보이는 외모, 신체적 활동성과 힘, 그리고 기민한 업무 추진력 같은 것만을 지나치게 불균형적으로 미화하고 추앙하고 있는 것이다. 이 같은 가치관은 교회에까지 깊이 파고 들어와 있는 상태이다. 따라서 교회의 목회자들은 회중에게 노인과 노령화 과정에 대한 잘못된 인식과 태도를 바로 잡아주어야 할 과제를 안고 있는 것이다. 참되고, 선하며, 아름다운 것은 반드시 젊은 것에만 있는 것이 아니며 늙음에도 그 나름대로의 진선미가 있는 가치 있는 것이라는 인식과 자세를 갖도록 인도해야 하는 것이다. 또한 가정과 교회와 사회는 젊은 사람들로만 구성되어 있는 것도 아니며 또한 그렇게 되어서도 안 된다는 점을 일깨워주고 서로를 인정하며 존중하고 더불어 살아가는 법을 배우도록 해야 한다.

2. 노년기에 대한 올바른 지식과 이해의 기초가 있어야 한다.

　노인사역에 관여하는 전문인과 비전문인 모두에게 노년기의 변화와 위기에 대한 올바른 이해가 뒷받침되어야 한다.[37] 노년기에 대한 올바른 지식과 이해를 갖기 위해서는 우선 노인들에 대한 잘못된 편견을 고쳐야 한다. 편견이란 어떤 대상에 대해 지나치게 단순화하거나 과장하여, 또는 그릇된 근거를 가지고 그 본질을 왜곡하여 인식하고 있는 것을 말한다. 이러한 잘못된 편견들은 노인이나 노화의 과정과 관련하여 매우 많이 퍼져있다. 대표적인 것 몇 가지만 열거해 보면 다음과 같다: (1) 모든 노인들은 다 비슷하다; (2) 노인들은 젊은이들보다 급성질환을 가진 경우가 더 많다; (3) 많은 노인들은 건강이 나빠서 많은 날을 침상에서 보낸다; (4) 노인들은 배울 수 없다; (5) 노인들은 젊은이들보다 죽음을 더 무서워한다; (6) 나이를 많이 먹으면 노망이 들게 마련이다; (7) 대부분의 노인들은 그들의 자녀와 같이 살기를 더 좋아한다; (8) 노인들은 젊은 사람들보다 덜 생산적이다; (9) 사람들은 늙어가면서 점점 더 종교적이 된다; (10) 연령이 많아지면서 뚜렷한 지능의 감소를 나타낸다.[38]

이 같은 편견들이 보편화되면 잘못된 통념이 되고 또 벗어나기 힘든 고정관념이 된다. 그런데 이들의 대부분은 근거 없는 추측에 의한 것이거나, 잘못된 연구 결과 또는 매우 특수한 사례에 근거한 것이다. 아무튼 이 같은 잘못된 선입관과 편견은 노인들을 대하거나 그들에게 사역하는 데 있어서 매우 큰 장애요소로 작용하기 때문에 우리는 이것들을 먼저 타파해야만 올바른 노인사역을 할 수 있는 것이다.

노인에 대하여 가져야 할 올바른 지식과 이해 중의 또 하나 중요한 것은 노인들이 개성을 지닌 독특한 존재들임을 인식해야 한다는 점이다. 위에서 살펴보았듯이, 노인들에 대한 잘못된 통념들 중에서도 가장 보편적인 것 중의 하나는 노인들이 모두 비슷하거나 똑같다고 간주하는 자세이다. 그래서 우리도 모르는 중에 노인들을 하나의 동질적인 집단으로 보고 그들을 개별적인 존재로 보려고 하지 않는 잘못을 범하게 된다. 이러한 태도는 대부분 노인들을 외적인 측면에서만 판단하기 때문에 생기는 것으로서 우리는 좀더 노인들의 내적인 모습을 보는 눈을 가져야 할 것이다. 콜만도 말하기를, 노인들은 서로 비슷해진다는 통념을 '노화의 신화'(mythology of aging)라고 지적하고 이것은 최근에 많은 연구를 통하여 그 오류가 밝혀졌으며 이제는 노인들이 나이를 먹으면서 매우 다양하게 된다는 것이 발견되었다고 하였다.[39]

단, 우리는 노인들을 개별적인 존재로 인식하되, 그들의 현재의 모습은 과거로부터의 연장선상에 놓여있다는 것도 염두에 둘 필요가 있다. 즉, 한 사람이 노년기에 나타내는 성격과 행동은 그가 일생동안의 발달과정에서 여러 가지 역동적인 속성들 사이에 존재하는 긴장과 위기를 어떻게 해결하고 적응해 왔는가의 총체적 결과이다. 특히 인간발달의 중요한 시기인 아동기와 청소년기 때의 경험과 습관으로부터 많은 부분이 축적되고 이어져서 노년기의 모습에 영향을 주는 것이다. 아무튼 사람은 나이를 먹으면서 점점 더 자기 자신의 고유한 모습으로 개별화(individuation) 되어가기 때문에 노년기에 가까이 갈수록 사람들은 더욱 개성적인 존재가 되는 것이고 서로 차이가 많이 나게 되는 것이다. 따라서 우리들은 노인들에게 사역하면서 각 사람의 기질과 경험, 그리고 자라온 배경 등을 고려해야 하고 각 사람을 고유한 개성을 지닌 독특한 존재로 인식하고 대해야 할 것이다.

3. 노인들에게 개인적인 관심과 인격적인 접촉을 제공해야 한다.

노인들은 사람들의 손길에서 나오는 사역을 원하고 있는 것이지, 결코 어떤 프로그램에 의해서 도움을 받기를 원하는 것이 아니다. 그들이 진정 갈망하는 것은 개인적이고 친밀한 이해와 수용이요, 따뜻한 인간적 관심과 접촉인 것이다. 특히 가정적으로나 개인적으로 어려운 일이 있거나 중요한 때에 이러한 손길을 더욱 필요로 하는 것이다. 그들이 바라는 것은 마음에도 없는 겉치레의 아첨이나 대접이 아니라, 하나의 인간으로서의 자신의 존재를 인정받기를 원하며 존중되기를 바라는 것이다.

그들은 다른 사람들로부터 자신들의 노년기의 문제와 어려움에 대한 공감을 얻기를 바란다. 그러므로 단순히 그러한 문제에 대해 이야기를 나누는 것만으로도 많은 불안과 두려움이 제거될 수 있는 것이다. 노인들의 입장을 제대로 이해하려면 우리는 우리 자신의 노화라는 관점에서 노인들에 대한 사역을 하는 것이 좋다. 즉, 우리도 머지않아 노인이 될 것이며 그러한 개인적인 관심에서부터 노인의 문제들을 이해하고 도와주려는 자세를 보일 때 보다 더 큰 효과를 얻을 수 있는 것이다. 이 점은 노인사역자들에게 있어서 가장 기본적으로 갖추어져 있어야 할 자세라고 할 수 있다. 실로 노인사역이 효과적으로 이루어지려면 사역자들이 노화에 대한 자신의 진솔한 입장과 생각에서 우러나오는 자세로 임하여 노인들에게 참된 정서적 도움을 줄 수 있어야 하며, 만일 이러한 것이 결여되었을 때는 사역이 피상적이고 가식적인 것이 될 위험이 있는 것이다.[40]

사실 우리들 자신이 노년기에 대한 부정적이고 도피적인 생각을 무의식적으로 가지고 있기 때문에 노인문제에 대해 무관심하게 되고 올바른 노인사역을 할 수가 없게 되는 경우가 많다. 예를 들면, 자신의 죽음에 대한 태도나 입장을 확신 있게 정립하지 못한 상태에서는 이 문제에 관한 한 노인들에게 효과적인 도움을 줄 수가 없는 것이다. 그러므로 우리는 노화의 문제를 자신의 입장에서 진지하게 생각해야 하고, 이와 관련된 많은 자료를 연구하고 많은 생각을 하면서 노인들에게 효과적인 도움을 줄 수 있어야 할 것이다. 그렇게 하기 위해서 우리는 노화에 대해서 긍정적인 면이나 부정적인 면의 어느 한 쪽만을 지나치게 강조하거나 부각시키는 일이 없이 양면 모두를 솔직하고도 균형 있게 다루는 자세가 필요할 것이다.

4. 노인들에게 독립심과 자신감을 길러주고 적절한 활동과 참여를 유도해야 한다.

노인들은 자연적으로 다른 사람들에 대한 의존적 성향이 강해진다. 그러나 노인들을 도와줄 때는 가능한 한 자신들이 가지고 있는 지식과 경험적 지혜, 그리고 그밖에 이용 가능한 모든 자원들을 동원하게 하여 스스로 독립적이고 자신 있는 삶을 영위해 나가도록 유도하는 것이 바람직하다. 실제로 노인들에게는 의존성이 증가하는 반면에 또 한편으로는 독립적인 삶을 살고자하는 욕구도 강하다. 이 같은 점을 감안해 볼 때 노인들이 수동적인 입장에서 무조건 도움을 받기만 하게 하는 것은 바람직하지 않다. 그들 스스로에 대해서 자신이 유용하고 쓸모 있는 존재라는 인식을 갖도록 도와주는 것이 필요하며 그렇게 하기 위해서는 가능한 범위 내에서 모든 일들을 스스로 결정하고 책임 있게 직접 할 수 있도록 유도하는 것이 좋을 것이다. 물론 가정과 사회, 그리고 교회 안에서 노인들이 어느 정도는 뒷전으로 물러나게 되는 것을 불가피한 것으로 인정해야 하지만, 잘못된 편견 때문에 강제적으로 그들의 위치와 역할이 상실되거나 또는 그들 스스로 나약하게 포기하는 것은 막아야 할 것이다. 아무튼 교회뿐만이 아니라 가정과 사회에서 노인들 스스로가 원하고 가능한 범위 내에서 최대한 적극적으로 참여하게 하는 것이 필요하며, 이를 위해서는 노인들의 가족들의 관심과 도움을 이끌어내는 목회자와 교회의 노력이 필요하다.

이러한 원리는 노인사역을 기획하고 실행하며 평가하는 전 과정에도 구체적으로 적용되어야 한다. 노인들뿐만 아니라 모든 사람들은 자신들이 직접 참여하여 결정하고 계획한 일에는 주인의식을 가지고 더 잘 참여하게 되고 그 결과도 더 좋은 것이 되는 것이다. 그러나 그 동안의 노인사역은 노인들에게 '억지로 떠 먹이는'(forced feeding) 방식으로 이루어져 왔다고 볼 수 있는데, 실제로 그 동안 노인사역의 지도자들이 너무 많이 '지도'하고, 너무 많이 계획하고, 너무 적게 인내하려고 하는 잘못을 해 온 것이다.[41] 이 문제에 대한 방안으로서, 다른 사람들이 노인들을 '위해서' 해 주어야 할 일들과, 노인들에 '의해서' 행하여질 수 있는 일들을 구체적으로 구분하여 접근하는 것은 교회의 노인사역에 실제적인 도움이 될 것이다.[42] 아무튼 우리는 노인사역을 함에 있어서 이 문제에 대한 다음과 같은 지적을 항상 명심

해야 할 것이다.

> 더욱 더 중요한 것은, 교회가 노인들로 하여금 가능한 한 자기 자신들의 짐을 짊어지고 갈 수 있도록 하는 프로그램, 그리고 교회의 전체 사역에 최대한 공헌하고 도움을 주도록 하는 프로그램을 제공해야 한다는 것이다. 노인들은 다른 사람들과 함께 '속하기'(belong)를 원하는 것이지, 젊은 세대의 어깨에 부담을 주는 짐 덩어리가 되기를 원치 않는다.[43]

5. 노인들의 전인적인 필요를 채워주는 포괄적 사역이 되어야 한다.

우리는 '노인'(older people)이라는 용어를 사용함에 있어서 연령이나 약점이라는 관점이 아니라 "그들을 위한 프로그램의 개발에서 고려해야 할 그들의 관심과 필요들의 총체(accumulation of interests and needs)라는 관점에서 접근해야 한다."[44] 사실 우리들이 노인사역을 할 때 그들을 어떤 특정한 연령집단의 범주에 넣어서 생각하는 것보다 여러 가지 구체적인 필요를 가지고 있는 인간으로서 대하는 것이 필요한 것이다. 따라서 노인사역의 제반 프로그램들은 한 교회의 본질적인 목적과 목표 수행의 범위 안에서 이루어지되 반드시 노인들의 전인적인 필요를 충족시켜주는 것이어야 한다. 즉, 노인들이 신체적, 심리적 및 사회적인 측면에서 기본적인 생존과 또한 안락한 생활을 해나가는 데 있어야 할 도구적인(instrumental) 필요들을 채워주는 사역이 있어야 하고, 나아가서는 그들이 보람 있고 의미 있는 삶을 살기 위해 있어야 할 표현적인(expressive) 필요들을 채워주는 사역도 있어야 한다.

노인들의 전인적 필요를 균형 있게 골고루 충족시킬 수 있기 위해서는 노인들이 직접 느끼고 있는 감지된 필요(felt needs)와 그들이 느끼지는 못하지만 분명히 존재하고 있는 실재적 필요(real needs)로 양분하여 이해하는 것이 바람직하다. 그리고 교회의 지도자들은 공식 및 비공식적인 통로들과 방법을 최대한 동원하여 노인들로 하여금 자신들이 느끼고 있는 필요들을 구체적으로 표출하도록 유도하려는 노력을 해야 한다. 이것은 다른 연령층의 사역에서보다 더 중요한데 그것은 노인들이 소극적인 성향이 강하여 자신들이 필요하다고 느끼는 것을 적극적으로 표출하지 않으려 하기 때문이다. 이러한 감지된 필요뿐만 아니라, 전문가의 눈으로 볼 때 그들에게 반드시 있어야 하고 필요한 것들도 잘 파악하여 그것들을 채워주는 사역도 중요하다. 노인들의 이러한 전인적 필요 충족을 위한 사역을 시도함에 있어서 다음과 같은 욕구 구분법이 도움이 될 수 있을 것이다: (1) 삶을 유지시키려는 기본적 욕구(Life Maintenance Needs), (2) 삶을 더 풍성하게 만들려는 욕구(Life Enrichment Needs), (3) 삶의 상실들을 극복하려는 욕구(Life Reconstruction Needs), (4) 삶을 초월하고 통합하려는 의미추구의 욕구(Life Transcendence Needs).[45] 커어는 조금 다른 방식으로 개념화하여, 노인사역의 다섯가지 "내용 영역"(content areas)을 제시하였는데, 그것은 다음과 같다: (1) 영적 성장을 위한 사역(spiritual enrichment), (2) 배움의 기회를 제공하는 사역(learning opportunities), (3)친교를 위한 사역(socialization), (4) 다른 사람들에게 봉사하도록 하는 사역(service opportunities), (5) 노인들 자신에게 필요한 도움을 제공하는 사역(services needed).[46]

노인들에게는 그들 고유의 독특한 필요들도 있겠지만, 인간으로 다른 사람들과 공통적으로 갖는 필요들이 많다. 노인들의 필요는 다른 연령층의 필요와 비교해 볼 때 그 종류보다는 정도에 있어서 더 큰 차이를 나타내는 것이라고 보는 것이 정확할 것이다. 노인들도 살아 있는 한 인격체로서 계속 존재하는 것이기 때문에 그들의 필요가 다른 사람들의 필요와 현저하게 달라진다고 볼 수는 없다. 따라서 교회가 모든 연령층의 사람들을 위하여 제공하는 사역들은 노인들에게도 가치 있는 것이 될 수 있다. 그러므로 다른 연령층, 특히 노년기와 인접해 있는 중년층을 위한 프로그램에 노인들도 참여할 수 있는 문을 항상 열어 놓는 것이 좋으며, 특히 이것은 교회의 형편상 노인들만을 위한 별도의 사역을 많이 하기가 어려운 대부분의 교회의 경우에는 더욱 그러하다. 즉, 기존의 기본적인 교회의 사역을 통하여 노인들의 필요를 가능한 한 많이 충족시켜 주면서, 그와 병행하여 점차 노인들 고유의 필요들을 채워주는 사역을 계속 보충해 나가는 접근이 좋을 것이다. 그리고 이에 덧붙여 노인들의 가족들의 필요들도 고려해야 한다. 대부분의 노인들은 가족들과 함께 살고 있거나 또는 가족들과 지속적인 접촉과 관련을 맺고 살아가기 때문에 노인들의 문제는 결코 따로 떼어서 독자적으로 다루어서는 안 된다. 효과적인 노인사역을 하기 위해서는 노인들의 전체 가족을 염두에 두고 수행되어야 하는 것이다.

교회는 항상 노인들에 대한 관심을 가져왔다. 그런데 이제 교회가 직시해야 할 것은 사회가 일반적으로 당면하고 있는 것 즉, 매스튼이 지칭한 바, '늙은 층들의 혁명'(old folks revolution)이 시작되는 시점에 처해 있다는 것이다. 이는 우선 전체 인구구조에서 노인 인구가 차지하는 비율이 급증하고 있다는 것을 말한다. 또한 단순히 노인들의 수가 늘어나는 것이 아니라 그들은 건강과 활력을 더욱 오랫동안 유지하면서 막강한 조직력으로 교회나 사회에서 더욱 효력 있게 영향을 미치게 될 것을 뜻하는 것이다. 이러한 사실은 곧, 과거에 비해서 교회 안팎에 교회가 사역해야 할 대상자로서의 노인들이 급증한다는 것을 의미하는 동시에, 교회가 활용할 수 있는 노인 인력이 또한 급증한다는 것을 의미한다. 이와 같은 시점에서 교회는 노인사역에 대한 중요성을 깊이 인식하고 이에 대한 능동적이고 적극적인 대책을 마련해야 할 것이다. 이 점에 관한 이민재의 다음의 주장은 큰 설득력을 지니고 있다.

> 교회의 선교와 교육이 특정 시대의 특정 문제를 도외시한 채 시행될 수는 없는 것이며, 반드시 특정 시대가 제기하는 문제에 대한 신학적인 응답을 할 수 있어야 한다는 사실을 전제할 때, 급속도로 후기 산업 사회에 접어들고 있는 오늘날의 상황과 그 상황 속에서 발생하는 노인 문제의 현실을 깊이 인식하는 것은, 오늘날 한국교회가 선교 및 교육 정책을 수립하는 데 반드시 고려되어야 하는 요소일 것이다.[47]

교회가 지향해야 할 노인사역의 큰 방향은 우선 노인들을 전인적인 관점에서 그 특성과 필요들을 올바로 이해하기 위한 노력이 기울여져야 한다는 것이다. 그리고 그들의 필요를 채우기 위한 체계적이고 효과적인 프로그램들이 개발되어 제공되어야 한다. 이를 위해서는 교회의 지도층부터 노인과 노년기, 그리고 노인사역에 대한 새로운 인식을 가져야 하며, 노인사역 분야에 전문적 인력과 충분한 물적 자원을 투자해야 할 것이다. 그리고 노인사역의 전 과정 속에서 노인들을 단순히 사역의 대상으로서가 아니라 사역의 주체와 동반자로서 인정하고 활용하는 데 초점이 맞추어져야 할 것이다. 즉, 노인사역은 노인들을 위한 또는 향한(for or to) 사역이면서도 동시에 노인들과 함께 하는(with) 사역이어야 하는 것이다.[48] 이러한 노인사역을 통하여 노인들이 하나님과 자신과 다른 사람들과의 관계 속에서 지속적으로 성숙해 가면서 자신들의 삶을 의미 있게 통합(integrity)해 낼 수 있도록 하여 인생을 잘 마무리할 수 있게 하는 것은 교회가 해야 할 중요한 사역인 것이다. 다시 말하자면, 생명의 창조주이신 하나님의 주권을 인정하며, 자신은 그 앞에서 책임 있는 성숙한 인간으로서, 그의 아들 예수 그리스도를 믿는 믿음 안에서 자신의 진정한 자아를 발견하여, 있는 그대로의 자신과 또한 타인들을 인정하고 받아들임으로써, 자신의 생애에서 어떤 의미를 찾아내며 영원한 나라에서의 새 생활에 대한 소망을 가지고 죽음을 준비하고 맞이하도록 도와주는 것이어야 할 것이다. 교회가 이와 같은 노인사역을 효과적으로 해 나갈 때 그것은 교회의 사명 성취에 중요한 한 부분을 감당하는 것이 될 것이다.

토의를 위한 문제들

1. 본 장의 내용을 통해서 노인이나 노년기에 대하여 중요하게 깨달은 점들을 이야기해 보라.

2. 노인들의 사회적 생활의 변화에 관한 분리설(유리설)과 참여설(활동설) 중에서 어느 이론이 더 타당하다고 생각하며 그 이유는 무엇인지 이야기해 보라.

3. 현재 자신이 속한 교회의 노인사역에 대한 평가를 해 보고 발전을 위하여 우선적으로 이루어져야 할 사항들을 찾아 이야기해 보라.

참고자료

박광선. "노인복지를 위한 교회의 사회교육 (1)."「교육교회」, 1994년 5월, 112-7.
방현덕. "노인에 대한 교회의 교육적 사명."「신학과 세계」, 12호 (1986): 264-89.
사미자. "노년기 삶에 관한 소고."「교육교회」, 1992년 7월, 144-50.
윤 진.「성인, 노인 심리학」. 서울: 중앙적성출판사, 1985.
이민재. "노인 교육의 이론과 실제."「기독교사상」, 1993년 10월, 47-56.
전천혜. "노인, 그들은 누구인가?"「교육교회」, 1998년 2월, 30-7.
정옥분.「성인발달의 이해」. 서울: 학지사, 2000.
최성재. "노인들을 위한, 노인들에 의한 노인복지프로그램 개발."「빛과 소금」, 1991년 5월, 60-4.
허정무.「노인교육개론」. 청원: 도서출판 협신사, 2000.
홍근표, "노인들의 정신세계와 건강,"「빛과 소금」, 1991년 5월, 56-9.
Atchley, Robert. *Social Forces and Aging: An Introduction to Social Gerontology*, 4th ed. Belmont, California: Wadsworth Publishing Co., 1985.
Birren, J. E. & V. J. Renner, eds. *Handbook of Mental Health and Aging*. Englewood Cliffs, NJ: Prentice-Hall, Inc., 1980.
Bromley, D. B.「노인심리학」. 김정휘 역. 서울: 성원사, 1990.
Clements, William M., ed. *Ministry with the Aging: Designs, Challenges,*

Foundations. San Francisco: Harper & Row, Publishers, 1981.
Coleman, Lucien E., Jr. *Understanding Today's Adults*. Nashville: Convention Press, 1982.
Harris, D. K. and W. E. Cole. 「노년사회학」. 최신덕 역. 서울: 경문사, 1985.
Hightower, James E., Jr., ed. *Caring for Folks from Birth to Death*. Nashville: Broadman Press, 1985.
Hultsch, David F. & Francine Deutsch. *Adult Development and Aging: A Life-Span Perspective*. New York: McGraw-Hill Book Company, 1981.
Kerr, Horace L. *How to Minister to Senior Adults in Your Church*. Nashville: Broadman Press, 1980.
Maston, T. B. 「성서, 그리고 현대 가정」. 이석철 역. 서울: 요단출판사, 1991.
Papalia, D. E., et al. 「인간발달, II」. 정옥분 역. 서울: 교육과학사, 1992.
Stubblefield, Jerry M. *A Church Ministering to Adults*. Nashville: Broadman Press, 1986.
Vogel, Linda Jane. *The Religious Education of Older Adults*. Birmingham, Alabama: Religious Education Press, 1984.
Wright, H. Norman. *Ways to Help Them Learn: Adults*. Glendale, California: G/L Publication, 1971.
Zeigler, Earl F. *Christian Education of Adults*. Philadelphia: The Westminster Press, 1958.

주(註)

1) T. B. Maston, 「성서, 그리고 현대 가정」, 이석철 역 (서울: 요단출판사, 1991), 165.
2) 이민재, "노인 교육의 이론과 실제," 「기독교사상」, 1993년 10월, 48.
3) Maston, 165.
4) Horace L. Kerr, *How to Minister to Senior Adults in Your Church* (Nashville: Broadman Press, 1980), 16.
5) 전천혜, "노인, 그들은 누구인가?" 「교육교회」, 1998년 2월, 30.
6) 사미자, "노년기 삶에 관한 소고," 「교육교회」, 1992년 7월, 145.
7) Kerr, 25.
8) Maston, 165-6.
9) H. Norman Wright, *Ways to Help Them Learn: Adults* (Glendale, California: G/L

Publication, 1971), 31-2.
10) Robert Atchley, *Social Forces and Aging: An Introduction to Social Gerontology*, 4th ed. (Belmont, California: Wadsworth Publishing Co., 1985), 26.
11) "노인 대신 어르신으로," 「조선일보」, 1998년 9월 28일.
12) Earl F. Zeigler, *Christian Education of Adults* (Philadelphia: The Westminster Press, 1958), 115.
13) Kerr, 19.
14) Maston, 183.
15) Martin J. Heinecken, "Christian Theology and Aging: Basic Affirmations," in *Ministry with the Aging: Designs, Challenges, Foundations*, ed. William M. Clements (San Francisco: Harper & Row, Publishers, 1981), 85-8.
16) 유수현, "교회, 노인 배려하고 있는가," 「한국성결」, 1995년 2월 25일.
17) Lucien E. Coleman, Jr., "Senior Adults: Expanding Opportunities for Ministry/Service," in *A Church Ministering to Adults*, ed. & comp. Jerry M. Stubblefield (Nashville: Broadman Press, 1986), 118-20.
18) Maston, 179.
19) D. K. Harris and W. E. Cole, 「노년사회학」, 최신덕 역 (서울: 경문사, 1985), 26.
20) "인구구조 분석과 전망," 「조선일보」, 1997년 1월 9일.
21) Kerr, 17-8.
22) J. E. Birren & V. J. Renner, "Concepts and Issues of Mental Health and Aging," in *Handbook of Mental Health and Aging*, eds. J. E. Birren & V. J. Renner (Englewood Cliffs, NJ: Prentice-Hall, Inc., 1980), 4, cited by Dorothy Rogers, *The Adult Years: An Introduction to Aging* (Englewood Cliffs, N. J.: Prentice-Hall, 1979), 4.
23) David F. Hultsch & Francine Deutsch, *Adult Development and Aging: A Life-Span Perspective* (New York: McGraw-Hill Book Company, 1981), 64.
24) Bernard L. Strehler, *Time, Cells, and Aging*, 2nd ed. (New York: Academic Press, 1977), cited by Atchley, 68.
25) Hultsch & Deutsch, 65-71.
26) Harris & Cole, 121.
27) Lucien E. Coleman, Jr., *Understanding Today's Adults* (Nashville: Convention Press, 1982), 11.
28) D. E. Papalia, et al., 「인간발달, II」, 정옥분 역 (서울: 교육과학사, 1992), 327.
29) 박광선, "노인복지를 위한 교회의 사회교육 (1)," 「교육교회」, 1994년 5월, 115;

Harris & Cole, 322.
30) D. B. Bromley, 「노인심리학」, 김정휘 역 (서울: 성원사, 1990), 157.
31) 윤진, 「성인 노인 심리학」 (서울: 중앙적성출판사, 1985), 182-4.
32) 홍근표, "노인들의 정신세계와 건강," 「빛과 소금」, 1991년 5월, 57.
33) 정옥분, 「성인발달의 이해」 (서울: 학지사, 2000), 254-5.
34) Ibid., 360-1.
35) 허정무, 「노인교육개론」 (청원: 도서출판 협신사, 2000), 31.
36) Ibid., 34.
37) Melvin A. Kimble, "Education for Ministry with the Aging," in William M. Clements, ed. *Ministry with the Aging: Designs, Challenges, Foundations* (San Francisco: Harper & Row, Publishers, 1981), 219.
38) Harris & Cole, 3-6.
39) Lucien E. Coleman, Jr., "Later Adult Years," in Jerry M. Stubblefield, ed. & comp., *A Church Ministering to Adults* (Nashville: Broadman Press, 1986), 93-6.
40) Albert L. Meiburg, "Senior Adulthood: Twilight or Dawn?" in *Caring for Folks from Birth to Death*, ed. James E. Hightower, Jr. (Nashville: Broadman Press, 1985), 128-9.
41) Zeigler, 124-5.
42) 최성재, "노인들을 위한, 노인들에 의한 노인복지프로그램 개발," 「빛과 소금」, 1991년 43) Zeigler, 117.
44) Ibid., 120.
45) Linda Jane Vogel, *The Religious Education of Older Adults* (Birmingham, Alabama: Religious Education Press, 1984), 163-85.
46) Kerr, 29; 89-112.
47) 이민재, 54.
48) William M. Clements, "Introduction: The New Context for Ministry with the Aging," in William M. Clements, ed., *Ministry with the Aging: Designs, Challenges, Foundations* (San Francisco: Harper & Row, Publishers, 1981), 10.

본서의 출간에 사용된 필자의 연구 자료들

제1장–"성인교육에 대한 교회의 사명."「복음과 실천」, 12집 (1989년 가을): 200-18.
제2장–"성인 기독교교육의 본질."「복음과 실천」, 13집 (1990년 가을): 150-89.
제3장–"성인 기독교교육의 목적."「복음과 실천」, 14집 (1991년 가을): 164-96.
제4장–"성인기의 성숙을 위한 교육."「복음과 실천」, 22집 (1998년 가을): 247-82.
제5장–"성인교육학적 관점에서 본 기독교 성인사역."「한국기독교신학논총」, 26집 (2002년): 217-58.
제6장–"평생교육 교육자를 위한 리더십." 한국성인교육학회 2002년 가을 학술대회 발표논문.
제7장–"성인기의 성숙을 위한 교육."「복음과 실천」, 22집 (1998년 가을): 247-82.
제8장–"초기 성인들을 위한 교회의 사역."「복음과 실천」, 17집 (1994년 가을): 282-302.
제9장–"중년 성인들을 위한 교회의 사역."「복음과 실천」, 21집 (1998년 겨울): 312-52.
제10장–"노년 성인들을 위한 교회의 사역."「복음과 실천」, 24집 (1999년 가을): 236-72.

참고자료

1. 국문 자료

강용원. "교회의 장년교육, 왜 필요한가?"「교회와 교육」, 1998년 6월, 14-7.
강희천.「기독교교육 사상」. 서울: 연세대출판부, 1991.
고태형. "2000년을 바라보는 이민교회 성인교육의 방향."「교육교회」, 1994년 9월. 90-7.
기영화.「평생교육 프로그램 개발」. 서울: 학지사, 2001.
김동위.「성인의 교육학」. 서울: 양서원, 1990.
김재은.「성인교육론: 성인공동체, 인간화 모형」. 서울: 성광문화사, 1990.
김재은. "성인 연령층 이해."「신학과 세계」, 10호 (1984): 302-24.
김종서, 남정걸, 정지웅, 이용환. "평생교육의 체제와 사회교육의 실태."「연구논총

82-7」 서울: 한국정신문화연구원, 1982.
김태연, 장휘숙, 「발달심리학」. 서울: 박영사, 1987.
노종희 외 6인. "사회교육전문요원 실태분석과 평생교육사 배치기준 및 교육과정 개발연구." 교육부교육정책연구보고서, 1998.
박광선. "노인복지를 위한 교회의 사회교육 (1)." 「교육교회」, 1994년 5월, 112-7.
박원호. "성서교육과 신앙의 구조형성." 「교회와 신학」, 25집 (1993): 533-58.
방현덕. "노인에 대한 교회의 교육적 사명." 「신학과 세계」, 12호 (1986): 264-89.
사미자. "노년기 삶에 관한 소고." 「교육교회」, 1992년 7월, 144-50.
손승희. 「기독교교육학」. 서울: 기독교방송, 1983.
송순재. "기독교적 삶의 형성을 위한 '통전성'의 문제: 간종교교육학적 대화의 시각에서." 「한국기독교신학논총」, 22집 (2000): 238-40.
심일섭. 「평신도신학과 한국교회의 미래」. 서울: 도서출판 한글, 1997.
안정미. "민중교회에 부는 '영성' 바람." 「복음과 상황」 (1993. 5): 164-9.
오선주. "성인발달과 사회이론." 조복희, 신화용, 편. 「인간 발달의 이해」. 서울: 교육과학사, 1991.
오성춘. 「영성과 목회」. 서울: 장신대출판부, 1989.
윤응진. 「비판적 기독교교육론」. 서울: 다산글방, 2000.
윤 진. 「성인, 노인 심리학」. 서울: 중앙적성출판사, 1985.
이돈희. 「교육철학개론」. 서울: 박영사, 1977.
이민재. "노인 교육의 이론과 실제." 「기독교사상」, 1993년 10월, 47-56.
이상오. 「평생학습사회론: 교육복지의 차원」. 서울: 교육과학사, 2000.
이성희. 「미래목회 대 예언」. 서울: 규장문화사, 1998.
이춘재. 「청년심리학」. 서울: 중앙적성출판사, 1988.
이현청. 「학습하는 사회」. 서울: 배영사, 1993.
전천혜. "노인, 그들은 누구인가?" 「교육교회」, 1998년 2월, 30-7.
정옥분. 「성인발달의 이해: 성인, 노인 심리학」. 서울: 학지사, 2000.
정지웅, 김지자. 「사회교육학개론」. 서울: 서울대학교 출판부, 1986.
조복희, 신화용 편. 「인간 발달의 이해」. 서울: 교육과학사, 1991.
차갑부. 「성인교육방법론」. 서울: 양서원, 1993.
최명덕. 「유대인 이야기」. 서울: 도서출판 두란노, 1997.
최성재. "노인들을 위한, 노인들에 의한 노인복지프로그램 개발." 「빛과 소금」, 1991년 5월, 60-4.
하해룡. 「목회현장론」 서울: 대한기독교서회, 1992.
한정란. "포스트모던 성인학습문화," 「Andragogy Today」, 3권 3호 서울: 한국성인교육학회, 2000.
한준상. 「모든 이를 위한 안드라고지」. 서울: 학지사, 2000.
허정무. 「노인교육개론」. 청원: 도서출판 협신사, 2000.
홍근표, "노인들의 정신세계와 건강." 「빛과 소금」, 1991년 5월, 56-9.

2. 번역 자료

周芳蘭. 「성인교육입문」. 안증호 역. 서울: 대한예수교장로회총회교육부, 1983.
Allport, Gordon. 「인간과 종교」, 박근원 역. 서울: 양서각, 1985.
Boyce, Mary C., comp. 「제자직과 시민직을 위한 교육」. 김도일 역. 서울: 한국장로교출판사, 1999.
Bromley, D. B. 「노인심리학」. 김정휘 역. 서울: 성원사, 1990.
Burgess, Harold W. 「기독교교육론」. 오태용 역. 서울: 정경사, 1984.
Coleman, Lucien E., Jr. 「교육하는 교회」. 박영철 역. 서울: 요단출판사, 1986.
Collins, Gary R. 「인생출발」. 허영자 역. 서울: 도서출판 두란노, 1992.
Conway, Jim. 「중년기 위기를 극복하라」. 권명달 역. 서울: 보이스사, 1981.
Darekenwald, Gordon G. and Sharan B. Merriam. 「성인교육의 이론과 실제」. 백종억 역. 서울: 덕성여자대학교 출판부, 1986.
Elias, John L. and Sharan Merriam. 「성인교육의 철학적 기초」. 기영화 역. 서울: 학지사, 2002.
Fowler, James W. 「신앙의 발달단계」. 사미자 역. 서울: 대한예수교장로회출판국, 1987.
Gibbs, Mark and T. Ralph Morton. 「평신도의 해방」. 이계준 역. 서울: 대한기독교출판사, 1990.
Groome, Thomas H. 「기독교적 종교교육」. 이기문 역. 서울: 대한예수교장로회출판국, 1983.
Harris, D. K. and W. E. Cole. 「노년사회학」. 최신덕 역. 서울: 경문사, 1985.
Knight, George R. 「철학과 기독교교육」. 박영철 역. 대전: 침례신학대학출판부, 1987.
Lee, Blaine. 「지도력의 원칙」. 장성민 역. 서울: 김영사, 1999.
Levinson, Daniel J. 외 4인. 「여자가 겪는 인생의 사계절」. 김애순 역. 서울: 세종연구원, 1998.
Levinson, Daniel J. 외 4인. 「남자가 겪는 인생의 사계절」. 김애순 역. 서울: 이화여자대학교출판부, 1996.

Maston, T. B. 「성서, 그리고 현대 가정」. 이석철 역. 서울: 요단출판사, 1991.
Osmer, Richard Robert. 「교육목회의 회복」, 박봉수 역. 서울: 한국장로교출판사, 1996.
Papalia, D. E. 외 2인. 「인간발달, II」. 정옥분 역. 서울: 교육과학사, 1992.
Peterson, Gilbert A. 「성인 기독교교육」. 이정효 역. 서울: 마라나다, 1988.
Robinson, Haddon W. 「중년의 위기를 이렇게 극복하십시오」. 박명희 역. 서울: 나침반사, n. d.
Schaeffer, Francis A. 「진정한 영적 생활」. 권혁봉 역. 서울: 생명의 말씀사, 1974.
Sherrill, Louis J. 「만남의 기독교교육」. 손승희 역. 서울: 현대사상사, 1982.
Smart, James D. 「교회의 교육적 사명」. 장윤철 역. 서울: 대한기독교교육협회, 1960.
Snyder, Howard A. 「21세기 교회의 전망」. 김기찬, 박이경 역. 서울: 아가페, 1993.
Stevens, R. Paul and Phil Collins. 「평신도를 세우는 목회자」. 최기숙 역. 서울: 미션월드라이브러리, 1997.
Stevens, R. Paul. 「참으로 해방된 평신도」, 김성오 역. 서울: 한국기독학생회출판부, 1992.
Zuck, Roy B. and Gene A. Getz, comp. 「교회와 장년교육」. 신청기 역. 서울: 기독교문서선교회, 1990.

3. 영문 자료

Anderson, Leith C. "A Senior Pastor's Perspective on Baby Boomers." *Christian Education Journal*, 11 (Autumn 1990): 69-78.
Anthony, Michael J. *Foundations of Ministry*. Wheaton: A Bridge Point Book, 1992.
Atchley, Robert. *Social Forces and Aging: An Introduction to Social Gerontology*, 4th ed. Belmont, California: Wadsworth Publishing Co., 1985.
Baltes, P. B. & O. G. Brim, Jr., eds. *Life-Span Development and Behavior*, vol. 3. New York: Academic Press, 1980.
Beechick, Ruth. *Teaching Juniors: Both heart and Head*. Denver: Accent Books, 1981.
Bennis, Warren. *On Becoming a Leader*. New York: Addison-Wesley, 1989.
Bergevin, Paul. *A Philosophy for Adult Education*. New York: The Seabury Press, 1967.
Birren, J. E. & V. J. Renner, eds. *Handbook of Mental Health and Aging*. Englewood Cliffs, NJ: Prentice-Hall, Inc., 1980.

Blank, Warren. *The Nine Natural Laws of Leadership*. New York: AMACOM, 1995.

Bolman, Lee G. and Terrence E. Deal. *Leading with Soul: An Uncommon Journey of Spirit*. San Francisco: Jossey-Bass, 1995.

Boone, Edgar J. *Developing Programs in Adult Education*. Englewood Cliffs, New Jersey: Prentice-Hall, Inc., 1997.

Boyett, Joseph H. and Jimmie T. Boyett. *The Guru Guide: The Best Ideas of the Top Management Thinkers*. New York: John Wiley & Sons, Inc., 1998.

Brookfield, Stephen. *Understanding and Facilitating Adult Learning*. San Francisco: Jossey-Bass Publishers, 1986.

Brookfield, Stephen. *Adult Learners, Adult Education and the Community*. New York and London: Teachers College Press, 1983.

Brundage, Donald H. and Dorothy Mackeracher. *Adult Learning Principles and Their Application to Program Planning*. Toronto: Ministry of Education, 1980.

Chilman, C. S. "Families in Development at Mid-stage of the Family Life Cycle." *Family Coordinator*, 17 (1968): 297-312.

Clements, William M., ed. *Ministry with the Aging: Designs, Challenges, Foundations*. San Francisco: Harper & Row, Publishers, 1981.

Coe, George A. *A Social Theory of Religious Education*. New York: Scribner's, 1917.

Coleman, Lucien E., Jr. *Understanding Today's Adults*. Nashville: Convention Press, 1982.

Colson, Howard P. and Raymond M. Rigdon. *Understanding Your Church's Curriculum*, rev. ed. Nashville: Broadman Press, 1981.

Cross, K. P. *Adult As Learners*. San Francisco: Jossey-Bass Publishers, 1982.

Division of Christian Education of the National Council of Churches of Christ in the USA. *A Design for Teaching-Learning*. St. Louis, Missouri: The Bethany Press, 1967.

Downey, Michael. *Understanding Christian Spirituality*. Mahwah, New Jersey: Paulist Press, 1997.

Downs, Perry G. *Teaching for Spiritual Growth: An Introduction to Christian Education*. Grand Rapids, Michigan: Zondervan Publishing House, 1994.

Eichorn, H., et al, eds. *Present and Past in Middle Life*. New York: Academic Press, 1981.

Elias, John L. *The Foundations and Practice of Adult Religious Education*. Malbar, Florida: Robert E. Krieger Publishing Company, 1982.

Erikson, Erik H. *Identity and the Life Cycle.* New York: Norton, 1980.

Erikson, Erik, ed. *Adulthood.* New York: Norton, 1978.

Erikson, Erik H. *Childhood and Society.* New York: Norton, 1963.

Erikson, Erik H. "Identity and the Life Cycle: Selected Papers." *Psychological Issues,* 1(1959), 50-100.

Foltz, Nancy T., ed. *Handbook of Adult Religious Education.* Birmingham, Alabama: Religious Education Press, 1986.

Fowler, James W. Becoming *Adult, Becoming Christian: Adult Development and Christian Faith.* New York: Harper Collins Publishers, 1984.

Fowler, James W. & Sam Keen. *Life Maps: Conversations on the Journey of Faith.* Waco: Word, Incorporated, 1978.

Gaebelein, Frank. *Christian Education in a Democracy.* New York: Oxford, 1951.

Gangel, Kenneth O. & James C. Wilhoit, eds. *The Christian Educator's Handbook on Adult Education.* Wheaton: Victor Books, 1993.

Girzaitis, L. *The Church as Reflecting Community: Models of Adult Religious Learning.* West Mystic, Connecticut: Twenty-Third Publications, 1977.

Gould, Roger L. *Transformations: Growth and Change in Adult Life.* New York: Simon & Schuster, 1978).

Gould, Roger L. "The Phases of Adult Life: A Study in Developmental Psychology." *American Journal of Psychiatry,* 129 (1972): 521-31.

Greenberg, H. M. *Teaching with Feeling: Compassion and Self-Awareness in the Classroom Today.* New York: Macmillan, 1969.

Greenleaf, Robert K. *The Power of Servant-Leadership.* San Francisco: Berrett-Koehler Publishers, Inc., 1998.

Groome, Thomas H. *Christian Religious Education: Sharing Our Story and Vision.* San Francisco: Harper & Row Publishers, 1980.

Habermas, Ronald and Klaus Issler. *Teaching for Reconciliation.* Grand Rapids: Baker Book House, 1992.

Havighurst, Robert J. *Human Development and Education.* New York: Longmans, Green and Co., 1953.

Havighurst, Robert J. *Developmental Tasks and Education.* New York: Longmans, Green & Co., 1948.

Heimlich, Joe E. and Emmalou Norland. *Developing Teaching Style in Adult Education.* San Francisco: Jossey-Bass Publishers, 1994.

Hershey, Terry. *Young Adult Ministry*. Loveland, Colorado: Group Books, 1986.

Hightower, James E., Jr., ed. *Caring for Folks from Birth to Death*. Nashville: Broadman Press, 1985.

Houle, Cyril O. *The Design of Education*. San Francisco: Jossey-Bass Publishers, 1982.

Hultsch, David F. & Francine Deutsch. *Adult Development and Aging: A Life-Span Perspective*. New York: McGraw-Hill Book Company, 1981.

Jaques, E. "Death and the Mid-Life Crisis." *International Journal of Psychoanalysis*, 46 (1965): 502-14.

Jensen, Gale, A. A. Liveright and Wilbur Hallenbeck, eds. *Outlines of Adult Education: an Emerging Field of University Study*. Washington, D. C.: Adult Education Association of the USA, 1964.

Kerr, Horace L. *How to Minister to Senior Adults in Your Church*. Nashville: Broadman Press, 1980.

Kilpatrick, W. "Identity, Youth and the Dissolution of Culture," *Adolescence*, 9 (1974): 407-12.

Knowles, Malcolm S. *The Modern Practice of Adult Education*, rev. ed. Chicago: Follet Publishing Company, 1980.

Knowles, Malcolm S. *The Making of an Adult Educator*. San Francisco: Jossey-Bass Publishers, 1989.

Knox, Allan B. *Enhancing Proficiencies of Continuing Educators*. San Francisco: Jossey-Bass Publishers, 1979.

Lee, James M. *The Shape of Religious Instruction: A Social Science Approach*. Mishawaka, Indiana: Religious Education Press, 1971.

Levinson, Daniel J. *The Seasons of a Woman's Life*. New York: Alfred A. Knopf, Inc., 1996.

Levinson, Daniel J. et al, *The Seasons of a Man's Life*. New York: Alfred A. Knopf, Inc., 1978.

Lindeman, Eduard C. *The Meaning of Adult Education*. Montreal: Harvest House, 1961.

McKenzie, Leon. *The Religious Education of Adults*. Birmingham: Religious Education Press, 1982.

Miller, Randolph C. *The Clue to Christian Education*. New York: Scribner's, 1950.

Monette, M. L. "The Concept of Need: An Analysis of Selected Literature." *Adult*

Education, 27 (1977): 195-208; "The Language of Need in Adult Religious Education." Living Light, 15, No. 2 (1978): 167-80; "Need Assessment: A Critique of Philosophical Assumptions." Adult Education, 29 (1976): 116-27.

Moran, Gabriel. Design for Religion. New York: Herder and Herder, 1970.

Moran, Gabriel. Education Toward Adulthood: Religion and Lifelong Learning. New York: Paulist Press, 1979.

Neugarten, B. L., ed. Middle Age and Aging. Chicago: University of Chicago Press, 1968.

Neugarten, Bernice L. "Dynamics of Transition of Middle Age to Old Age." Journal of Geriatric Psychiatry, 4 (1970): 71-87.

Norman, W. H. & T. J. Scaramella, eds. Midlife: Developmental and Clinical Issues. New York: Brunner/Mazel Publishers, 1980.

O'Hare, P. ed. Tradition and Transformation in Religious Education. Birmingham: Religious Education Press, 1979.

Patterson, Ben. "Noble Volunteer or Humble Slave?" Leadership (Summer 1982): 8-32.

Pazmino, Robert W. Foundational Issues in Christian Education. Grand Rapids: Baker Book House, 1988.

Peterson, Gilbert A., ed., The Christian Education of Adults. Chicago: Moody Press, 1984.

Pifer, A. and L. Bronte, eds. Our Aging Society: Paradox and Promise. New York: Norton, 1986.

Rifkin, Glenn. "Leadership: Can It Be Learned." Forbes ASAP (April 8, 1996): 100-2.

Robinson, Darrell W. Total Church Life: Exalt, Equip, Evangelize. Nashville: Broadman Press, 1985.

Rogers, Carl R. On Becoming a Person: A Therapist's View of Psychotherapy. Boston: Houghton Mifflin Co., 1961.

Rogers, Dorothy. The Adult Years: An Introduction to Aging. Englewood Cliffs, N. J.: Prentice-Hall, 1979.

Sanner, A. Elwood and A. F. Harper, eds. Exploring Christian Education. Kansas City, Missouri: Beacon Hill Press, 1978.

Schaefer, J. Program Planning for Christian Adult Education. New York: Paulist, 1971.

Schaller, Lyle E. 44 Ways to Expand the Teaching Ministry of Your Church. Nashville: Abingdon Press, 1993.

Schroeder, W. "Typology of Adult Learning Systems." In *Building an Effective Adult Education Enterprise*, ed. J. M. Peters and Associates. San Francisco: Jossey-Bass Publishers, 1980.

Sheehy, Gail. *Passages: Predictable Crises of Adult Life*. New York: Dutton, 1976.

Smith, Robert M., George F. Aker, and J. R. Kidd, eds. *Handbook of Adult Education*. New York: Macmillan Publishing Co., Inc., 1970.

Smith, R. M., et. al., eds. *Handbook of Adult Education*. New York: Macmillan, 1970.

Strother, George B. and John P. Klus. *Administration of Continuing Education*. Belmont, California: Wadsworth Publishing Company, 1982.

Stubblefield, Jerry M., ed. & comp. *A Church Ministering to Adults*. Nashville: Broadman Press, 1986.

Tillapaugh, Frank R. *Unleashing the Church*. Ventura: Regal Books, 1982.

Tough, Allen. *The Adult's Learning Projects*. Toronto: Ontario Institute for Studies in Education, 1971.

Vaillant, G. C. *Adaptation to Life*. Boston: Little, Brown, 1977.

Vaillant, George E. & Charles C. McArthur. "Natural History of Male Psychological Health: The Adult Life Cycle from Eighteen to Fifty." *Seminars in Psychiatry*, 4 (1972): 415-27.

Vieth, Paul. *Objectives in Religious Education*. New York: Harper & Brothers, 1930.

Vogel, Linda Jane. *The Religious Education of Older Adults*. Birmingham, Alabama: Religious Education Press, 1984.

Wilhoit, James C. "Christian Adults and Spiritual Formation." In Kenneth O. Gangel & James C. Wilhoit, eds. *The Christian Educator's Handbook on Adult Education*. Wheaton: Victor Books, 1993.

Wren, B. *Education for Justice: Pedagogical Perspective*. New York: Orbis, 1977.

Wright, H. Norman. *Ways to Help Them Learn: Adults*. Glendale, California: G/L Publication, 1971.

Wyckoff, D. Campbell. *Theory and Design of Christian Education Curriculum*. Philadelphia: The Westminster Press, 1961.

Zeigler, Earl F. *Christian Education of Adults*. Philadelphia: The Westminster Press, 1958.

Zuck, Roy B. & Gene A. Getz, eds. *Adult Education in the Church*. Chicago: Moody Press, 1970.